Droit et Cultures

Revue semestrielle d'anthropologie et d'histoire

Publiée par le Centre Droit et Cultures
de l'Université Paris X – Nanterre
et par l'Association Droit et Cultures

Avec le concours

du Centre National de la Recherche Scientifique,
de l'Université Paris X - Nanterre
et du Centre National du Livre

L'Harmattan
5-7, rue de l'École Polytechnique
75005 Paris
FRANCE

L'Harmattan Hongrie
Könyvesbolt
1053 Budapest, Kossuth L.u.14-16
HONGRIE

L'Harmattan Italia
Via Degli Artisti, 15
10214 Torino
ITALIE

Revue Droit et Cultures

Centre Droit et Cultures : Université Paris X-Nanterre, 200 avenue de la République, 92001 Nanterre. Tel/Fax : 33(1)40 97 76 44

ISBN : 2-7475-8594-8
EAN : 9782747585941

Sommaire n° 49-2005/1

Ont contribué à ce numéro

Charles Baron est professeur de droit à la faculté de droit du Boston College où il enseigne le droit constitutionnel, le droit constitutionnel comparé et le droit de la santé. Docteur en philosophie et diplômé de la faculté de droit d'Harvard, il est l'auteur de nombreux articles concernant le droit constitutionnel et le droit médical, en France et aux Etats-Unis. Ses publications françaises comprennent : *Droit constitutionnel et bioéthique : l'expérience américaine*, Paris, Economica, 1997 et « Normativité et Biomédecine aux Etats-Unis » in *Normativité et biomédecine*, éd. Brigitte Feuillet-Le Mintier, 13-27, Paris, Economica, 2003. Sur la question de l'égalité, il a récemment publié avec Lawrence Friedman, « *Baker v. State* and the Promise of New Judicial Federalism » *Boston College Law Review* 43, déc. 2001, p. 125-158. Il a enseigné à l'Université de Paris X-Nanterre et à l'Université d'Aix-Marseille ainsi qu'à l'Institut universitaire de Florence en tant que chercheur invité, au cours de l'année 2001-2002.

Daniel Borillo est Maître de conférences en droit privé à l'Université Paris X-Nanterre, enseignant-chercheur, responsable du séminaire sur « l'égalité et les politiques de la diversité sociale » au CERSA et co-directeur du CREDOF (Université Paris-X). Ses recherches actuelles portent principalement sur la discrimination, les minorités, les politiques anti-discriminatoires, l'homoparentalité, l'homophobie. Il a récemment publié : « La surveillance juridique des pratiques sexuelles légitimes : l'institution de la norme conjugale » in D. Fassin & D. Memmi (éd.), *Le Gouvernement des corps*, éd. EHESS, Paris, 2004 ; « Etudes comparatives franco-canadiennes sur les politiques publiques de lutte contre les discriminations fondées sur l'orientation sexuelle », *Rapport pour le Gouvernement canadien*, fév. 2004 ; « La reconnaissance juridique des couples homosexuels dans l'Union Européenne : égalité ou apartheid ? » in V. Martens (éd.), *Citoyenneté, discrimination et préférence sexuelle*, Publications des Facultés Universitaires Saint Louis, Bruxelles, 2004.

Angela J. Davis is a Professor of Law at the American University Washington College of Law where she teaches Criminal Law, Criminal Procedure, and Criminal Defense: Theory and Practice. She has been a Visiting Professor at George Washington University Law School and has served on the adjunct faculty at George Washington, Georgetown, and Harvard Law Schools. Professor Davis' publications include articles on racism in the criminal justice system and prosecutorial discretion in the Michigan, Fordham, and Iowa Law Reviews. She has also published numerous book chapters on various criminal justice issues and is a co-author of the 4th edition of *Basic Criminal Procedure* (with Professors Stephen Saltzburg and Daniel Capra). She was a 2004 Soros Senior Justice Fellow and is currently writing a book on prosecutorial discretion and power. She was a reporter for the American Bar Association Justice Kennedy Commission in 2004. From 1991 – 1994, she was the Director of the Public Defender Service for the District of Columbia (PDS). She also served as the Deputy Director from 1988 – 1991 and as a staff attorney at PDS from 1982 – 1988, representing indigent juveniles and adults. Professor Davis is a former law clerk of the Honorable Theodore R. Newman of the District of Columbia Court of Appeals.

Anne E. Deysine est juriste et américaniste. Elle est professeur à Paris X-Nanterre où elle est responsable du DESS d'affaires internationales et négociation interculturelle. Spécialiste des questions politiques et juridiques aux Etats-Unis, elle a beaucoup publié sur le *lobbying* et le financement des élections après avoir travaillé au Sénat des Etats-Unis dans l'équipe du Sénateur Weicker. Parmi ses derniers ouvrages, citons *S'internationaliser* (Dalloz), *La Justice aux Etats-Unis* (Que sais-Je), le *Dictionnaire anglais-français et français-anglais des termes juridiques et économiques* (Livre de Poche). Elle termine un ouvrage intitulé *Regards sur les Etats-Unis : les années Bush* pour la Documentation française (2005).

Donna Kesselman est Maître de Conférences de civilisation américaine à l'Université Paris X-Nanterre. Ses recherches concernent l'économie politique des Etats-Unis au XXe siècle, envisagée à partir de la question du travail. Sa thèse, *Le Syndicat des travailleurs de l'automobile et ses 'Deals' avec l'Etat américain (1935-1952)*, porte sur les relations entre le jeune syndicalisme d'industrie aux Etats-Unis et les gouvernements du *New Deal* de F.D. Roosevelt et du *Fair Deal* de H. Truman. Elle a récemment écrit des articles sur le syndicalisme aux Etats-Unis pour la revue *Droit et Cultures*, la revue électronique de l'Association Française d'Etudes Américaines *TransatlanticA*, dans un ouvrage collectif, *Les groupes de pressions dans la vie politique contemporaine en France et Aux Etats-Unis de 1820 à nos jours*, P.U. de Rennes. Elle est co-auteur d'un ouvrage sur les négociations d'affaires dans le marché mondial et interculturel : *La négociation de projet : des objectifs à la réalisation*, Editions Technip, 2004.

Danièle Lochak est professeur de droit public à l'Université de Paris X-Nanterre, Directrice de l'École doctorale de Sciences juridiques et politiques, directrice du CREDOF (Centre de recherches et d'études sur les droits fondamentaux), et responsable d'un DEA « Droits de l'homme et libertés publiques ». Au cours des dernières années, ses recherches ont porté plus particulièrement sur les droits des étrangers et les politiques d'immigration, la question de la nationalité et de la citoyenneté, sur les discriminations, sur les usages sociaux du droit (le rôle des juristes sous Vichy, notamment), sur l'impact des nouvelles technologies sur les libertés fondamentales...Publications récentes : *Les droits de l'homme,* La Découverte, Coll. Repères, 2ᵉ ed. 2005. *La liberté sexuelle,* ouvrage collectif, co-dirigé avec Daniel Borillo, à paraître aux PUF en février 2005 ; « Loi du marché et discrimination » in D. Borillo (dir.), *Lutter contre les discriminations*, La Découverte, 2003, p. 11-37.

David Benjamin Oppenheimer is Professor of Law and Associate Dean for Academic Affairs at Golden Gate University School of Law, and an affiliated scholar at the Institute for the Study of Social Change at the University of California, Berkeley. He holds a B.A. from the University Without Walls of Berkeley and a J.D. degree from Harvard University. His principal fields of study are employment discrimination law, including affirmative action law, and civil rights law and history. He is the co-author, with 6 scholars from the University of California and Stanford University, of *Whitewashing Race: The Myth of a Color-Blind Society* (University of California Press 2003). He has authored law review articles for journals published by the University of Pennsylvania, Cornell University, Columbia University, the University of California (Berkeley, Davis and Hastings), and many other American universities.

Sophie Robin-Olivier est agrégée des facultés de droit et professeur à l'Université de Paris X-Nanterre. Elle enseigne le droit du travail, le droit comparé et le droit européen. Elle est l'auteur d'un ouvrage et de plusieurs articles consacrés au droit européen dont : *Le principe d'égalité en droit communautaire, Etude à partir des libertés économiques* (PUAM, Aix-Marseille, 1999), « Citizens and Non-citizens in Europe: EU Measures Against Terrorism after September 11 » *Third World Law Journal*, Boston College Law School (à paraître déc. 2004), « Les étrangers et la citoyenneté européenne, Lecture de la charte des droits fondamentaux de l'Union européenne » in *La protection des droits sociaux fondamentaux dans l'Union européenne*, sous la direction du professeur A. Lyon-Caen, Dalloz, Thèmes et commentaires, déc. 2004, « L'influence de la jurisprudence de la Cour de Justice sur le droit social français » *Bulletin de Droit comparé du travail et de la sécurité sociale*, déc. 2004. Elle prépare actuellement une *Introduction au droit européen* avec le professeur Jean-Sylvestre Bergé (à paraître, PUF, 2006). Elle a enseigné le droit européen à la faculté de droit du Boston College (2002-2004).

Elise Ralser est Maître de conférences en droit privé à l'Université de la Réunion depuis septembre 1999. Après des études doctorales à l'Université de Paris II, sous la direction du Professeur Jacques Foyer, elle a soutenu sa thèse en 1998 sur le thème de *La célébration du mariage en droit international privé.* Ayant une prédilection pour le droit international privé, ses recherches ont été principalement axées et publiées sur les thèmes suivants : Compte rendu d'un ouvrage en langue allemande : VOIT (Betina), *Heilung durch Statutenwechsel im internationalen Eheschließungsrecht, R.C.D.I.P.* 1999, p. 639 ; « Nationalité et filiation », note sous Saint-Denis de la Réunion, 24 mars 2000 et 12 janvier 2001, *Revue Juridique de l'Océan Indien*, n°2, 2001-2002, p. 333 et 349. D'autres sujets, communs à plusieurs disciplines, et dont certains touchent à la théorie générale du droit, ont constitué ses derniers centres d'intérêts : « La maladie du mariage blanc », *Dr.Fam* 2004 (n°2), chron. n°4 ; « Une manifestation du pluralisme juridique : le droit international privé », in *Mayotte dans la République*, Montchrestien, 2004, p. 567 et « Pluralisme juridique et droit international privé », *Revue de la Recherche Juridique. Droit prospectif*, 2003, n°4, p. 2547.

Jamin B. Raskin is a professor of Constitutional Law at American University Washington College of Law, where he directs the Program on Law and Government, and was a Visiting Professor in 2003-04 at Institut d'Etudes Politiques de Paris. He is the author, most recently, of *We the Students* and *Overruling Democracy:The Supreme Court versus the American People*.

Daniel Sabbagh est chargé de recherches au Centre d'études et de recherches internationales (CERI Fondation Nationale des Sciences Politiques et CNRS), où il co-anime le groupe de recherches « Politiques antidiscriminatoires », et co-rédacteur en chef de *Critique internationale*. Il est l'auteur de *L'Égalité par le droit : les paradoxes de la discrimination positive aux États-Unis* (Paris, Économica, 2003, Prix François Furet 2004).

Egalité et discrimination :
États-Unis, France, Europe

Chantal Kourilsky-Augeven & Anne Deysine

Présentation

Le présent numéro de *Droit et Cultures* s'inscrit dans une tradition déjà longue d'échanges entre chercheurs américains et français. Dès 1997, Carol J. Greenhouse nous présentait une série d'articles issus des travaux du Colloque organisé par l'Association Américaine d'Anthropologie en novembre 1995 dans un numéro intitulé « Champs de compétence et minorités aux USA (*jurisdictions*) » qui nous introduisait aux complexités de l'une des notions américaines constituant, comme beaucoup d'autres, un faux ami troublant entre la langue anglaise et la langue française. Pour citer notre auteur en langue originale « *Jurisdictions are official territorializations of legal power and authority ; they are also part and parcel of ethnographic practice* »[1]. Le thème était développé par Thomas Biolsi[2] puis appliqué à des études de cas par trois chercheurs.

En 1998, *Droit et Cultures* s'aventurait sur le terrain de la mise en présence des approches françaises et américaines de la relation unissant l'individu au droit régulant sa propre société dans un numéro intitulé « Socialisation juridique et *legal consciousness* : pour un dialogue franco-américain ». Il était frappant pour nous que cette problématique soit appelée « conscience juridique » chez les chercheurs américains mais « socialisation juridique » chez les chercheurs français ou d'autres pays européens qui s'attachent à explorer les développements fondateurs de la relation de l'individu au droit dans l'enfance et l'adolescence. On observera que, en Europe comme aux Etats-Unis, de telles recherches sont menées par des juristes ouverts aux approches anthropologiques et sociologiques ou par des sociologues et psycho-sociologues.

Du côté français, Louis Assier-Andrieu ouvrait la discussion par une réflexion sur « Le territoire de la conscience » formant un fort contraste avec l'approche développée par les sociologues Patricia Ewick et Susan S. Silbey[3]. Pour

---

1 Carol J. Greenhouse, « Jurisdictions », Préface, *Droit et Cultures*, n°33 (1997/1), p. 7-15.

2 Thomas Biolsi, « Introduction to 'Jurisdictions' », *id.* p. 15-19. Paula Wagoner, « Surveying justice : the problematics of overlapping jurisdictions in Indian country », *id.* p. 21-52. Susan S.Gooding, « Imagined spaces – storied places : a case study of the Colville tribes and the evolution of treaty fishing rights », *id.* p.53-95. Annie S.Barnes, « Comparative study of policing in America », *id.* p. 97-110.

3 Louis Assier Andrieu « Le territoire de la conscience. Nature et pensée normative », *Droit et Cultures*, n° 35 (1998/1) p. 13-22. Patricia Ewick & Susan S. Silbey, « A Case Study of Legal Consciousness », *id.* p. 23-41.

elles, c'est dans les événements et les transactions ordinaires que l'on doit chercher la « trame du juridique » (*the web of legality*). Distinct du juridique (*legality*), le droit (*law*) est conçu « non pas tant en ce qu'il opère pour donner forme à l'action sociale mais en tant qu'action sociale ».

Au contraire les approches pratiquées aux Etats-Unis par Frank W. Munger et David M. Engel et en France par Chantal Kourilsky-Augeven[4] semblent parallèles en ce qu'elles trouvent pour une grande part l'origine des représentations et attitudes adultes à l'égard du Droit et des droits (*law and rights*) dans les caractéristiques et le contenu de la socialisation de l'individu dans l'enfance et l'adolescence. Il est vrai que la conception de la socialisation juridique développée en France est très éloignée de la conception initialement développée aux Etats-Unis par les créatrices du concept June L. Tapp et Felice J. Levine[5] qui centraient leur approche de la socialisation juridique non sur l'individu mais sur la société, lui assignant ainsi un objectif social de réussite par l'intériorisation des normes juridiques.

A partir de l'année 2000 la diffusion de la connaissance de l'anthropologie juridique américaine entre encore davantage dans les objectifs de la *Revue* avec la publication d'un dossier relatif à l'itinéraire de recherche et aux principales publications de Sally Falk Moore constitué et introduit par un remarquable article de Carol J. Greenhouse intitulé « Le droit, le temps et l'anthropologie : le dossier ethnographique de Sally Falk Moore »[6].

En 2004, *Droit et Cultures* entreprenait une démarche inverse. Il ne s'agissait plus de faire connaître en France les travaux de recherche américains mais d'atteindre un public de chercheurs anglophones en publiant un numéro spécial en anglais. Intitulé « Images and Uses of Law Among Ordinary People » ce numéro regroupait des articles issus de recherches menées par un groupe pluridisciplinaire de sociologues, juristes et psycho-sociologues français, hongrois, russes et suédois sur les conceptions et les pratiques populaires du droit dans les pays concernés[7]. Trois thèmes étaient abordés : 1. *Images and uses of law among ordinary Russian people* (Kourilsky-Augeven, Manson, Zdravomyslova-Stoyunina, Shmulyar-Gréen), 2. *Gender and legal socialization* (Arutiunyan, Carles-Berkowitz, Vari-Szilagyi), 3. *Local context and its influence on images and uses of law* (Arutiunyan, Zdravomyslova-Stoyunina, Kourilsky-Augeven, 4. *A French approach to American legal culture* (Clignet).

---

4 Frank W. Munger & David M. Engel, «Civil Rights and Self Concept : Life Stories of Law, Disability, and Employment», *id.*, p. 43-73. Chantal Kourilsky-Augeven, « Introduction » et « Images du droit et sentiment d'appartenance : les représentations adolescentes de la citoyenneté », *id.* p. 7-12 et p. 75-92.

5 June L.Tapp & Felice J. Levine (eds.) « Law, Psychology and the Individual : Psychological and Legal Issues », New York, Holt, Rinehart & Winston, 1977.

6 Carol J. Greenhouse, « L'anthropologie juridique aux Etats-Unis », *Droit et Cultures*, n° 40 2000/2, p. 7-73.

7 Chantal Kourilsky-Augeven (issue editor) « Images and Uses of Law Among Ordinary People », *Droit et Cultures, Special Issue 2004*, Paris, Société de Législation Comparée.

Nous voici arrivés en 2005 à l'étape de la comparaison. Le numéro 49 est consacré aux approches américaines et françaises des voies et moyens de l'égalité des individus et de la lutte contre la discrimination. Ce numéro est le produit du colloque organisé par Anne Deysine à l'Université Paris X-Nanterre en mars 2004 sur le vaste thème d'Egalité et Justice. Les participants, tant américains que français, venaient d'horizons divers et incluaient historiens, politologues, juristes universitaires et praticiens. Nous avons retenu celles de ces contributions qui cadraient avec l'approche *Droit et Cultures*.

Danièle Lochak qui introduit le numéro montre bien que les États-Unis et la France ont deux conceptions différentes de l'égalité. Aux Etats-Unis, c'est l'égalité des chances (*equal opportunity*) alors qu'en France c'est le « modèle français » fondé sur une formulation abstraite et universelle des règles. Ces deux conceptions sont critiquées car aucune n'a pu assurer l'égalité de fait. Cette discussion est d'autant plus importante qu'au moment même où aux États-Unis on conteste *l'Affirmative Action* (ensemble de politiques volontaristes en faveur des minorités, maladroitement traduite par « discrimination positive »), la France envisage de mettre en place des mécanismes de ce type, d'autant plus délicats à introduire que le droit français interdit les rubriques raciales, caractéristiques du recensement américain. Aux États-Unis, en raison de l'esclavage, le recensement a distingué les habitants par la couleur et prévoit qu'une seule goutte de sang noir fait appartenir l'individu à la race noire. C'est la règle du « one drop », à l'origine d'une tradition binaire qui distingue entre d'une part, les descendants des Européens qui déclarent leur ethnicité et d'autre part, les immigrants d'origine non européenne qui sont identifiés par leur lieu de naissance et par la race. Jamin B. Raskin est bien conscient de la spécificité du questionnaire utilisé pour le recensement décennal aux États-Unis. Celui-ci permet aux personnes interrogées de se classer elles-mêmes en tant qu'Hispaniques, asiatiques ou noirs. Mais il montre bien que le recours aux catégories raciales est suspect et entraîne de la part des tribunaux un niveau maximal d'examen. Pourtant, depuis 1960, le critère racial a paru nécessaire pour rectifier les injustices du passé. L'auteur, après une année à Paris, porte dorénavant un autre regard sur ces pratiques et se pose la question de savoir si les États-Unis devraient modifier leur questionnaire et abolir les classifications raciales lors du recensement. À travers des exemples pris dans divers domaines (droit de vote, discrimination à l'embauche) il fait la démonstration qu'il existe d'autres moyens susceptibles d'assurer l'égalité.

Dans l'organisation judiciaire, la question de l'égalité est aussi centrale aux Etats-Unis, compte tenu des spécificités de la procédure accusatoire et de l'absence d'un modèle homogène. Les inégalités sont aisées à répertorier. Anne Deysine montre que le droit à un avocat n'est garanti qu'en matière pénale et non civile et que la mise en oeuvre de ce droit incombe aux Etats et aux collectivités locales. D'où une extrême inégalité financière et géographique, puisque selon le lieu où a été commis l'infraction, l'inculpé sera bien défendu ou non. Angela Davis, quant à elle, insiste sur un aspect essentiel de cette inégalité qui tient au système accusatoire et aux pouvoirs discrétionnaires dont jouit le procureur aux États-Unis. Celui-ci, tant au niveau local (*District Attorney*) qu'au niveau fédéral (*US Attorney*), jouit de moyens considérables contre lesquels l'avocat de la défense commis d'office et à peine rémunéré ne peut espérer lutter. C'est lors d'une procédure que l'on vient d'introduire également en France, la « composition pénale » ou le « plaider coupable », que le déséquilibre dans le rapport de forces se fait particulièrement sentir au détriment des inculpés.

Les trois communications suivantes touchent au droit du travail et si Daniel Sabbagh a choisi de se pencher sur le passé - l'arrêt fondateur en matière de ségrégation - et de traiter plutôt la liberté que l'égalité, Donna Kesselman et David Oppenheimer s'intéressent à la discrimination dans l'emploi de nos jours. La première met en lumière la contradiction intrinsèque à laquelle il est difficile d'échapper si on met en oeuvre des politiques en faveur des minorités. En effet, celles-ci vont nécessairement léser d'autres catégories de salariés, les hommes blancs par exemple qui invoquent alors la discrimination à rebours (*reverse discrimination*). L'opposition est particulièrement claire avec la règle de l'ancienneté qui régit par exemple les licenciements et a longtemps placé les syndicats, souvent accusés de privilégier leur base traditionnelle, les Blancs, dans une délicate situation. Fallait-il décider de licencier un homme blanc ayant davantage d'ancienneté ou un membre d'une minorité ? David Oppenheimer a choisi de ne pas traiter les recours administratifs devant la commission sur l'égalité dans l'emploi (EEOC) mais d'évaluer l'efficacité des contentieux privés. Les résultats de cette analyse sont édifiants.

Les deux dernières communications introduisent la dimension fédérale dans le débat. Daniel Borillo, dans son étude des discriminations fondées sur l'orientation sexuelle, montre que les règles européennes s'imposent au droit français. De même, Sophie Robin-Olivier et Charles Baron, à travers des exemples pris dans le système européen et le système américain, font apparaître clairement que le dialogue entre les juges et les différents droits au sein d'une fédération (les États-Unis) et au sein d'une union d'Etats présentant certains traits du système fédéral (l'Union européenne) revêt des traits différents. Les auteurs montrent les interactions existant entre les « cinquante et une » cours suprêmes des États et soulignent que la Cour Suprême des Etats-Unis participe pleinement au dialogue sur l'égalité en utilisant leurs décisions pour développer de nouveaux principes de droit constitutionnel fédéral. Les auteurs soulignent également la difficulté de comparer avec le cas européen. En effet, en Europe la protection du principe d'égalité relève de deux Cours : la Cour de justice pour l'Union européenne et la Cour européenne des droits de l'homme pour l'application de la Convention européenne des droits de l'homme. Or, ces Cours appliquent des doctrines parfois différentes. De même, alors qu'il existe aux Etats-Unis une constitution et une déclaration des droits, en Europe ce sont encore des traités internationaux, l'un d'eux se doublant d'une « charte constitutionnelle » qui n'a pas encore été transformée en véritable constitution puisque le texte doit être soumis à ratification par les Etats membres.

Sur le sujet « Egalité et Discrimination », il est vrai que la dimension juridique est incontournable. Mais ce qui nous a paru original et innovant ici, est que chacun des auteurs a cherché à dépasser la dimension purement juridique pour montrer l'ancrage des règles dans la culture juridique et plus largement dans l'histoire des deux pays. Auteurs français et américains, qu'ils soient juristes ou politologues, ont fait l'effort de resituer leurs approches du problème de l'égalité dans le contexte d'une revue d'anthropologie et d'histoire.

Si le centralisme français peut présenter des avantages en matière d'aide légale par exemple, le fédéralisme à l'américaine, conçu comme répartition des compétences, se double d'une réelle décentralisation reposant peut-être sur une subsidiarité « à l'américaine ». Et surtout, dans le cas américain, l'esclavage et la question noire sont encore aujourd'hui des plaies béantes et qui continuent de façonner le débat. À cet égard, la réforme des modalités de recensement en 2000, qui rompt avec le principe de la règle du « one drop » est éclairant. Il est dorénavant possible aux habitants des États-Unis de se rattacher simultanément à plus d'un groupe racial. Peu d'entre eux ont profité de cette option, ce qui témoigne de l'importance symbolique de l'affiliation raciale aux États-Unis. Le discours sur la race, ancré dans l'histoire du recensement, continue de déterminer les discours et les politiques car c'est un élément de l'identité nationale américaine qui dès lors rend difficile toute comparaison avec le cas français ou européen.

Danièle Lochak

Quelques réflexions sur l'universalité de la règle de droit dans ses rapports avec l'égalité

Pour introduire ces regards croisés entre la France et les Etats-Unis, il est tentant de citer Tocqueville. Observant les Etats-Unis, l'auteur de *La démocratie en Amérique* croyait pouvoir y déceler cette passion de l'égalité qui encourage l'individualisme et engendre des risques de despotisme. Aujourd'hui, pourtant, on a le sentiment que c'est en France qu'on est le plus ardemment attaché à l'égalité, tandis que l'Amérique, où l'on croit plus fermement aux bienfaits du marché et de la libre concurrence, serait attachée avant tout à la liberté. Mais cette vision apparaît à son tour comme trop simplificatrice : c'est bien aux États-Unis, après tout, et non dans le giron de l'État providence, qu'a pris naissance l'*affirmative action*.

En réalité, ce ne sont pas tant la liberté et l'égalité qui sont en concurrence que des conceptions différentes de l'égalité, ce qui justifie de revenir ici rapidement sur quelques caractéristiques du « modèle français » d'égalité.

Dans la conception française issue de la Révolution, l'égalité est d'abord liée à l'uniformité des règles, que permet leur formulation abstraite et universelle. « *La loi [...] doit être la même pour tous* », énonce la Déclaration des droits de l'homme de 1789. Les droits de l'homme sont construits sur l'idée d'une humanité abstraite, d'une « nature » humaine commune à tous les individus concrets. Dans cette perspective, la règle de droit doit rester aveugle aux différences, et l'égalité passe par l'uniformité de la règle applicable : tous les individus, égaux par essence, doivent être traités de façon identique par-delà leurs différences.

Il y a donc bien, à cet égard, un « modèle français » d'égalité, même s'il ne fonctionne pas – et n'a jamais vraiment fonctionné – sur ce mode idéal-typique, et même s'il subit aujourd'hui des remises en cause plus ou moins frontales. Car l'universalisme abstrait montre vite ses limites, et il y a longtemps qu'on a pris conscience de ce que l'égalité devant la loi ne permettait pas nécessairement d'assurer l'égalité en fait. L'application uniforme de la même règle à tous peut aboutir à conforter les inégalités. Elle peut aussi placer les membres de groupes minoritaires dans l'impossibilité d'exercer effectivement des droits qui leur sont théoriquement reconnus. Pour réparer ou empêcher ces conséquences inégalitaires, le droit est amené à reconnaître des droits spécifiques aux membres de certains groupes ou catégories sociales. Ce faisant, il renonce non seulement à l'uniformité, mais aussi à l'universalité de la règle, puisqu'il va considérer les individus non plus par rapport à ce qu'ils ont en commun, mais en fonction de ce qui les distingue les uns des autres.

Il y a donc un moment où, pour garantir l'égalité – l'égalité des droits ou l'égalité de fait – le droit doit prendre acte des différences. En prendre acte, d'abord, sur le mode de la dénégation, pour imposer, contre ceux qui tenteraient d'y faire obstacle, la jouissance à tous des mêmes droits : tous les dispositifs anti-discriminatoires sont ainsi amenés à établir une liste de critères prohibés – la race, l'origine, le sexe, l'orientation sexuelle, etc. Or, nommer ceux que l'on veut protéger contre les discriminations, c'est déjà rompre avec la formulation universelle de la règle. Avec pour conséquence cet étrange paradoxe qui tient à ce que, pour garantir le droit à l'indifférence, il faut commencer par désigner ceux qui sont différents et – mieux (ou pire) encore – contraindre ceux qui réclament la protection de la loi parce qu'ils ont été victimes de discrimination en tant que Noir, Juif, Arabe, ou homosexuel, à faire publiquement état d'une qualité ou d'une appartenance qui – littéralement – leur « colle à la peau ».

L'universalité, obstacle à l'égalité

Le droit va aussi prendre acte des différences, de façon positive, pour compenser des inégalités de fait ou lorsqu'il apparaît que la règle universelle, par sa rigidité, risque de priver certains individus de la possibilité effective d'exercer les droits reconnus à tous. Le principe d'égalité, dans ces conditions, se transforme : il n'implique plus nécessairement l'uniformité de la législation et n'impose plus de traiter tous les individus de façon identique ; il s'interprète comme un principe de non discrimination, c'est-à-dire qu'il proscrit seulement les différences de traitement qui ne sont pas rationnellement justifiées par des différences de situation.

On trouve, de fait, dans la législation française une très large gamme de mesures préférentielles qui ont subi avec succès le test de constitutionnalité ou de légalité au regard du principe d'égalité. Les unes visent à réduire l'impact des inégalités socio-économiques – telles la modulation des tarifs des services publics en fonction des revenus ou l'attribution des prestations sociales sous condition de ressources, les autres à compenser les désavantages attachés à certaines situations – c'est le cas des mesures facilitant l'accès à l'emploi des femmes, des handicapés ou des jeunes, ou encore accordant des avantages aux habitants de zones défavorisées.

Les bénéficiaires de ce traitement préférentiel ne sont cependant pas les groupes mais les individus : des individus déterminés certes par référence à des catégories, mais des catégories qui correspondent rarement à des groupes d'appartenance stables et préconstitués. Les « catégories » ont quelque chose de conjoncturel, de volatil, d'abstrait qui rassure ; les groupes ont à l'inverse une essence, une substance concrète, une permanence qui inquiètent. De sorte que les différences de traitement fondées sur des différences de situation liées à un état temporaire ou contingent sont plus facilement acceptées que celles qui sont fondées sur des appartenances plus substantielles : prendre des mesures en faveur des jeunes ou des personnes âgées, des mères de famille ou des handicapés, ne pose pas les mêmes problèmes qu'accorder des priorités ou des privilèges aux membres d'un groupe défini par une appartenance ethnique ou religieuse – ou même aux femmes indépendamment de leur qualité de mère… ou de veuve, comme l'a montré l'âpreté du débat sur la parité et la nécessité de modifier la Constitution pour surmonter la résistance du Conseil constitutionnel à toute politique s'apparentant à des quotas.

Relevons malgré tout que le modèle français, caractérisé par l'allergie à la prise en compte des appartenances, et plus encore des appartenances ethniques, a été à cet égard souvent pris en défaut. On peut citer – bien oubliés aujourd'hui – les quotas de recrutement instaurés entre 1956 et 1960 au profit des « Français musulmans d'Algérie » pour l'accès à la fonction publique et à la magistrature, mais aussi, plus près de nous, la prise en compte du critère « ethnique » dans les territoires d'outre-mer. Ainsi, en Nouvelle Calédonie, avant même que les accords de Nouméa, entérinés par une réforme constitutionnelle, n'autorisent à pratiquer une forme de « préférence calédonienne » pour l'accès à l'emploi et l'exercice du droit de vote, les contraintes de la cohabitation entre Kanaks et Européens ont conduit à tenir compte de l'appartenance ethnique pour organiser le découpage électoral ; de même a été autorisée la collecte des données relatives à l'origine dans le cadre du recensement, parce qu'on avait bien conscience que des politiques sociales et économiques qui ne tiendraient pas compte de l'existence de ces clivages ethniques et des inégalités qui leur sont liées ne pouvaient qu'être vouées à l'échec.

Ajoutons, pour terminer sur ce point, que lorsque le législateur met en place des mesures préférentielles prenant appui sur le territoire (cas des ZEP, mais plus généralement de tous les dispositifs imaginés dans le cadre de la politique de la ville), on sait bien qu'il s'agit aussi, et même surtout, de cibler des catégories de population qui ne se caractérisent pas seulement par un faible niveau socio-économique mais aussi par le poids prépondérant des personnes issues de l'immigration.

À l'heure où l'on constate la persistance des discriminations fondées sur l'origine qu'on ne parvient pas à éradiquer avec les moyens classiques, à l'heure où, sous la pression du droit communautaire, la lutte contre toutes les formes de discrimination est inscrite sur l'agenda politique, de plus en plus de doutes sont exprimés quant à la validité du « modèle français d'égalité ». On continue, certes, à brandir l'*affirmative action* à l'américaine comme un épouvantail, mais on s'efforce en même temps de trouver la voie de « discriminations positives à la française ». La question est posée aujourd'hui, non seulement aux hommes politiques mais aussi aux juristes et aux sociologues, qu'ils soient praticiens ou chercheurs : comment lutter contre les discriminations ethniques sans prendre en compte des données ayant trait à l'origine ? Mais comment prendre en compte ces données sans courir le risque de figer les appartenances, d'enfermer les individus dans des catégories éventuellement stigmatisantes ? Question complexe, en forme de dilemme, qu'illustre de façon emblématique le débat autour des « statistiques ethniques ».

L'universalité, aux prises avec la diversité

En dehors même des cas où elle aboutit à entériner des inégalités de fait, l'application uniforme de la même règle à tous peut aussi produire des effets discriminatoires à l'égard des individus qui appartiennent à des groupes minoritaires. Le droit est alors amené à prendre en compte cette appartenance et à reconnaître des droits spécifiques aux membres de ces groupes, non plus de façon limitée dans le temps, comme dans le cas des mesures préférentielles destinées à redresser une situation qu'on espère temporaire, mais de façon permanente. Car l'ignorance délibérée des appartenances minoritaires sous couvert de respecter l'universalité de la règle de droit risque, si elle est poussée jusqu'à son terme, d'entraver l'exercice de certaines libertés fondamentales. Les membres de ces minorités en effet, revendiquent d'abord l'égalité, c'est-à-dire le droit d'être traités comme l'ensemble des autres habitants ; mais ils revendiquent aussi des droits en tant que membres de cette minorité, tels que la liberté religieuse ou le libre usage de la langue maternelle, et finalement le droit de préserver leur identité.

Même lorsque, comme en France, l'existence de minorités est par hypothèse récusée, le principe d'indifférence finit par être battu en brèche. Il n'est pas besoin de pousser très loin l'investigation pour s'apercevoir que la loi et la jurisprudence non seulement tolèrent mais reconnaissent la légitimité des différences de traitement justifiées par l'appartenance à un groupe constitué qui se vit subjectivement ou apparaît objectivement comme minoritaire au sein de la collectivité nationale. Et le phénomène ne peut aller qu'en s'accentuant dans une société confrontée au « multiculturalisme », contrainte de tenir compte de la diversité qui en découle.

L'attitude de l'État par rapport à la religion fournit l'illustration la plus visible du caractère inéluctable, même dans un pays qui se revendique de la laïcité, de la prise en compte des appartenances religieuses. Car si la laïcité est d'abord un principe d'indifférence, si la liberté religieuse suppose la parfaite neutralité de l'État (mais aussi des personnes privées, à commencer par les employeurs) à l'égard des croyances et convictions, elle impose aussi, en sens inverse, dans certaines circonstances, de prendre en considération ces croyances pour garantir la liberté de conscience des membres des groupes minoritaires.

Le droit s'adapte donc, à des degrés divers, à la diversité des croyances et des appartenances : les prescriptions impératives de la législation étatique peuvent s'effacer ou s'assouplir lorsqu'elles entrent en conflit avec les prescriptions religieuses. Ainsi, la réglementation de l'abattage des animaux de boucherie, qui impose l'obligation de l'étourdissement des animaux avant la mise à mort, prévoit une série d'exceptions au rang desquelles figure l'abattage rituel. De même, alors que le calendrier des fêtes légales est en pratique calqué sur le calendrier chrétien –

ce qui montre bien que la règle soi-disant universelle ne l'est pas réellement… – les membres des autres confessions peuvent être autorisés à s'absenter de leur travail les jours de fêtes religieuses juives ou musulmanes. On constate toutefois que ce système de dérogation au cas par cas n'est pas parfaitement satisfaisant : d'une part, il n'est pas fondé sur la reconnaissance d'un droit, mais d'une simple tolérance ; d'autre part, il contraint celui qui veut en bénéficier à revendiquer son appartenance à un groupe minoritaire.

Mais la question qui se pose aujourd'hui avec de plus en plus de force est de savoir jusqu'à quel point on accepte de consentir des dérogations à la règle commune. Les Québécois ont répondu par la formule des « accommodements raisonnables ». L'intensité des controverses nées en France autour de la question de l'assiduité scolaire, du foulard islamique ou, plus récemment, du port du turban par les Sikhs, montre la difficulté d'aboutir ici à un consensus.

Et ceci nous renvoie à un constat plus général qui ressort aussi bien de l'expérience américaine que de l'exemple français : l'équilibre est décidément délicat à trouver entre l'idéal universaliste et la prise en compte des différences. L'universalité abstraite, fondée sur le principe d'indifférence (la *colorblindness*), peut entraver la véritable universalité des droits au point d'apparaître comme l'alibi de tous les renoncements et une pure et simple hypocrisie. Mais, inversement, toute officialisation par le droit de l'existence des groupes, toute cristallisation des différences, comporte des risques : le risque de figer les appartenances et les identités, à force d'insister non plus sur ce que les individus ont en commun mais sur ce qui les distingue les uns des autres – l'origine, la religion, le sexe, l'orientation sexuelle… ; le risque, également, d'enfermer dans leur différence et leur statut à part les membres du groupe minoritaire ou défavorisé, et de renforcer par là-même la stigmatisation dont ils sont l'objet.

Jamin B. Raskin

Common Sense, Common Census: Should America Follow France and Abolish Race Questions on the Census?

"The truth is that there are no races: there is nothing in the world that can do all we ask race to do for us."
- Anthony Appiah, *In My Father's House*

"We feel that if all the possible scientific questions be answered, the problems of life have still not been touched at all."
- Luwig Wittgenstein, *Tractatus Logico-Philosophicus*

I

We, the People. The opening words of the American Constitution intimate a promise of democracy, a radical idea at odds with the structural features of the document. But the provisions for constitutional amendment and for free speech did establish the framework, however flawed, for progressively more democratic self-government. Another key mechanism for sustaining the momentum of democratic enlargement was the Article I mandate to the national government to find out, on a decennial basis, precisely who "we, the people" actually are:

> *The actual Enumeration shall be made within three Years after the first Meeting of the Congress of the United States, and within every subsequent Term of ten years, in such Manner as they shall by Law direct*[1].

This "actual Enumeration" census requirement in Article I anticipated by nearly two centuries the emergence of the "one person one vote" doctrine in the Warren Court, which interpreted Equal Protection to require that each and every adult American in the states have the right to vote in federal and state elections on an equal basis[2]. While the census clause commanded the society to hold a mirror up to

1 U.S. Const., Art. I, section 2.

2 See *Reynolds v. Sims*, *Wesberry v. Sanders*. Of course, even when the "one person, one vote" doctrine was being enunciated, there were classes of people implicitly left out of the ringing language of equal suffrage and representation : citizens living in the District of Columbia, citizens living in Puerto Rico

itself, the Court, in *Reynolds v. Sims* and *Wesberry v. Sanders*, insisted that we become politically true to the image we see.

Yet, like the rest of the Constitution, even the census clause was tainted from the start by association with the Framers' original fateful compromise with slavery. The sentence commanding a census every ten years followed directly upon the sentence announcing the infamous "three fifths" formula for counting slaves for the purpose of congressional reapportionment[3]. This concession to the slavemasters inflated the political power of the white oligarchs, who (needless to say) disenfranchised their slaves but happily counted 60% of their bodies to increase their own representation in Congress and the presidential electoral college. The resulting "slave power" of the South, as explained by Garry Wills, not only provided the margin of victory in the presidential election of 1800, among others, but assured the dominance of pro-slavery politics in Congress for decades[4].

The interacting power of the three-fifths clause and the census clause gave rise and sanction to two critical institutional mechanisms of white supremacy in our history: the mass disenfranchisement of African-Americans and the development of a racialized census.

The first mechanism, racial disenfranchisement, has been gradually dismantled through the Civil War, the Thirteenth, Fourteenth and Fifteenth Amendments, and the passage of the Voting Rights Act of 1965. However, its doctrinal legacy survives in two ways. The first is in the Supreme Court's *Shaw v. Reno* doctrine, which knocked the breath out of the Voting Rights Act by essentially constitutionalizing the right of white voters to be in a racial majority in single-member districts except where African-Americans and Hispanics can form a majority in a compact way that is aesthetically pleasing to the Court's majority[5]. Second, despite the substantial gains we have made in black enfranchisement, we are still contending with the glaring absence of a constitutional right to vote, a reality invoked by the Supreme Court majority in *Bush v. Gore* that explains the continuing disenfranchisement of millions of American citizens, including people living in Washington, D.C. and in Puerto Rico and people convicted of crimes in a number of states[6]. Elsewhere I have argued that our recurring failure to protect the right to vote and to be represented in our fragmented federalist polity compels passage of a constitutional amendment guaranteeing all of the people the right to

---

and the Territories, people serving time in prison for felony convictions and released felons in many states.

3 "Representatives and direct taxes shall be apportioned among the several States which may be included within this Union, according to their respective numbers, which shall be determined by adding to the whole Number of free Persons including those bound to Service for a Term of Years, and excluding Indians not taxed, three fifths of all other Persons." U.S. Const. Art. I, section 2.

4 73 *N.Y.U.L. Rev*. 333, 433.

5 *Shaw v. Reno* , 509 U.S. 630 (1993).

6 See Jamin Raskin, 3 *Election Law Journal* 559 (2004).

vote and to have their votes count[7]. This is a matter of democratic urgency. Similarly, the Supreme Court's racial double standard with respect to redistricting forces those who take democracy seriously to consider more effective ways to guarantee the political voices of everyone, and here, as Lani Guinier has argued, it is essential to move away from single-member districting toward mechanisms of proportional representation that are used in most other democracies[8].

But it is also crucial to see that the racialized census of our early days has survived intact. The census carries into the present the ideologies of race that bolstered European colonialism, infused the institution of American slavery and rationalized white supremacy.

Ironically, the constitutional census clause itself did not explicitly command a racial inventory of the population. Although it made reference to "Indians not taxed," the actual text of the census clause was oblique and allusive on the subject of race. Slaves are never identified racially and only enter the picture in the semantic mist, as "three fifths of all other Persons." As Melissa Nobles has observed, it would have been possible for the new government to comply with the census clause by simply dividing respondents into slaves and free citizens and not making explicit use of race. But in our first national census in 1790, the United States government quickly worked out racialized categories for our population focused on the baseline norm of whiteness: "Free White Males; Free White Females; All Other Free Persons; Slaves[9]." Our early censuses thus "registered race as it was then understood[10]." Race was used, Nobles argues, because it "was a salient social and political category. Eighteenth-century political elites regarded race as a natural and self-evident component of human identity, in keeping with European Enlightenment thought[11]."

In this sense, race was used as an organizing *ideology* of the new nation, and so it has been, more or less, ever since. Since 1790, we have continually placed racial categories on the census and sent out enumerators – or, since 1960, invited self-identification – to fit everyone into the right category or (beginning in 2000) categories[12]. The official purpose of the census has been to take a kind of prose snapshot of the population. But it has also served as the active tuning rod and experimental journal of the nation's racial ideologies, obsessions and neuroses. Nobles usefully divides the history of our census into four periods: 1790 to 1840,

---

7 See *id.*

8 14 *Cardozo L. Rev.* 1135.

9 Melissa Nobles, "Racial Categorization and Censuses," in *Census and Identity: The Politics of Race, Ethnicity and Language in National Censuses* 2002, 67.

10 *Id.*

11 *Id.*

12 Melissa Nobles, "Racial Categorization and Censuses," in *Census and Identity: The Politics of Race, Ethnicity and Language in National Censuses* 2002, 49.

when census racial categories were "shaped by representational apportionment, slavery, and racial ideas"; 1850 to 1920, when they were "used expressly to advance the racial theories of scientists," most prominently certain bizarre speculations about the hybrid qualities of "mulattos" offered by the reigning polygenist school of thought; 1930 to 1960, "when census definitions of racial categories were identical to those of southern race laws," and 1970 to the present, a period in which racial categorization "has been shaped most profoundly by civil rights legislation, the implementation of Statistical Directive No. 15, and the lobbying efforts of organized groups[13]." Statistical Directive No. 15 was released by the Office of Management and Budget in 1977 to define the five standard categories of racial and ethnic statistical reporting by the Census Bureau and other federal agencies: "American Indian or Alaskan Native," "Asian or Pacific Islander," "Black," "Hispanic," or "White". These census categories have been used to assemble information useful for civil rights enforcement and affirmative action policies in the fields of housing, education, employment, health care, and voting rights.

If, in the past, the census has been a decennial occasion for American political society to interrogate its beliefs, fears and anxieties about race, the 21st century will apparently be no exception. In the lead-up to the 2000 census, there was great political and academic controversy focused on the proposal to add a "multiracial" category to the census choices offered to respondents. The underlying policy debate was between people who strongly identify themselves and/or their children as "multiracial" and leading civil rights advocates who feared that this proposed new category would undermine group political solidarity and weaken the nation's ability to enforce civil rights law.

The "multiracial category" debate captured vividly what could emerge as the new century's agony around race in America. There is something close to scientific and academic consensus that biological race is not, and never was, a defensible scientific idea and that it is destructive to people in many ways. Yet, because the social and economic injuries of race are so profound and the idea of political organizing along received race lines has at times been used constructively in the struggle against white supremacy, many Americans of diverse backgrounds will be terrified of letting go of the racial idea for public purposes, however artificial and "constructed" they take it to be. The question then becomes whether there is any way that America can transcend both race (the proclaimed goal of conservatives today) and also racism (the traditional goal of progressives and liberals). Is there some means by which we can abolish race while continuing the emancipation of its countless victims in American society ? Can the Constitution play a constructive role in resolving this conundrum for us ?

In Part II, I analyze the ferocious debate over the "multiracial" category before the 2000 census to demonstrate how both sides had important stories to tell

---

13 *Id.* at 49.

but essentially spoke past each other: the advocates of the new category spoke from the standpoint of the individual presently facing the requirement of an existentially false racial self-identification while the opponents spoke from the historical vantage point of large numbers of people living with the cumulative injuries of racism and seeking redress. The striking aspect of the debate is that everyone involved acknowledges the scientific falsity of "race" but is still necessarily trapped in the race paradigm set by our original constitutional embrace of slavery and white supremacy. It is not clear that we the people, as a nation, can ever escape the awful power of this racial ideology. The most important and most valid reason we hang on to it today is found in the widely shared belief that it is necessary to maintain race on the census in order to advance civil rights enforcement and affirmative action.

But in Part III, I closely interrogate this claim, using standard equal protection doctrine involving strict scrutiny of race-based classification. I argue that maintaining the essentially neurotic idea of race is not nearly so necessary to programs of social progress as we may think. Our most important civil rights agendas – effective enforcement of anti-discrimination law, affirmative action for diversity in higher education, and effective legislative representation for political minorities – in truth may not depend at all, or may depend far less than we imagine, on a racialized census. Thus, the idea that racial questions on the census narrowly serve compelling public ends in the least restrictive way, as required by the mechanism of strict scrutiny, will grow increasingly suspect and untenable. The basic norms of antidiscrimination law may not require much, if anything, from census data; affirmative action is completely possible without it; and better alternatives probably exist for any programs or policies that presently use racialized census data.

In Part IV, I venture a guess as to why the debate over the "multiracial" category was so incendiary, arguing that, in conservative America, race has become a proxy, but an increasingly ineffectual and divisive one, for social progress towards missing universal rights and benefits. If we recognize that "political race" has taken the place of social solidarity, class consciousness, and wealth redistribution, we will see why progressives are so reluctant to let go of the concept that one progressive author *defending* a racialized census openly likened to "the devil". But I will argue here that we should revive the central insight of every progressive movement we have had, from abolitionism and Populism to the Civil Rights movement: that interracial solidarity for universal social rights provides the greatest promise of the greatest benefit to the greatest number of people. Thus, it is time to liberate law and politics from our tiny race boxes and fashion ways to transcend racism and race at the same time. We need to struggle towards what will ultimately be a new constitutional arrangement: abandonment of race as a census category at the same time that we establish long-missing but essential rights of national citizenship, including the right to vote, the right to health care, and the right to equal spending on public education. We can think of this as *the French solution* since the French republic has never permitted race questions on the national census, has proclaimed a belief in universal republicanism since the French Revolution, and has provided health, education and suffrage as essential rights belonging to all citizens.

II

The immediately striking facet of the ferocious debate that surrounded the suggestion to create a new "multi-racial" category in the run-up to the 2000 census is that observers on all sides agreed that, as a biological assertion or scientific category, "race" lacks all validity. All agreed, rather, that race is a pure political and social invention rooted in the history of colonialism and racism.

Thus, even the professors who defend the current practice of inviting respondents to sort themselves into racial boxes corresponding to White, African-American, Native American, Asian-American and Hispanic readily admit the fictional quality of distinct "race" categories that constitute the enterprise. For example, in the course of defending the current race boxes, Lisa K. Pomeroy, writing in the *Toledo Law Review* in the fall of 2000, records that, "Most anthropologists agree that there is no biological basis for race; in fact, these experts contend that race is purely a social and construct[14]." Similarly, Christine Hickman, who also defends current practices, writes that the "proponents of [the multi-racial category] all correctly deny that there is any biological basis for race[15]." This contradiction – denying the existence of race on scientific grounds but defending its meaning to uplift people – was remarked upon by Anthony Appiah in his brilliant analysis of W.E.B. DuBois' tortured efforts to come to terms with race: "In his later writings, DuBois – whose life's work was, in a sense, an attempt at just this impossible project – was unable to escape the notion of race he explicitly rejected[16]."

Needless to say, the advocates of the new multi-racial category vigorously rejected the notion of race as well. Naomi Zack spoke well for this pro-multiracial category camp : "Race is a social construction on all levels. Current scientific findings about biological race indicate that the main problem with 'race' in common sense is a failure to recognize that there is no biological basis for racial categories[17]." In fact, there is a powerful "intellectual consensus" across disciplinary

---

14 Lisa K. Pomeroy, "Restructuring Statistical Policy Directive No. 15 : Controversy Over Race Categorization and the 2000 Census", 32 *U. Tol. L. Rev.* 67, 68 (2000).

15 Christine B. Hickman, "The Devil and the One Drop Rule: Racial Categories, African Americans, and the U.S. Census", 95 *Mich. L. Rev.* 1161, 1168 (1997).

16 Anthony Appiah, *In My Father's House*, 46.

17 Naomi Zack, "Border People and Antidiscrimination Law: American Mixed Race: The U.S. 2000 Census and Related Issues", 17 *Harv. Blackletter J.* 33 (2001).

boundaries "that racial categories have no biological basis[18]." Research in the Human Genome Project has established that human beings truly comprise a single species and that "race" carries virtually no explanatory or predictive power in analyzing human nature or behavior. As a way of describing the talents, aptitudes, limitations, gifts, virtues, vices, feelings, thoughts or attributes of human beings, racial concepts are practically worthless. Moreover, because the very idea of race is an ideological product of specific political and cultural systems, we have never been, and never will be, able to fix permanent racial categories that reflect some underlying natural reality. By the same token, we have never been, and never will be, able to classify everyone into our provisional and politically negotiated decennial race categories since individual people have their own ideas, experiences, and feelings involving "race" in America. People will often reject the deployment of inescapably artificial race divisions in the census as foreign to their self-identifications and betraying of their personal experience and feelings.

The 2000 census debate in America began when proponents of the new census category asserted that, since racial categories are, by definition, artificial and provisional, we should adjust them to meet the subjective experiences and sentiments of hundreds of thousands of people with mixed-race parentage who feel that they do not fit into the current lineup of racial boxes. "The most commonly cited argument made by advocates of a separate multiracial category is that its absence constrains multiracial individuals' ability to assert their identity as they subjectively perceive it to be", writes Patrick F. Linehan. "Under the present categorization system, such individuals are faced with the dilemma of either 'choosing a race" or throwing oneself into a category known as 'Other[19].'" Congressional hearings on the proposed change were filled with heartfelt testimony about the psychological dilemmas, emotional ambiguities and identity crises caused by forcing both children and adults to choose between or among the parents and grandparents identified with different races. Thus, champions of the new proposed category argued that "individuals should have the liberty to define themselves as they see fit, this decision should not be confined to the rigid racial categories offered under the current system[20]."

Although they too acknowledged the scientific invalidity of racial taxonomies, opponents of the change insisted that the collection in the census of racial statistics remained essential to the meaningful enforcement of civil rights laws in the voting, employment and housing fields. Thus, Christine B. Hickman summed up the view nicely: "However imperfect the census may be, it is our main yardstick for measuring the progress we as a society have made toward ending racism. We

---

18 Melissa Nobles, "Racial Categorization and Censuses," in *Census and Identity: The Politics of Race, Ethnicity and Language in National Censuses* 2002, 47.

19 Patrick F. Linehan, "Thinking Outside the Box: The Multiracial Category and Its Implications for Race Identity Development", 44 *How. L.J.* 43, 46 (2000).

20 *Id.* at 50.

tamper with it at our peril. Racism is still with us, and an accurate means for measuring its hold on our society is still vital[21]." Similarly, Tanya Kateri Hernandez writes that, "although multiracial discourse may seem benign and appealing on a humanitarian level, its implementation will produce counter-egalitarian results in the struggle for racial equality[22]." Hernandez argues for "a race-conscious classification system, which reflects the sociopolitical nature of race, to monitor racial discrimination more effectively and to dislodge the force of multiracial discourse[23]." She advocates that the current list of racial choices be continued but accompanied by a lengthy explanation that begins like this: "Recognizing that there are no such things as scientifically pure races or ethnicities, and that a person's individual identity can never be reduced to a single box, this form requests that you indicate which single race and/or ethnicity you find most politically or socially meaningful[24]."

Now, the two sides in this argument both made valid points Why should someone who is the daughter of an African-American father and a white mother have to identify herself for census and public purposes as being either African-American or White if she does not define herself as one or the other ? Where does the government derive the power to compel her to make a self-definitional choice that is completely false to her ? As a matter of First Amendment law, this official racial coercion smacks strongly of the kind of "compelled speech" that was condemned in *West Virginia v. Barnette* and more recently in *Boy Scouts of America v. Dale* and *Hurley v. Irish American – Gay, Lesbian, Bisexual Comm. Of Boston.* Compelling a person to identify with a race in a way that is false to conscience or belief is far more of a speech imposition than asking the organizers of the St. Patrick's day parade to admit a gay contingent or the Boy Scouts of America to tolerate gay scoutmasters.

Furthermore, the Equal Protection problems are profound where government creates racial categories for the population that are not rooted in scientific concepts. When government draws lines among citizens that are not rooted in empirical knowledge and reason but superstition and fear, such policies fail minimal Equal Protection rational basis scrutiny. Thus, the Court invalidated such irrational anti-gay legislation in *Romer v. Evans* and *Lawrence v. Texas*, striking down laws that targeted groups of citizens for adverse treatment without any reasoned basis.

---

21 Hickman, *supra* note 15 at 1264.

22 Tanya Kateri Hernandez, "'Multiracial' Discourse: Racial Classifications in an Era of Color-Blind Jurisprudence," 57 *Md. L. Rev.* 97, 98 (1998).

23 *Id.* at 105.

24 *Id.* at 167. The invitation to respondents to state "which single race and/or ethnicity you find most politically or socially meaningful" would be terribly vague since this inquiry is different from asking which group the person belongs to. It is also a bit puzzling since it is not clear what it means for a race or ethnicity to be "meaningful." More to the point, from the standpoint of champions of the change, what if they do not accept the terms of the question that one race or ethnicity is most meaningful or even exists ?

The denial to all citizens of an equal opportunity at racial self-definition cuts hard against the principles organizing these decisions. The basic idea of Equal Protection, as the Court put it in *Romer*, is "the principle that government and each of its parts remain open on impartial terms to all who seek its assistance[25]." Why is there anything remotely defensible today about perpetuating the racial taxonomy erected by the racist 19th century rule of "hypodescent," the "one drop rule" that "provides that one drop of Black blood makes a person Black[26]"? Hundreds of thousands of people now resist the official hubris implied by compelling people to make choices of racial self-definition based on the underlying template of the "one drop" rule even when they reject it.

The government's ultimate resolution of the controversy in 2000 – allowing census respondents to check off more than one race category[27] – is perceived as similarly unsatisfactory by many people because it "still fails to recognize that multiracial identity is a socially validated identity", according to Patrick F. Linehan. "In the end, the government's omission of a multiracial category leaves those who may not fall neatly into the existing race classification system carrying the 'heavy emotional burden' of finding validity in a multiracial identity outside of the rigid racial constructs imposed by the government and, ultimately, by society[28]."

On the other hand, the critics of the "multiracial" box have an equally powerful point to make. They approach the issue not from the standpoint of the individual who wants to escape the single-race census boxes but from the standpoint of large masses of people who have suffered under racial dogma and oppression in American history. While it may be true that "race" was a pseudoscientific ideological concoction of colonialism and racism, both law and society actually operated on this conceptual system for centuries, treating race as though it were a real scientific fact and thus dramatically affecting the lives and fortunes of millions of people. Those who were – and are – victims of racism in the real world and their descendants should not be abandoned now simply because we discovered that the ideology that oppressed them was based on superstition. All of the social progress we have mobilized in antidiscrimination law, voting rights law and affirmative action should not be discarded in a rush to the "Multiracial Category Movement", which "inadvertently furthers the progression of color-blind jurisprudence in direct contravention of the MCM goal of promoting racial equality[29]."

And yet both sides also made telling, uncomfortable criticisms of the other side. The advocates of the change pointed out that the traditional civil rights

---

25 116 S. Ct. 1620 (1996).

26 For an excellent discussion of the origins and meanings of the "one drop" rule, see generally Hickman, *supra* note 15. I obviously depart from some of her normative conclusions about the continuing utility of maintaining the rule.

27 See Linehan, 44 *How. L.J.* 43, 66-67.

28 *Id.* at 67

29 Hernandez at 105.

leadership was now clinging to the discredited remnants of the racist "one drop rule" and thereby perpetuating an unhealthy social allegiance to racial ideas. Rather than search for new solutions to old problems, these leaders still prefer to compel people to adhere to a scientifically debunked racial ideology.

Conversely, the opponents observed that, while the advocates typically begin their analysis by debunking race, the idea of designating "multiracial" as a category itself presumes the coherence of preexisting and independent monoracial categories. If some are "multiracial," others must, by definition, be *mono*racial; if not, then we are all multiracial and the category loses coherence. Thus, the logic of the proposal, ultimately, is either to reinforce racial thinking and create a kind of intermediate "mulatto" box on the census or else ultimately to destroy racial categories altogether, making it impossible to monitor and effectuate race-conscious change. Given these unpalatable choices, some of the critics of the proposal detected in the movement of "parents of biracial children" a sneaking "claim to having biracial children inherit all of the privileges of White status, which White parents logically would like to extend to their children as protection from racism against non-Whites[30]." Hernandez argues that "the parents of biracial children often are unconsciously deeply invested" in the "property value" that American history has assigned to "whiteness[31]."

This debate was an agonizing one for all involved except perhaps the racial conservatives promoting "color-blindness". They clearly sought to use the emergence of the "multiracial" issue in precisely the way the opponents feared: to undermine the legitimacy of efforts to redress the injuries of racism and declare the end of not only race but the struggle against racism in American life. But the original proponents of the change, many of them people in interracial marriages and their children and grandchildren, suddenly saw themselves being linked rhetorically to Justices Scalia and Thomas and others who would close their eyes and turn their backs to the racial injuries permeating American history. The champions of the "multiracial" box were essentially being accused of betraying the very Civil Rights Movement that made their love, their marriages and their children legitimate and perhaps even possible. They were now being accused of heresy from a faith that they thought they embodied in their personal lives. Similarly, the civil rights leadership was suddenly thrown on the defensive for perpetuating the pseudoscientific, irrational and essentialist claims about race that the Civil Rights movement has always challenged, with the suggestion often thrown in that this unenlightened response reflected their determination to maintain their own power.

Is there any way to escape this grim impasse that seems to trap everyone unhappily in the terms of racial thinking set centuries ago? Can we expect the dilemma to just grow worse as the numbers of people identifying as "multiracial"

---

30 *Id.* at 110.

31 *Id.* at 113.

increase dramatically in the future and as the 25-year clock on affirmative action suggested by Justice O'Connor in the Michigan affirmative action cases begins to tick away[32]?

III

Let us take the problem in constitutional terms. Assume that race does not exist as a biological or scientific fact. By what right then does the government continue to propound race categories on the census ?

Under now-settled Equal Protection doctrine, government use of racial categories is inherently suspect and must withstand strict scrutiny. Thus, the government would need to demonstrate, first, that it has a compelling interest in the project of racial categorization and classification on the census and, second, that these racial means are necessary to vindicate its interest.

Of course, all of the pro-slavery, segregationist, and white supremacist interests served by the use of racial categories on the census from 1790 until 1960 fail strict scrutiny today. But today's state interests are the reverse: to facilitate the enforcement of civil rights and antidiscrimination law, to enforce voting rights law and to allow for "diversity" based affirmative action policies to take place. Race is needed to identify and then rectify the damage visited on the victims of race.

The opponents of the "multiracial" category invoke such an interest as a compelling reason for maintaining the current racial inventory. About this point, they surely must be right. Discrimination, disenfranchisement and educational apartheid are such powerful forces in our history that undoing them constitutes a social interest of the highest order.

But are race-conscious means on the U.S. census truly *necessary* to implement the panoply of antidiscrimination laws ? To be more precise, do we need to ask people about their "race" on the census in order to enforce Title VII anti-discrimination law, the commands of the Fifteenth Amendment, Equal Protection and the Voting Rights Act, and educational affirmative action policies that promote "diversity" ? And if we really do need to in some cases, are there no less restrictive alternatives that will get the job done ?

There is far more to these questions than first meets the eye. The opponents of the "multiracial" category habitually assert that civil rights law would essentially collapse without race data compiled from the census. For example, Christine Hickman writes that "traditional civil rights and minority groups. depend on the census's racial statistics in order to safeguard voting rights, job opportunities, and school integration plans, as well as to effectively enforce antidiscrimination laws[33]." She quotes the congressional testimony of Steve Carbo of the Mexican American

---

32 *Grutter v. Bollinger*, 539 U.S. 306, 322-3.

33 Hickman at 1254.

Legal Defense Fund, who argued that "the collection of race and ethnic data is fundamental[34]," and another observer who stated that an inaccurate racial count "could have dire political consequences[35]." Lisa K. Pomeroy argues that the "value of census data in the battle against race discrimination is beyond measure" and goes so far as to suggest that the census claims and beliefs of "persons of multiracial ancestry" will "perpetuate discrimination against traditionally defined minorities in the areas of housing, criminal sentencing, and employment discrimination[36]."

These arguments proceed at an extremely high level of generality and do not descend to doctrinal particulars to explain where, within specific legal causes of action, racial census data are, in fact, required. Nor do these arguments ever explore whether, in cases where racial census data is in fact used, other alternatives are available that may be equally or even more effective for fighting racism.

Thus, I want to explore here how necessary racial data on the census really is in several important areas of civil rights law. In some cases, it is simply unnecessary and irrelevant; in other cases, where it is actually relevant and useful, there may be other alternatives available that will be equally – or more – effective at stopping discrimination and promoting integration. For analytical purposes, we can divide the positive use of race in "race law" into two types: antidiscrimination norms and positive integration or affirmative action norms.

Anti-Discrimination Norms

Consider, first, Equal Protection claims under the Fourteenth and Fifth Amendments. Since the Supreme Court's 1976 decision in *Washington v. Davis*[37], it is well-established that litigants alleging Equal Protection violations must demonstrate that an allegedly discriminatory government policy was motivated by a racially discriminatory *purpose*. Thus, it is never enough for a constitutional claim simply to show that there is a racially discriminatory *impact* on the population. As established in cases like *Arlington Heights* and *McCleskey v. Kemp*, plaintiffs must show that it was the purpose behind an enactment or policy to discriminate. Race data from the census is therefore irrelevant to such claims: the impact on the general population is irrelevant.

Consider now the more complicated case of Title VII statutory employment discrimination law, which makes it unlawful for an employer to "discriminate against any individual with respect to his compensation, terms, conditions or privileges of employment, because of such individual's race, color, religion, sex or national origin[38]." The Court has read this prohibition to give rise to both intentional

---

34 See *id.*

35 *Id.*

36 Pomeroy at 87.

37 426 U.S. 229 (1976).

38 Title VII.

discrimination law suits based on "disparate treatment" and also suits that do not require a showing of intentional discrimination but are rather based on racially "disparate impact."[39] But when we take each in turn, we see that race data from the census is of little or no use.

As with Equal Protection claims, census race data is clearly unnecessary to *intentional* discrimination claims that a person was fired, not hired or otherwise adversely treated in the employment setting based on his or her membership in a protected status group. This is because the individual need not refer to any general racial demographics in making out his or her complaint but simply allege, in order to establish a *prima facie* case, that he or she is a member of a protected group who was qualified for the job or promotion but was passed over[40]. At that point, the burden shifts to the employer to articulate a status-neutral explanation for its employment action, and the contest of reasons begins. Census race data is not used. Even if an employer tries to challenge a plaintiff's allegation that he or she is a member of a protected class (perhaps by questioning his or her census identification), it appears that the crucial question becomes what was the employer's *perception* of the plaintiff's race or ethnicity during the course of the alleged discrimination, not what the plaintiff's race *actually* is: "Objective appearance and employer perception are the basis for discrimination," as one court put it, and are "in the opinion of this Court, the key factors relevant to enforcing rights granted members of a protected class"[41]. As this court also explained, "when bringing an action under Title VII African-Americans do not have to demonstrate that their relatives lived in Africa, or that they visit the site of their roots, or that they are involved in any kind of cultural activities associated with Africa. They only have to appear to be African-Americans to be deemed members of that protected class"[42]. Thus, white employers who fire a white employee because they think he is black are still guilty of practicing race discrimination.

The vast majority of Title VII suits involve intentional discrimination claims. But some are disparate impact claims. Unable to show evidence of intentional discrimination, plaintiffs bringing these claims try to mobilize statistical evidence to demonstrate that seemingly neutral employment policies have racially discriminatory effects. In *Griggs v. Duke Power Co.*, the Supreme Court explained that traditional employment practices, like imposing high school or college degrees as a job requirement, may be "neutral on their face, even neutral in terms of intent" but nonetheless still "operate to 'freeze' the status quo" in racially discriminatory

---

39 See *Griggs v. Duke Power Co.*, 401 U.S. 424 (1971).

40 See *McDonnell Douglas* v. *Green*, 411 U.S. 792, 802 (1973).

41 *Perkins v. Lake County Department of Utilities*, 860 F. Supp. 1262, 1278 (USDC, N.D. Ohio) (1994) (finding that, regardless whether or not a Title VII plaintiff was actually American Indian, he was entitled to the benefit of the statute where employer had some reason to believe he was).

42 *Id* at 1276.

ways[43]. Thus, the disparate impact cause of action seeks to displace "artificial, arbitrary and unnecessary barriers to employment" where they "operate to invidiously discriminate" on a forbidden basis. To make a *prima facie* case, the employee must offer a statistical showing that a particular practice is causing a statistically significant difference between the racial composition of the employer's workforce and the racial composition of the pool of qualified available people in the specific labor market or the employer's workforce. If he or she does so, then the burden shifts to the employer to demonstrate that there is a true "business necessity" for maintaining the effectively discriminatory practice or policy.

Unlike intentional discrimination claims, "disparate impact" claims clearly will rely on race data, often drawn from census tract information. Yet, despite a continuing "academic obsession" with the "disparate impact" theory after more than 40 years of its existence, it "has had a strikingly limited impact" on ending discrimination and "may have actually hindered the eradication of discrimination as much as, and perhaps more, than it has helped[44]." After doing a comprehensive survey of Title VII cases involving "disparate impact" claims, Professor Selmi concludes that "outside of the realm of objective written examinations, the theory has had little actual influence in litigation even within employment discrimination where it clearly had its greatest impact[45]."

Part of the reason for the ineffectiveness of the "disparate impact" theory was that it developed, in the context of courts confronting whites-favoring seniority systems, to deal with "the perpetuation of past explicit but lawful discrimination that would contravene the purposes" of Title VII[46]. It would have been far better to treat the conscious reproduction of racially loaded seniority systems as a form of *intentional*, rather than accidental, discrimination since employers could legitimately be charged with knowledge of the likely consequences of their actions. But, as Professor Selmi explains, "it became clear early on in the history of Title VII that negotiations with employers would be far easier to accomplish if they could move away from a focus on intentional discrimination, which carried with it an implicit label of blame, to something more amorphous[47]."

In any event, Professor Selmi has found that, in 130 reported Title VII cases reaching appellate courts over a period of years, only 25 (or less than 20%) won on a "disparate impact" theory and 15 of these won only remands. Given that it was most effective at confronting the perpetuation of practices from the days of segregation, the disparate impact theory has had decreasing appeal and utility over time. As a

---

43 401 U.S. 424 (1971).

44 Michael Selmi, *Was the Disparate Impact Theory A Mistake ?* (unpublished manuscript on file with the author) 3, 1.

45 *Id.* at 2.

46 *Id.* at 10.

47 *Id.* at 11.

theory, it "is inconsistent with our broadly held idea of justice, an idea that is steeped in concerns of remedying intentional acts of discrimination[48]."

Given the declining importance of "disparate impact" claims, which were never a significant force compared to intentional ones, we might make the social judgment that the whole category should be reconsidered and collapsed back into intentional discrimination claims. Yet, even if we are to maintain this category, is census data necessary for a plaintiff to make such an initial *prima facie* showing of a racially discriminatory effect of an employment policy? It is very unlikely. The key information relates to the demographics of the employer's *own workforce and applicant pool*, information obviously not available from the census, and to the specific demographics of the available labor market, which also is an incredibly tiny slice of life requiring independent discovery and research. Plaintiffs and defendants need to conduct their own fine-tuned research relating to the specific institutions and markets relevant in the case. The census is a broad brush that might help but is hardly sufficient. The decision to drop racial data on the census would not interfere with the development of anyone's employment discrimination case.

Voting Rights

Sections 2 and 5 of the Voting Rights Act invite a similar analysis for antidiscrimination norms. An African-American or Hispanic-American who is actually being denied the right to vote by a jurisdiction need only allege under Section 2 that he or she is a member of a minority group being disenfranchised by a state policy or practice for that reason. Census data never comes into play.

However, under the 1982 amendment to the Voting Rights Act, members of racial minority groups may bring suit against any voting procedure or standard that *results* in racial minorities having "less opportunity than other members of the electorate to participate in the political process and to elect representatives of their choice. The extent to which members of a protected class have been elected to office in the State or political subdivision is one circumstance which may be considered[49]." This section would appear to give minorities representational rights that depend on racial census data to be made effective, but the amendments also have a proviso that reads: "*Provided*, that nothing in the section establishes a right to have members of a protected class elected in numbers equal to their proportion in the population[50]." This provision greatly undermines the utility of racialized census data. If racial groups had a right to proportional representation, we would obviously need such information; without this right, the need dissipates.

Still, under Section 5 "preclearance" procedures, jurisdictions seeking approval of proposed changes in voting practices and procedures must show there is

---

48 *Id.* at 22.

49 42 U.S.C. 1973.

50 *Id.*

no "retrogression" in the ability of racial minorities to participate and influence election outcomes. This mechanism implicates the use of racial data when it comes to the task of redrawing congressional and state legislative district lines.

Yet, when we examine the complete picture of our voting rights jurisprudence, it becomes clear that racial data gathered from the census may *not* be used by state legislatures to deliberately draw majority African-American or Hispanic or Asian-American congressional or state legislative districts. Under the Supreme Court's decisions in *Shaw v. Reno*[51] and *Miller v. Johnson*[52], the Court has found that state legislatures violate Equal Protection whenever they "subordinate[] traditional race-neutral districting principles, including but not limited to compactness, contiguity, respect for political subdivisions or defined by actual shared interests, to racial considerations[53]." The Court has accordingly not hesitated to wipe out majority-minority districts created by states. Therefore, while one might argue that race data on the census should be gathered to facilitate the creation of majority-minority districts long suppressed by racism, the Supreme Court has already made it impossible to use census data in that way. Indeed, there is probably now far more of a chance to successfully create such districts *without* census data since having the data – and the knowledge it imports – becomes *prima facie* grounds for a court overturning a majority-minority district. While so-called "influence districts," in which racial minority groups can influence the selection of leaders, are lawful, they can, and will, be created even without race data from the census.

In any event, even if census data were helping to build majority African-American or Hispanic districts – a possibility that the Supreme Court has foreclosed – there are superior alternatives for expanding the possibilities of traditionally marginalized communities electing political leaders of their choice. I refer to electoral regimes based on proportional representation such as preference voting and cumulative voting, which give political minorities, however defined, the opportunity to organize cohesively and elect candidates they support even without majority backing. Such methods have been used in Illinois legislative elections, Cambridge city council elections and dozens of other jurisdictions, not to mention most corporate shareholder proxy elections. These race-free systems promoting full representation essentially allow voters to district themselves on election day and assure that substantial political minorities will gain some representation along with majorities.

To be sure, it will be said that the non-retrogression principle also operates occasionally to prevent other kinds of adverse voting changes, such as the shift from district voting to at-large voting or the movement of polling places. It is possible that the lack of race data could require more discovery on relevant issues than otherwise,

---

51 509 U.S. 630 (1993).

52 115 S. Ct. 2475 (1995).

53 *Id.* at 2488.

but most of these changes will require specific fact-finding anyway. Again, the stakes seem very small on this issue, and the costs of a racialized census much higher than any conceivable benefit under the new post-*Shaw v. Reno* regime.

Affirmative Action and Integration Norms

Defenders of racial categories on the census fear that losing racial census data will undermine educational and occupational affirmative action efforts. But it is hard to see why this would be the case.

Take the case of universities practicing affirmative action to promote diversity, a policy just upheld by the Supreme Court in the University of Michigan decisions[54]. First of all, the universities ask student applicants to self-identify their race and ethnicity and this practice would continue unaffected. No census information is necessary on student applications or to enable individual applicants to define their own racial or ethnic background. Assuming their policies are constitutional, the universities take an individual applicant's race or ethnicity into account in the admissions process as only one factor among many for the purposes of advancing diversity in the student community. Census data again does not enter the admissions equation.

One might argue that census information needs to be available in order to bring the percentage of particular underrepresented groups up to their percentage level in the population, but this would be a racial quota, something explicitly rejected in *Bakke v. Regents of the University of California Davis* in 1976 and rejected again by the Court in the Michigan cases. It simply does not make any difference to the shaping of the diversity rationale in a particular university's admissions process how many racial minorities live in the United States.

Perhaps the claim is that stripping race from the census will weaken our belief in the social relevance of racism and therefore our commitment to affirmative action. But this is a *non sequitur*. Abolishing race should be seen as part of the effort to destroy the racism that has injured millions of our people over the centuries. Indeed, abolition of race on the census might improve affirmative action by encouraging universities to tailor their policies much more closely to the diversity rationale itself. Universities could simply ask all applicants to identify personal characteristics and experiences that will enrich the diversity of the class and the community. This will allow applicants to discuss race and ethnicity, along with other economic, social and personal experiences, if they find these factors relevant to explaining their characters, ambitions and talents. Under this approach, universities could actually collect far more meaningful information about the kind of diversity different applicants would introduce to their classes. Similarly, the applicants would not feel as if the mere formal invocation of their "race" or "ethnicity" earns bonus points but rather that they have had the opportunity to think seriously about how

---

54 See *Grutter v. Bollinger*, 539 U.S. 306, *Gratz v. Bollinger*, 539 U.S. 244.

these social forces, along with others, have actually shaped their personal development and outlook.

In principle, this same analysis should apply to professional and occupational affirmative action programs. Taking race off the census will not hamper affirmative action in any way. The loss of racialized census data would not threaten any efforts to integrate with the possible exception of racial quotas, which are illegal anyway under Title VII.

The one area in which ending race questions on the census could theoretically interfere with integrationist public policy would be in public education, where antidiscrimination and affirmative action norms come together. Of course, in *Brown v. Board of Education*, the Court categorically struck down *de jure* segregation, a holding that bans official apartheid and discrimination and does not depend in any way on the gathering of demographic statistics. However, to the extent that formally desegregated school systems continue in *de facto* fashion the "vestiges" of segregation, they have an affirmative obligation to desegregate. This principle led to our national experience with judicial supervision of school assignment policies, busing and other active desegregation efforts. But, today, fifty years later, these efforts are almost completely gone and the nation's school districts have overwhelmingly been declared "unitary" by the courts – that is, free from the taint of *de jure* segregation. This does not mean, of course, that they are necessarily integrated but simply that the legal causation chain for finding judicially sanctionable segregation has been broken. Given that this is the case, the practical effects of ceasing the collection of racial data will be very slender indeed.

In general, it seems clear that the public interest in collection of race data on the census depends is, at best, negligible. Antidiscrimination, Equal Protection and affirmative action norms do not require it at all. The project of public school integration theoretically involves continued monitoring of the racial dynamics of student populations, but since the vast majority of school districts have long since been declared unitary, the actual relevance of this information is slight. There is no compelling interest left in maintaining a racialized system on the census, and far better means available to achieve any interests that are served by it.

IV

Even if the above argument is correct as an analytical proposition, it will undoubtedly make many of us nervous to contemplate taking race off of the census. To be sure, some distinguished sociologists have already come to this conclusion, such as Harvard professor Orlando Patterson, who argued forthrightly in 1997 that "the Census Bureau should drop its attempt to classify Americans by race[55]." But for many people, this idea will strike fear that our civil rights commitments have

55 Orlando Patterson, "The Race Trap", *New York Times*, July 11, 1997.

come to an end and that the reactionary see-no-evil politics of color-blindness have triumphed[56]. This fear undoubtedly animated much of the explosive reaction to the "multiracial category" proposal.

I want to argue that this nervousness and fear about losing race as a social belief system reflect the enormous weight that we place on the idea of race to aid and measure social progress. In conservative America, race has become a proxy, but an increasingly ineffectual and divisive one, for chronicling our social progress towards missing universal rights and benefits, such as health care, income equity and college education. What Lani Guinier and Gerald Torres have called "political race," or identity politics, has generally taken the place of social solidarity, anti-racism, class consciousness, and an explicit politics of wealth redistribution, which were the defining principles of progressive politics in prior historical periods. This is why progressives today are so reluctant to let go of the concept that one progressive author *defending* a racialized census openly likened to "the devil[57]."

But we have almost certainly reached the point of diminishing returns on what we can draw from the irrational, pseudoscientific and historically poisonous idea of race. It is time to revive the central insight of every progressive movement we have had in the United States, from abolitionism and Populism to the Civil Rights movement: that solidarity for universal social rights – across perceived lines of race, gender, and ethnicity – provides the greatest promise of the greatest benefit to the greatest number of people. Thus, it is time to liberate ourselves from our tiny race boxes on the census and fashion ways to transcend racism and race at the same time.

Our large problems began with the fateful compromises embodied in our Constitution, which was tainted from the start with the political barbarism of slavery. In the 21st century, we should struggle towards a new constitutional covenant that at once abandons race as a census category and simultaneously establishes long-missing but essential rights of national citizenship, including the right to vote and to be represented for all citizens, the right to health care, and the right to equal spending on public education. Imagine just the effects of genuinely establishing this first right: millions of American citizens living in Washington, D.C., Puerto Rico, American Samoa and Guam would be represented in the U.S. House and the still segregated U.S. Senate. Millions of others presently disenfranchised because of criminal felony convictions would get their voting rights back. Imagine what it would mean for our poorest citizens to enjoy a national right

56 See Jamin Raskin, "From Color-Blind White Supremacy to American Multiculturalism", *Harvard Journal of Law and Public Policy*.

57 Christine B. Hickman, "The Devil and the One Drop Rule : Racial Categories, African Americans and the U.S. Census", 95 *Mich. L. Rev.* 1161 (1997). Hickman writes that, "The Devil fashioned [the one drop rule] out of racism, malice, greed, lust and ignorance, but in so doing he also accomplished good: His rule created the African-American race as we know it today, and while this race has its origins in the peoples of three continents and its members can look very different from one another, over the centuries the Devil's one drop rule united this race as a people in the fight against slavery, segregation, and racial injustice." *Id.* at 1166.

to health care. Imagine what it would mean to have every state paying for equal educations for all schoolchildren regardless of the wealth of their school districts.

If we inscribe national political and social rights of citizenship for all, the terror associated with dropping our racial taxonomies should vanish. Those who have been exploited and oppressed the most by race will have the most to gain by exchanging the illusory solace of race for the enactment of real social and political rights. It is not that the race data offers us nothing at all in the interstices of civil rights enforcement, but the benefit is small and vanishing. We should exchange the false pride and vanity of racial assignment with the development of universal social, educational and political rights.

We can think of this as the French solution since the French republic has never permitted race or ethnicity questions on the national census[58], has always maintained a passionate belief in universal republicanism, and has provided, in the last half-century, all of its citizens with health, education and suffrage as essential rights. In France, no one would be surprised to see a linkage between strong antidiscrimination norms and a republican-style refusal to entertain superstitious notions about race and ethnicity that have great currency in the United States. For as Alain Blum observes of French census politics, "It is important to bear in mind that the fight against discrimination currently underway is often linked to a firm opposition to identifying individuals through categories that could be used to ascribe identity based upon ethnicity[59]." Here is the ticket: combat race discrimination, drive the idea of race out of society and create universal rights of respect, participation and belonging for all.

---

58 See generally Alain Blum, "Resistance to Identity Categorization in France" chapter 5 in David Kertzer and Dominique Arel, *Census and Identity: The Politics of Race, Ethnicity, and Language in National Censuses.*

59 *Id.* at 143.

Anne Deysine

Accès à la justice : égalité et qualité de la représentation aux Etats-Unis

Le choix de cet intitulé large, hommage à l'ouvrage de Mauro Capelleti et René David[1], est en partie fallacieux car compte tenu du côté protéiforme de la question, il est difficile de ne pas limiter le sujet au « droit à un avocat ». Et quand on passe du français à l'anglais, l'on constate que les mots clés sont autres : *right to counsel*, *pro bono* ou *LSC* en matière civile.

A la différence de la France où les mécanismes existent depuis longtemps tant en matière pénale (commission d'office) qu'en matière civile[2], aux Etats-Unis le contexte est totalement différent. Le droit à un avocat est reconnu par la Constitution et le VIe amendement en matière pénale uniquement. Et l'application diffère considérablement selon les Etats et comtés dans la mesure où le système est très décentralisé. Faire un bilan n'est donc pas simple d'autant qu'il importe de bien distinguer le civil qui est resté pendant longtemps du domaine des sociétés philanthropiques et du bénévolat du barreau (et/ ou des étudiants en faculté de droit dans le cadre des Cliniques du droit). C'est aussi un domaine d'activisme pour certaines associations, comme l'ACLU ou la NAACP[3]. C'est à la volonté politique du Président Johnson que l'on doit la création, dans le cadre de sa campagne contre la pauvreté, d'une structure dont le nom est maintenant la *Legal Services Corporation* (LSC) et qui a pour mission de distribuer des fonds fédéraux à des organisations existant au niveau local ou de l'Etat. Le problème est que les fonds sont insuffisants et ils sont de plus en plus insuffisants quand les Républicains[4] sont au pouvoir. De plus, depuis le conflit frontal entre le Président Clinton et les

---

1 Mauro Capelleti et René David, *Accès à la justice et Etat providence*, Economica, 1984.

2 L'assistance judiciaire pour les plus démunis existe depuis la fin du XIXe siècle et a évolué depuis jusqu'à la mise en place de l'aide légale en 1990.

3 L'ACLU défend les dossiers de privation des libertés individuelles, la NAACP défend plutôt les minorités en cas de discriminations.

4 Les Républicains et plus généralement les conservateurs reprochent à la LSC de ne pas se contenter d'aider les démunis dans leurs démêlés avec la justice. Il est vrai que lorsque la loi est injuste ou inadéquate, la LSC s'efforce de la faire évoluer, ce qui d'après ses adversaires était contraire à sa mission entendue dans un sens très restreint. Depuis loi de 1996, les Républicains les plus conservateurs ont eu gain de cause sur l'interdiction d'un rôle politique. Pour le LSC en revanche, les chiffres qui avaient considérablement baissé en 1996 ont légèrement ré augmenté depuis. On estime que les conservateurs modérés acceptent dorénavant l'existence de la LSC mais dotée d'une mission restreinte.

Républicains, la loi finalement adoptée interdit toute action visant à changer le système. Le résultat est donc un changement important de philosophie et une réduction du rôle de la LSC.

En matière pénale, le droit à un avocat découle d'obligations contenues dans la Constitution et prévues aux Ve, VIe et XIVe amendements à la Constitution des Etats-Unis tels qu'interprétés par les juridictions. En l'occurrence les Ve et VIe amendements font partie de la Déclaration des droits, c'est-à-dire des dix premiers amendements adoptés dès 1791, en partie pour rassurer les petits Etats ; ils visent donc en premier lieu à limiter et contrôler l'action de l'Etat fédéral. Et si le Ve amendement contient toutes les grandes garanties classiques[5], il est doté d'une force relative puisque le texte est rédigé de façon négative. Quant au VIe amendement, il contient bien le droit de « bénéficier de l'assistance d'un avocat pour sa défense », mais rien n'y est dit concernant une prise en charge par la collectivité ; et surtout, pendant longtemps les garanties du *Bill of Rights* ne s'appliquaient pas aux Etats fédérés ; il fallut attendre que la Cour suprême décide progressivement que le quatorzième amendement[6] « incorpore » effectivement les garanties du *Bill of Rights* et rende donc ses garanties opposables aussi aux Etats fédérés et non plus uniquement au gouvernement fédéral. En principe, le droit à un avocat s'applique aussi aux procédures étatiques, devant les juridictions des Etats.

La question de l'égalité devant la justice pose la double question de l'existence ou non d'un droit reconnu et de la façon dont ce droit serait mis en œuvre en matière civile comme en matière pénale. Et si l'on cherche à comparer France et Etats-Unis, le contexte et les problèmes posés sont bien différents des deux côtés de l'Atlantique. En France, il existe un système d'aide juridique qui a remplacé l'aide judiciaire[7] et il est reproché à l'aide juridique de ne couvrir que les très pauvres laissant la classe moyenne sans couverture et réelle prise en compte, sauf à prendre une assurance recours proposée par de nombreuses compagnies d'assurance ; et si le seuil en deçà duquel l'aide juridique est accordée est relevé, les avocats s'élèvent contre le risque de « fonctionnarisation » de leur profession, à l'origine « libérale ». L'aspect financier est sans doute l'un des rares points de rencontre entre le système

5 Droit à un grand jury, à ne pas être jugé deux fois, à ne pas témoigner contre soi-même et bien sûr le droit de rester silencieux, en bénéficiant d'une procédure juste (*due process of law*) «... Nul ne pourra...être privé de sa vie, sa liberté ou de ses biens sans procédure légale régulière ....».

6 « .. aucun Etat ne pourra priver quiconque de sa liberté ou de sa propriété, sans procédure légale régulière, ou dénier à quiconque relevant de sa compétence l'égale protection des lois » (section 1 du XIVe amendement).

7 Par la loi du 10 juillet 1991, la France a remplacé l'aide judiciaire, qui avait elle-même remplacé l'assistance judiciaire, par une aide juridique comprenant un volet aide juridictionnelle et un volet aide à l'accès au droit. L'aide juridictionnelle, qui est l'héritière de l'aide judiciaire permet à une personne dépourvue de ressources suffisantes d'exercer ses droits en justice ; en matière gracieuse ou contentieuse, comme demandeur ou défendeur, et en bénéficiant d'une remise des frais dus au Trésor, d'une dispense de certains frais et d'une prise en charge totale ou partielle par l'Etat des honoraires des auxiliaires de justice. L'autre volet, l'aide à l'accès au droit, est plus large et recouvre des moyens complémentaires ou alternatifs offerts aux citoyens dont la situation le justifie de faire valoir leur droit devant les tribunaux ou certaines administrations.

français et le système américain. En raison du faible taux de rémunération de certains avocats « désignés », parfois 10 ou 15 dollars de l'heure, la Cour suprême de Caroline du Sud avait été amenée à conclure que de tels taux d'honoraires équivalaient à une confiscation aux termes du Ve amendement à la Constitution, (*unconstitutional taking of lawyer's property*).

Du côté américain, la difficulté tient à l'inexistence de la notion d'accès à la justice[8] et à la quasi impossibilité de présenter un panorama global de la situation, puisque celle-ci varie considérablement selon qu'il s'agit du civil ou du pénal, des tribunaux d'Etat ou des juridictions fédérales, et aussi selon la situation géographique du justiciable. Ceci constitue l'un des grands facteurs d'inégalité, contre lequel paradoxalement il n'est guère possible d'agir sauf à ce que le gouvernement fédéral décide de mettre en place un système national d'aide juridique, ce qui paraît très peu probable.

Nous serons amenés à poser la question de l'égalité devant la justice et celle de l'égalité devant la loi et dans la loi[9]. Il importe aussi de se demander s'il s'agit d'un droit implicite ou reconnu, et dans l'affirmative, par quel type de texte. Nous allons ici nous concentrer sur l'accès à la justice limité à l'accès à un avocat en matière pénale et tenter de définir ce que recouvre cette notion d'accès égal en posant la double question de l'efficacité et de la qualité de la défense.

Nous nous efforcerons de répondre à ces questions en étudiant les garanties et mécanismes en place aux Etats-Unis en matière pénale, et en rappelant les étapes du renforcement de ce droit par les juridictions, et la Cour suprême en particulier. Puis nous montrerons le décalage entre le droit tel qu'il est reconnu par la Constitution et sa mise en œuvre au niveau local, en détaillant les différentes raisons de ce décalage qui a pour conséquence une inégalité dans l'accès à la justice et à une défense efficace.

---

8 Sauf si l'on considère que certaines juridictions, l'Etat de New York par exemple, utilisent cette terminologie à des fins de lisibilité (sur son site Internet) et afin de faciliter la recherche des justiciables. Sur le plan juridique, l'information doit être recherchée sous « right to counsel » et se limite au droit pénal. En matière civile, il faut chercher sous « pro bono » ou LSC.

9 Le principe d'égalité, charnière des systèmes politico-juridiques modernes, renvoie à l'égalité politique (une société d'égaux), à l'égalité civile (citoyens également soumis à la puissance de l'Etat) et à l'égalité juridique. C'est ce que dit l'article 6 de la Déclaration des droits de l'homme et du citoyen de 1789 établissant le rôle de médiation de la loi. Il s'agit ici du principe d'égalité devant la loi selon lequel l'ensemble des citoyens sont égaux, celui-ci s'adressant davantage aux législateurs en France et plutôt aux juges aux Etats-Unis. Les Etats-Unis parlent davantage d'égalité devant la justice et d'égale protection de la loi. Mais à côté de l'égalité devant la loi, il faut également mentionner l'égalité dans la loi, selon la distinction devenue classique de Kelsen dans la *Théorie Pure du Droit* (2e éd., trad. fr., 1962). Ce second principe s'adresse au législateur, vise le contenu même de la loi, en interdisant de fonder « une différence de traitement sur certaines distinctions très déterminées telles que celles qui ont trait à la race, la religion, la classe sociale ou la fortune », et c'est ce qui différencie le cas américain puisque le recensement américain admet les classifications raciales même si certaines sont suspectes et donnent lieu à un examen attentif (*strict scrutiny*) par la juridiction suprême.

Le droit à un avocat en matière pénale

Le texte du VIe amendement adopté en 1791, prévoit le droit de « bénéficier de l'assistance d'un avocat pour sa défense », et cette garantie qui n'est valable qu'en cas de poursuite pénale a dans l'ensemble bien fonctionné pour ceux qui avaient les moyens de s'offrir les services d'un avocat. Mais ce n'est que très progressivement qu'est apparu le besoin d'étendre ce droit aux plus démunis, au niveau des Etats comme au niveau fédéral. Paradoxalement, la première grande décision reconnaissant le droit à un avocat en matière pénale, *Powell v. Alabama* de 1932[10] s'est appuyée sur la clause de *Due process* du XIVe amendement[11] et non sur le VIe amendement. La Cour suprême de l'Indiana en 1953 dans une affaire *Webb v. Baird* avait reconnu que le droit à un avocat payé sur fonds publics pour les plus démunis trouvait sa source dans les « principes d'une société civilisée ». Elle avait jugé que les accusés risquant la peine capitale avaient droit à un avocat payé par la collectivité. Pourtant, seuls les cas de peine de mort étaient alors jugés dignes de bénéficier d'un droit à un avocat.

C'est au cours de la deuxième moitié du XXe siècle et malgré des hésitations et des reculs que la Cour suprême, par ses décisions, élargit le droit à un avocat, d'abord aux affaires dans lesquelles la peine encourue n'est pas la peine de mort, puis elle étend cette garantie aux procédures étatiques. Ainsi dans *Johnson v. Zerbst*[12], la cour décide que le droit à un avocat existe pour tous les accusés de délits et crimes (*felony*[13]) non passibles de la peine de mort devant les juridictions fédérales. Pourtant dans *Betts v. Brady*[14], elle laisse les Etats libres de décider en fonction des circonstances de l'affaire. Et ce n'est que 22 ans plus tard qu'elle revient sur cette lecture restrictive dans l'arrêt *Gideon v. Wainwright* de 1963[15].

---

10 *Powell v. Alabama*, 287 U.S. 45 (1932), il s'agit de la première affaire *Scotsboro* dans laquelle les jeunes inculpés noirs furent condamnés à mort après un procès expédié, leur avocat leur ayant consacré 30 minutes et n'ayant pas pu jouer son rôle d'investigation indispensable dans un système accusatoire.

11 « .. aucun Etat ne pourra priver quiconque de sa liberté ou de sa propriété, **sans procédure légale régulière**, ou dénier à quiconque relevant de sa compétence l'égale protection des lois » (section 1 du XIVe amendement).

12 *Johnson v Zerbst*, 304 U.S 458 (1938).

13 Le droit américain distingue seulement entre les infractions mineures (*misdemeanors*) et les *felonies* définies comme telles par la loi ou si la peine encourue est supérieure à un an.

14 *Betts v Brady*, 316 U. S. 455 (1942). Betts avait été jugé et condamné sans l'assistance d'un avocat et après plusieurs recours en *habeas corpus*, sa demande de *certiorari* fut acceptée par la Cour suprême. Mais le juge Owen J. Roberts qui rédigea l'opinion considéra que la plupart des Etats n'exigeaient pas la présence d'un avocat et que dans ce cas elle ne s'imposait pas. Dans *Betts*, la Cour ne reconnaît pas le droit à un avocat pour les plus démunis s'il s'agit d'un délit (*felony*) non passible de la peine de mort. Pourtant, les deux juges libéraux, Black et Douglas soulignèrent que Betts aurait eu gain de cause s'il s'était agi d'une juridiction fédérale et qu'il s'agissait bien d'une non incorporation du VIe amendement dans le XIVe amendement.

15 *Gideon v. Wainwright*, 372 US 335 (1963).

Cette affaire emblématique, dont on vient de fêter le 40e anniversaire avec pompe dans tous les Etats-Unis a fait l'objet d'un ouvrage par Anthony Lewis[16], devenu *best seller*. Dans cette affaire, Gideon s'était d'abord et sans succès appuyé sur la procédure d'*Habeas Corpus*[17] pour affirmer la violation de ses droits constitutionnels découlant du refus de la juridiction de première instance, de la cour d'appel puis de la Cour suprême de Floride de nommer un avocat pour sa défense. Puis il avait fini par rédiger lui-même, à la main et au crayon, sa demande de *certiorari*[18] à la Cour suprême, en bénéficiant du mécanisme de gratuité des frais pour les plus démunis (« *in forma pauperis*[19] »). La Cour suprême accepta la demande et désigna le très connu et futur juge à la Cour suprême, Abe Fortras. Puis à l'unanimité, la Cour cassa le précédent *Betts* et affirma que toute personne accusée d'un délit grave (*felony*) dans une procédure d'Etat a droit à un avocat, s'appuyant cette fois sur le VIe amendement « incorporé » via la clause de la légalité processuelle (*due process*) du XIVe amendement. Soulignons que la juridiction suprême ne mentionne pas, comme elle l'avait fait dans l'affaire *Scottboro*[20], l'efficacité de la défense.

Dans *Gideon* la Cour suprême reconnaît le droit à un avocat rémunéré sur fonds publics dans une procédure étatique si l'inculpé est accusé d'un délit grave ou d'un crime[21]. Puis la juridiction suprême étend ce droit aux délits mineurs dès lors que l'inculpé encourt une perte potentielle de sa liberté dans *Argersinger v. Hamlin*[22]. Ces deux affaires sont les plus connues mais d'autres ont contribué à faire du droit à un avocat une réalité juridique aux différentes étapes de la procédure : durant l'interrogatoire après arrestation (*Miranda v. Arizona*[23] 1966), lors de l'audience préliminaire (*Coleman v. Alabama* 1970), de la comparution avant procès

---

16 Anthony Lewis, *Gideon's Trumpet*, 1964.

17 Cette procédure inspirée du droit anglais permet d'obtenir la comparution devant un tribunal dès lors que l'on est détenu et la libération en cas de détention abusive. Dans l'affaire des prisonniers de Guantanamo, se posait la question de savoir s'ils pouvaient bénéficier de ce droit et des diverses garanties de la déclaration des droits, dont le droit à un avocat. La cour a répondu par l'affirmative dans les trois décisions rendues fin juin 2004. Voir Anne Deysine, *Regards sur les Etats-Unis aujourd'hui*, La Documentation française, 2005.

18 Le *certiorari* est le mode de saisine le plus utilisé et la Cour suprême jouit d'un large pouvoir discrétionnaire d'accepter ces pourvois ou de les rejeter (*certiorari denied*). Elle en accepte moins d'une centaine chaque année. Voir *La Justice aux Etats-Unis*, Anne Deysine, Que sais je, PUF.

19 Le recours par voie de *certiorari* est onéreux, 300 dollars auxquels s'ajoute le prix des 40 exemplaires requis. En cas de prise en compte pour les démunis, ceux-ci n'ont pas à supporter ces frais.

20 *Powell v. Alabama*, 287 U.S. 45,71,53, S. Ct (1932).

21 Donc ici les *felonies* définies comme telles par la loi ou si la peine encourue est supérieure à un an.

22 *Argersinger v. Hamlin* 467 U.S. 25 (1972) ; ici l'inculpé s'appuyait sur le VIe amendement et la Cour suprême, dans l'opinion rédigée par le juge Douglas, avait cassé la décision de la Cour suprême de Floride.

23 *Miranda v. Arizona* 384 U.S. 436 (1966) Ici le droit à un avocat s'appuie sur le Ve amendement à la Constitution qui permet à l'inculpé de ne pas aller à l'encontre de ses intérêts en parlant à la police (*privilege against self-incrimination*) hors de la présence d'un avocat.

(*pre trial arraignment*) (*Hamilton v. Alabama* 1961), en cas de plaider coupable (*Brady v. United States* et *McMann v. Richardson*[24] 1970). De même le droit à un avocat est reconnu lors de la procédure de détermination de la peine (*Townsend v. Burke* 1948), lors d'appels automatiques (*Douglas v. California* 1963) et parfois lors de la demande de liberté conditionnelle (*Mempa v. Rhay* 1967). En revanche la cour a refusé de valider le droit à un avocat lors de la procédure de Grand Jury[25] et lors des procédures (en *Habeas Corpus*[26] par exemple) suivant la condamnation.

Un droit d'application inégale

Si l'élargissement du champ d'application du droit à un avocat est réel, l'application inégale de ce droit est peu niable et tient à des raisons structurelles et géographiques. Les premières découlent à la fois de caractéristiques du système judiciaire américain et des modalités de mise en œuvre de ce droit. Le premier facteur d'inégalité tient à l'existence du système accusatoire[27] qui place l'ensemble de la responsabilité sur les parties et sur leurs avocats. En matière pénale, l'avocat de l'inculpé devrait donc pouvoir contrebalancer les pouvoirs très importants, pour ne pas dire discrétionnaires, de l'accusation[28], dans la recherche des preuves en particulier. Or c'est loin d'être toujours le cas. Le second facteur tient aux modalités de mise en œuvre du droit à un avocat. Il n'existe aux Etats-Unis aucun système centralisé comparable au système français mais trois grands systèmes qui sont : les avocats commis d'office (*court-appointed lawyer*)[29], les avocats sous contrat (*contract lawyer*)[30] et le système du *Public Defender*[31], sorte de bureau public de la

---

24 *McMann v. Richardson* 397 U.S. 759 (1970).

25 Le Grand Jury dans le système américain, et à la différence du *petty jury*, a pour rôle d'entendre les éléments de preuves avancés par l'accusation et de décider d'inculper ou non..

26 *U.S. v. Mandujano* 1976.

27 Dans le système accusatoire, ce sont les avocats qui jouent le rôle primordial, le juge se contentant de jouer un rôle d'arbitre faisant respecter les règles du jeu. Bien que ce soit de moins en moins vrai en particulier devant les juridictions étatiques où les juges sont actifs et parfois dictatoriaux quant à leurs exigences, il n'en est pas moins vrai que la Cour suprême a reconnu que dans un système aussi complexe que le système pénal américain marqué par une procédure omniprésente, le droit à un avocat, est non un luxe mais une absolue nécessité.

28 Angela Davis, « Benign Neglect of Racism », *94 Mich.L. Rev.* 1996 ; et « Prosecutorial Discretion », communication au colloque « Egalité et Justice », Paris X-Nanterre, avril 2004.

29 C'est le système classique de l'avocat commis d'office, généralement par le tribunal, et sans qu'existe aucun critère de compétence ni une liste de présélection des avocats. Or la procédure accusatoire et la complexité ajoutée à l'importance de la procédure rendent la compétence de l'avocat encore plus nécessaire que dans d'autres systèmes de droit.

30 Dans ce cas, l'Etat ou le comté signe un contrat avec un ou plusieurs cabinets d'avocats ou un barreau local qui s'engage à accepter un nombre indéterminé d'affaires pendant la durée du contrat et pour un montant d'honoraires forfaitaire. Les avocats doivent supporter le coût de tout ce qui va avec la procédure : enquête ou rémunération de témoins experts. Ce système est très critiqué et a d'ailleurs été déclaré inconstitutionnel par la Cour suprême d'Arizona dans l'affaire *Slate v. Smith* . Il existe un autre

défense. Or la qualité des avocats varie considérablement en fonction du système en place et des moyens accordés par les Etats. Le type d'avocat affecté à l'inculpé joue un rôle déterminant dans la stratégie choisie, ou l'absence de stratégie, et donc dans l'issue du procès. Et ceci est d'autant plus important que l'appel n'est pas automatique dans le système américain et ne peut intervenir que sur une question de droit. Il existe donc une réelle inégalité structurelle qui a pour conséquence que la peine n'a souvent pas grand-chose à voir avec le sérieux du crime, mais simplement avec la qualité ou l'absence de qualité de la défense.

La série des inégalités tient aussi à une tendance, peu facile à établir, qu'ont certains avocats commis d'office ou sous contrat de recommander à leur client de plaider coupable en échange d'une peine plus légère ou de charges moins lourdes. Ils l'incitent à signer un accord de plaider coupable (*plea bargaining agreement*), car ce système de la composition pénale a le gros avantage pour l'avocat comme pour le procureur de permettre une issue rapide. Et c'est d'autant plus le cas que l'accusation peut faire pression de façon plus ou moins forte sur l'avocat. La comparaison avec le procès d'OJ Simpson[32] permet de bien comprendre ce à quoi renonce l'inculpé lorsqu' il signe cet accord de plaider coupable *(plea agreement)*. Il renonce à plusieurs de ses droits constitutionnels garantis : le droit à un procès public avec un jury, le droit de ne pas témoigner contre lui-même, de se défendre et d'opposer des arguments à l'accusation. Pourtant la Cour suprême, saisie à plusieurs reprises de la question de constitutionnalité du *plea bargaining* a d'abord répondu que s'il fallait certes respecter certaines précautions, la procédure faisait néanmoins partie du système et remplissait un rôle essentiel[33]. Il est vrai que plus de 90% des affaires au plan des Etats comme au plan fédéral, font l'objet d'un plaider

---

système où l'avocat reçoit un forfait multiplié par le nombre d'affaires traitées ; ce système plus satisfaisant est malheureusement moins répandu.

31 Le système du *Public Defender*, ou Bureau public d'avocats, dont le premier a été créé en 1913 à Los Angeles, est de loin le plus satisfaisant et existe de nos jours dans 37% des comtés, dont la quasi-totalité des plus peuplés. Seize Etats ont un bureau de *Public Defender* au niveau de l'Etat, certains d'entre eux ont des règles spécifiques (« Law and Contemporary Problems : Indigent Defence System in the United States », Robert L. Spangenberg, *School of Law Duke University*, volume 58, Winter 1995, n°1).

32 OJ Simson inculpé du double meurtre de son épouse Nicole Goldman et de son ami a pu s'offrir les services d'une brochette des avocats les plus connus et les plus efficaces, la fameuse « dream team » ; la sélection de jurés a duré plusieurs semaines et le procès lui-même de longs mois. A l'issue, la défense avait réussi à complètement changer la donne, puisque finalement les jurés se sont davantage prononcés sur le racisme (avéré) du policier Mark Furman que sur la culpabilité du joueur de football.

33 *Dans Boykin v. Alabama* de 1966, la Cour a précisé que le plaider coupable est constitutionnel s'il apparaît clairement que l'inculpé l'a accepté volontairement et en toute connaissance de cause (*voluntarily and understandingly*). Dans *Brady v. U.S.*, franchissant un pas supplémentaire, la Cour a précisé que le caractère volontaire n'était pas vicié par la crainte d'un verdict plus sévère en cas de procès, et ce même si la peine plus sévère était la peine de mort. C'est dans *Santobello v. New York* (1971) que la Cour affirme que le plaider coupable est un élément essentiel de l'administration de la justice et que bien utilisé (*properly administered*) il doit être encouragé. Pourtant dans *Strickland v. Washington* (1984) et *Nix v. Whiteside* (1986), elle parle d'assistance efficace, ce qui semblerait impliquer au moins un minimum de véritable négociation.

coupable[34] et que sans lui le système judiciaire américain imploserait dans de très brefs délais.

Outre ces inégalités structurelles, la principale inégalité est géographique et elle est grave ; car selon l'endroit, Etat ou comté où est jugée l'affaire, l'inculpé pourra ou non bénéficier des services compétents et dévoués d'un avocat du bureau du *Public Defender*[35]. Et ces bureaux bien financés sont souvent des modèles du genre comme celui de Los Angeles. Ou au contraire, il se verra affecter un avocat commis d'office (*court-appointed lawyer*) ou sous contrat, pas nécessairement compétent en matière pénale s'il exerce un autre type de droit, qui a peu de chances d'être familiarisé avec les arcanes de la procédure en matière de peine de mort, là où pourtant la compétence et l'expertise devraient être le critère premier[36]. Paradoxe, alors que les avocats du bureau du Public Defender sont le plus souvent très compétents, ils sont regardés avec suspicion par les accusés, qui réclament parfois un « vrai » avocat, c'est à dire non payé par l'Etat.

La Cour suprême s'est également penchée sur le droit à se représenter soi-même et a accepté dans *Faretta v. California* (1975) que les « faibles d'esprit » puissent décider de se représenter eux mêmes ; c'est ce qu'a voulu faire le Français Moussaoui accusé d'être le vingtième pirate de l'air, et ce qu'a accepté la juge Brinkema en un premier temps, même si elle a aussi obligé deux avocats du bureau du Public Defender à rester « en cas de besoin » et si elle a par la suite retiré ce droit à Moussaoui, après l'avoir mis en garde à maintes reprises. Une autre zone d'ombres est due à l'absence de critères sur ce qu'est l'indigence[37].

---

34 Chiffres du ministère de la Justice sur le *plea bargaining*, 2002, disponibles à www.ojp.usdoj.gov/bjs (BJS, nov. 2000 et 2002).

35 En effet, le système peu connu de l'Avocat Pénal public ou Public Defender existe aussi bien au niveau fédéral qu'au niveau des Etats et des comtés. La bonne nouvelle est que les avocats qui exercent dans le cadre de cette institution sont jeunes, souvent idéalistes et non seulement compétents mais acharnés à défendre leurs clients et faire respecter leurs droits, non seulement lors des procès quand il y a procès mais aussi lors des négociations avec l'accusation dans le cadre du plaider coupable. Et donc lorsqu'un bureau de Public Defender dispose de ressources suffisantes, comme le bureau fédéral de Los Angeles ou celui du comté de San Francisco, les accusés sont bien défendus.

36 En effet, il existe des Etats et des comtés qui n'ont pas de Public Defender ou qui lui consacrent des ressources insuffisantes et c'est dans ces cas-là que l'inculpé est « défendu » (si l'on peut dire) par un avocat désigné d'office et qui n'y connaît rien ou par un camarade du juge désireux de toucher les indemnités, si insuffisantes soient-elles, en échange d'un travail inexistant. Et ce sont les histoires terrifiantes dont on commence à parler de personnes condamnées alors que leur avocat dormait, d'avocat n'utilisant aucun des moyens à sa disposition ou encourageant un inculpé, dont il sait qu'il a de grandes chances d'être innocent, à plaider coupable plutôt que de risquer la lourde peine dont le menace l'accusation. Car l'avocat sera plus rapidement débarrassé de l'affaire.

37 Au cours des années 1950 et 60, la Cour présidée par le Chief Justice Warren a étendu considérablement les droits des plus démunis en s'appuyant sur la clause d'égale protection du XIVe amendement et a en particulier appliqué l'examen rigoureux (*strict scrutiny*) aux législations qui opèrent des discriminations contre certaines minorités ou établissent des « classifications suspectes ». Le gouvernement dans ces cas doit apporter la preuve d'un intérêt essentiel (*compelling interest*). On a pu penser que la Cour étendrait cette protection aux indigents en les faisant entrer dans la catégorie « minorités discrètes et isolées ». Mais malgré certaines avancées dans *Shapiro v. Thompson* (1966) qui accordent à l'inculpé le droit d'obtenir gratuitement les transcriptions des audiences ; ou *Boddie v. Connecticut* (1971) invalidant un droit de timbre (*filing fee*) en cas de divorce, la Cour a avec constance affirmé que la pauvreté ne

L'ambiguïté des chiffres ne cache pas la réalité

Si l'on regarde le nombre de ceux qui sont en prison, on constate qu'ils sont majoritairement noirs et pauvres. La conclusion est donc que le système judiciaire est discriminatoire à un stade ou à un autre. Angela J. Davis[38] et d'autres auteurs montrent bien que l'accusation tend à poursuivre davantage les Noirs et à sanctionner plus sévèrement la mort d'un Blanc que celle d'un Noir. Pourtant lorsqu'il s'agit d'accès à la justice, les chiffres sont nombreux mais ils ne sont pas aussi parlants que le souhaiteraient les critiques du système. Les chiffres disponibles sont ceux publiés régulièrement par le ministère de la Justice[39] ou ceux d'enquêtes spécifiques. Et la lecture de ces chiffres donne lieu à des interprétations complètement différentes. Les chiffres du ministère de la Justice pour 1999 font apparaître une dépense de 1,2 milliards de dollars consacrés à la défense des plus démunis dans 4,2 millions d'affaires dans les 100 comtés les plus peuplés, dont 73% des fonds affectés aux programmes de *Public Defender*, 21% rémunérant les avocats commis d'office et 6% les avocats sous contrat. Ce chiffre représente 33% du coût total de la justice pénale soit des chiffres apparemment satisfaisants d'autant plus qu'ils font apparaître que, dans la majorité des cas, les avocats (dans les trois catégories) disposent de l'assistance d'enquêteurs (plus de 90% des cas), d'experts (plus de 80% des cas) et même de services d'interprètes (de 68 à 80% selon le système d'avocat)[40]. Mais le danger de ce type de chiffres est qu'il prend généralement en considération uniquement les comtés les plus peuplés c'est-à-dire ceux où sont certes commis la grande majorité des crimes et des délits, mais également les plus riches. Or, c'est dans certains petits comtés, où n'existe aucune structure satisfaisante, que sont commises les horreurs et inégalités les plus flagrantes.

De même, une enquête menée par le Centre national des tribunaux d'Etat dans 9 localités aboutit à des conclusions très optimistes et à des résultats identiques en terme de pourcentage de condamnation et d'incarcération, quel que soit le type d'avocat et même si l'inculpé a disposé d'un avocat privé et rémunéré, ce traitement ne serait pas plus favorable[41]. Cette enquête est extrêmement critiquée par Robert Spangenberg[42] qui la qualifie d'enquête bâclée et qui insiste sur les dysfonctionnements : avocat rémunéré 10 ou 15 dollars de l'heure en Caroline du

---

constitue pas à elle seule une classification suspecte et donc déclenchant la procédure d'examen rigoureux.

38 Angela Davis, « Benign Neglect of Racism », *94 Mich.L. Rev.* 1996; « Prosecution and race: the Power and Privilege of Discretion », *Fordham Law Review*, vol. LXVII, Oct. 1998, number 1.

39 Disponibles à www.ojp.usdoj.gov/bjs (BJS, nov. 2000).

40 Disponibles à www.ojp.usdoj.gov/bjs

41 « Indigent Defenders Get the Job Done and Done Well », National Center for State Courts, mai 1992.

42 « Law and Contemporary Problems : Indigent Defence System in the United States », Robert L. Spangenberg, *School of Law Duke University*, volume 58, Winter 1995, n°1 (disponible sur www.pili.org/library/access/law_and_contemporary_problems.htm)

Sud, comté trop pauvre pour mettre en place un système d'aide pénale[43]. A défaut de statistiques les critiques du système ne manquent malheureusement pas d'exemples terribles d'innocents condamnés au mépris du droit à un avocat et à une procédure juste.

Alors la question se pose. Comment se fait-il que des parodies de procès dans lesquelles les droits de l'inculpé sont si ouvertement et clairement bafoués ne soient pas cassées ? Lorsque des individus et surtout des associations comme l'association sur les droits civils (ACLU) ou le projet Innocence (*Innocence Project*) s'efforcent de faire innocenter les innocents qui moisissent en prison ou d'obtenir une révision du procès, ils utilisent le moyen de défense inadéquate (*ineffective counsel*), via la procédure *d'Habeas Corpus*. Celle-ci est très contestée de l'intérieur même du système judiciaire en raison de la dépense extraordinaire de ressources humaines et financières qu'elle implique. Mais il est essentiel de la préserver car compte tenu du système américain, c'est devenu le dernier recours, après condamnation (*post conviction remedy*) et souvent le seul moyen de remédier aux erreurs judiciaires.

Vers un droit à un avocat efficace ?

Le droit à un avocat est clairement reconnu mais existe-t-il un droit à un avocat « efficace » ? Dans *Powell v. Alabama* de 1932, la Cour suprême avait semblé répondre par l'affirmative, cassant les condamnations des Scotsboro en s'appuyant sur la clause de procédure adéquate du XIVe amendement et considérant que ce droit à un avocat n'était pas respecté si le manque de temps n'avait pas permis à l'avocat d'apporter un service efficace, « l'esprit calme d'une justice bien administrée et non la précipitation de la populace ». Cela semble un minimum et un rapport du Barreau américain (*American Bar Association*) de 1993[44] fait un constat voisin et souligne que le nombre accru d'affaires et un financement inadéquat affectent directement la qualité de la représentation apportée aux plus pauvres (*indigents*).

Pourtant, alors que le moyen de défense inefficace est invoqué dans plus de 90% des cas et dans la moitié des procédures post condamnation, il n'est pratiquement jamais retenu par les juges. En effet, les dangers et les effets pervers sont réels et ce sont ceux-ci qui sont mis en avant. Le problème est connu et reconnu. Citons le Président de la Cour d'Appel du District of Columbia, le juge Bazelon[45], exprimant ses craintes en 1958[46] :

---

43 Voir à titre d'exemple « County Says It's Too Poor to Defend the Poor », *New York Times* 15/04/03.

44 « The Indigent Crisis », ABA, 1993.

45 « The realities of Gideon and Argesinger », 64 *Geo. L. J.* 871,813 (1976).

46 David Bazelon, « The Defective Assistance of Counsel », 42 *U. Cin. L. Rev.*, 1, 2, 22-23, 1973.

> *« What I have seen in 33 years on the bench leads me to believe that a great many -if not most indigent defendants- do not receive the effective assistance of counsel guaranteed them by the 6th amendment. (...) There are no statistics to illustrate the scope of (this problem) because (...) the criminal justice system goes to considerable length to bury the problem. (...) Describe some of the counsel coming before the court as "walking violations of the 6th amendment". (...) I have often been told that if my court were to reverse every case in which there was inadequate counsel, we would have to send back half the convictions in my jurisdiction »*[47].

Et la valse hésitation continue. En 1970 la Cour suprême dans *Mc Mann v. Richardson* précise que droit à un avocat veut bien dire droit « à une assistance efficace et effective » ; dans le cas contraire, cela reviendrait à vider le VIe amendement de son sens. Mais en 1983, dans *Morris v. Slappy*[48], la Cour suprême refuse de considérer que l'inculpé jouit d'un droit constitutionnel à une « relation significative avec son avocat », mettant en avant les coûts humains et sociaux vis-à-vis des témoins et des victimes, en cas de nouveau procès[49].

Puis en 1984 dans *U.S. v. Cronic*[50], la juridiction suprême réitère le lien logique entre le texte du VIe amendement et l'existence du droit à une assistance effective, s'appuyant sur une motivation utilisée dans des domaines voisins du droit. C'est bien la complexité du droit (*intricacies of the law*) et le pouvoir de l'accusation qui rendent absolument nécessaire l'assistance d'un avocat efficace. La même année, dans l'arrêt fondateur en la matière *Strickland v. Washington*[51] la Cour suprême admet que le droit à un avocat peut être violé en cas de défense inadéquate mais elle précise aussi que l'accusé doit apporter la preuve que l'avocat a été incompétent et que cette inefficacité a porté un préjudice à l'accusé et a influé sur l'issue du procès. Il faut donc prouver l'incompétence et le lien de causalité ; et la cour justifie cette position en soulignant qu'à défaut de cette lourde charge de la preuve, la prolifération de ce type de recours serait encouragée. Ce qui non seulement contribuerait à encombrer encore davantage des tribunaux au bord de l'asphyxie mais surtout découragerait les avocats commis d'office (*court-appointed*) déjà peu enclins (compte tenu des conditions financières) à accepter ce type de dossiers[52]. C'est aussi la crainte exprimée par le juge Bazelon, qui à la suite de son

---

47 « ...Bien que le problème soit soigneusement dissimulé...si je devais infirmer ou casser toutes les décisions dans lesquelles le prévenu n'a pas été défendu de façon adéquate, il me faudrait renvoyer la moitié des affaires.. ».

48 *Morris v. Slappy*, 461 U.S. 1 103 S. Ct. (1983).

49 « ... But in the administration of criminal justice courts may not ignore the concerns of victims ... the ordeal of reliving such experience ... places burdens on the system in terms of witnesses, records and feeding memories, to say nothing of misusing judicial resources. » *Morris v. Slappy* at 14-15.

50 *United States v. Cronic*, 466 U.S. (1984).

51 *Strickland v. Washington*, 466 U.S. 668 (1984).

52 « The availability of intrusive post trial inquiry into a counsel's performance ... would encourage the proliferation of ineffectiveness challengers ... Counsels' performance and even willingness to serve could be adversely affected. Intensive scrutiny or counsels and rigid requirements for acceptable assistance could dampen the ardor or impair the independence of defence counsel, discourage the

constat, souligne que casser des décisions pour défense inefficace « sonnerait le glas de l'obligation pour un avocat d'accepter les commissions d'office ; ... l'une des grandes protections pour les malheureux et les démunis disparaîtrait alors, détruite non par le barreau mais par les juges eux-mêmes[53]».

En résumé, les dangers soulignés par les différents intervenants sont à la fois le risque de prolifération des affaires, le coût financier et humain de ces nombreux recours ainsi que le risque de décourager les avocats. La réticence des juges et des juridictions à intervenir peut s'expliquer dans le cadre d'un système accusatoire et de leur rôle traditionnellement neutre. Par ailleurs, il leur serait d'autant plus difficile de sanctionner l'action d'un avocat que le problème est systémique beaucoup plus qu'individuel. C'est cette réticence qui explique le décalage entre un diagnostic quasi unanimement partagé (la quasi totalité des condamnés qui invoquent l'inefficacité), et le faible pourcentage (seulement 3, 9%) de ceux qui obtiennent gain de cause, un renvoi et un nouveau procès.

Ce décalage ne peut s'expliquer qu'au prix d'un paradoxe. Nombreux sont les juges qui reconnaissent que la situation n'est pas satisfaisante mais les mêmes juges ou d'autres sont également conscients des risques très réels de dérapages et d'effets pervers sur l'administration de la justice et la relation avocat/client si les juges se mettaient à casser de nombreuses condamnations. Les juges soulignent la difficulté de déterminer qu'un avocat a mal fait son travail, pour des raisons pratiques tout d'abord[54] ou simplement parce que la stratégie qu'il a adoptée n'est pas celle qu'aurait privilégiée l'un de ses confrères. L'exercice du métier d'avocat relève davantage de « l'art que de la science exacte », il est donc indispensable de laisser à l'avocat le choix et la latitude des moyens invoqués et procédures introduites, d'autant que ceux-ci sont nombreux et complexes dans le système américain. D'autant plus complexes que pendant un temps la Cour suprême n'avait pas utilisé la même approche selon que l'avocat avait été choisi par l'accusé ou au contraire commis d'office[55].

Même si les statistiques font apparaître des chiffres de condamnation et d'incarcération très semblables quel que soit le type d'avocat, il est clair que sont les

---

acceptance of assigned cases and undermine the trust between attorney and client » *Strickland v. Washington* at 690.

53 *Mitchell v. U.S* 259 F 2d. 787, 793 (D.C. Circ. 1958).

54 Même l'avocat le plus diligent et le plus dévoué risque de devoir renoncer à contacter, interroger ou consulter des témoins clés ou des experts, faute de temps et de ressources pour rémunérer les « témoins experts » qui sont pourtant un élément essentiel des procès, tant civils que criminels aux Etats-Unis.

55 C'est ainsi que dans une affaire de 1935, elle avait refusé d'intervenir parce que l'avocat avait été choisi et rémunéré par l'inculpé, puis elle décida de mettre sur un pied d'égalité les deux types d'avocats, choisi ou commis d'office, dans l'affaire *Cuyler v. Sullivan*, 446 U.S. 335 (1980). Dans cette affaire, la Cour accepta un recours en *habeas corpus* intenté pour invoquer l'insuffisance de défense d'un avocat privé et elle considéra que distinguer entre les deux types d'avocats reviendrait à une discrimination à l'encontre de ceux qui ont les moyens financiers de choisir leur avocat mais pas nécessairement ceux de choisir un bon avocat. Position reprise dans *McCoy v. Court of Appeals of Wisconsin*, Dist. 1, 468 U.S. 429 (1988).

pauvres et les minorités qui pâtissent de la mauvaise qualité de la défense et de la représentation. Mais le coût est aussi plus largement social, ainsi que le souligne le Chief judge James L. Oakes de la Cour d'appel du 2e circuit fédéral. Les taux honteusement bas d'honoraires consentis aux avocats se chiffrent en temps perdu en procédures post condamnation, en ressources perdues en nouveaux procès alors qu'une défense de qualité aurait évité de devoir rejuger une affaire[56]. Et surtout, conclut le juge Oakes, « le plus lourd tribut payé est la perte de respect pour notre système de justice pénale, si souvent éloignée de sa promesse d'égale justice pour les riches et les pauvres »[57].

Il serait facile de conclure sur une note optimiste, en citant les statistiques et enquêtes officielles, ou au contraire sur le catastrophisme en énumérant les nombreuses erreurs judiciaires dont les médias se font l'écho. Soulignons plutôt qu'il s'agit là d'un problème systémique qui tient à de multiples causes : système accusatoire, procédure complexe, pouvoir discrétionnaire de l'accusation, fragmentation due au système fédéral et décentralisé. C'est un problème fondamental auquel le dévouement et l'abnégation de quelques-uns ne changent pas grand-chose. Car le réel problème tient à l'insuffisance des moyens financiers dégagés tant au niveau fédéral que celui des Etats, à l'inadaptation des structures d'aide et à l'absence de formation des avocats désignés. Et ce, malgré les efforts de l'*American Bar Association* pour remédier à cette insuffisance et inciter les avocats à faire davantage de *pro bono*.

Ceci constitue l'un des grands facteurs d'inégalité, contre lequel paradoxalement il n'est guère possible d'agir sauf à ce que le Gouvernement fédéral décide qu'il est fondé à mettre en place un système national d'aide juridique. Cela nécessiterait qu'il sorte de sa prudence habituelle pour ne pas heurter les susceptibilités des Etats en empiétant sur leur territoire et en assumant certaines de leurs prérogatives. Et il faudrait ensuite que la Cour suprême valide cette « prise de pouvoir », ce qui est rien moins que sûr, compte tenu que sa tendance actuelle est plutôt de rendre pouvoirs et prérogatives aux Etats dans le cadre de ce qu'on appelle le nouveau fédéralisme ou le fédéralisme coopératif.

Il faut aussi noter que les populations qui bénéficieraient de ce système votent peu, versent peu de contributions électorales et n'ont pas de gros *lobbies* à leur disposition. Pourtant, ainsi que le soulignent certains, si le système était réformé, c'est la société toute entière qui en bénéficierait et en sortirait grandie.

Résumé : Cet article est consacré à l'accès à la Justice aux Etats dans une optique implicitement comparatiste avec le cas français. Compte tenu de la complexité du système aux Etats-Unis, le terme est pris dans le sens d'accès à un avocat en matière pénale. Nous présentons les garanties (contenues dans les Ve, VIe et XIVe amendements) et mécanismes en place aux Etats-Unis, et en récapitulant les étapes du renforcement de ce droit par les juridictions, et la Cour suprême en particulier. Puis nous montrons le décalage entre le droit tel qu'il est reconnu par la Constitution et

---

56 "Counsel fees in Capital Cases : a Rush to Execution", *New York Law Jl.* Oct.14, 1998.

57 Hearings sur le projet de loi de réforme de *l'Habeas Corpus* de 1990, 24 mai 1990, 130.

sa mise en œuvre au niveau local, en détaillant les différentes raisons de ce décalage qui a pour conséquence une inégalité dans l'accès à la justice et à une défense efficace. Pourtant les juges, pour des raisons explicitées dans l'article, répugnent à casser ou infirmer au motif de défense inefficace.

Mot-clés : accès à la Justice, avocat commis d'office, VIe amendement, XVIe amendement, égalité, *Public defender*, défense effective, erreurs judiciaires, *Habeas Corpus*, Cour Suprême, Gideon, Strickland.

Bibliographie

Ouvrages

BURKOFL (John M.) & (Nancy M.), *Ineffective Assistance of Counsel*, West Group, 1993.

RICHIE MAN (Cora Mae), *Unequal Justice : A Question of Color*, 1993.

TOMRY (Michael), *Malign Neglect : Race Crime and Punishment in the America*, 1995.

Périodiques

SMITH (Roger), « Access to Justice : Innovations in North America », in *Achieving Civil Justic,e* Ed. by Roger Smith, LAG, Glasgow, 1996.

REGAN (Francis) and *al.*(ed), *The Story of Legal Aid : comparative and historical study*, Oxford University Press, 1998 (voir pour l'aspect justice civile KILWEIN (John), « The Decline of the Legal Services Corporation : it's ideological, Stupid »)
« The Role of State Funded Legal Defense of Indigent Defendants in Criminal Cases », 17 *Am. J. Trial Advoc.* 205, 208 (1993).

DAVIS (Angela J.), « Benign Neglect of Racism in the Criminal Justice System », 94 *Mich. L. Rev.* 1960 (1996).

BUTLER (Paul),« Affirmative Action and the Criminal Law », 68 *U. Colo. L. Rev.* 841 (1997).

SPANGENBERG (Robert L.), « Law and Contemporary Problems : Indigent Defence System in the United States », *School of Law Duke University*, volume 58, Winter 1995, n°1 (disponible sur
www.pili.org/library/access/law_and_contemporary_problems.htm)

Publications du ministère de la Justice

Guidelines for Legal Defense Systems in the U.S., rapport de la Commission ministère de la Justice, 1976 (compendium) – www.doj.gov

Improving Criminal Justice Systems Through Strategies and Innovative Collaborations, ministère de la justice, 2000 – www.doj.gov

U.S. Department of Justice, Bureau of Justice Statistics :

Defense Counsel in Criminal Cases, nov. 2000, www.ojp.usdoj.gov/BJS

Indigent Defense Services in Large Counties, 1999, nov. 2000 www.ojp.usdoj.gov/BJS

State Funded Indigent Defence Services, 1999, sept. 2001www.ojp.usdoj.gov/BJS

Et **site Internet** www.nlada.org

Angela J. Davis

The Power and Discretion of the American Prosecutor

Prosecutors are the most powerful officials in the American criminal justice system. They control the direction and outcome of all criminal cases, particularly through their charging and plea-bargaining decisions. These decisions have greater impact and more serious consequences than those of any other criminal justice official. The prosecutor's charging and plea-bargaining decisions are totally discretionary and virtually unreviewable. Although most American prosecutors are elected officials, the democratic process does not effectively serve as a check on prosecutorial power because the charging and plea-bargaining decisions are made behind closed doors, shielded from public view.

In this paper, I discuss the charging and plea-bargaining functions of the American prosecutor and how they operate to give prosecutors more control over the criminal justice system than any other criminal justice official. I explain how the random and unfettered exercise of prosecutorial discretion in charging and plea-bargaining frequently produces race and class disparities in the criminal justice system. Finally, I argue that neither existing legal remedies nor the electoral process serve as effective controls on prosecutorial power and its abuse.

The Power to Charge

Of the many duties and responsibilities of the prosecutor, the charging power is the most important and is the essence of her control over the entire system. Prosecutors decide whether to charge an individual with a criminal offense, and what the charge should be. Although a police officer arrests an individual when he has probable cause to believe the individual has committed a criminal offense, he does not decide whether the individual will be charged formally. That decision is left to the prosecutor who has an almost unlimited amount of discretion in making this determination. The charging decision is critical, because it determines whether a person will face criminal charges and ultimately risk the loss of liberty. The prosecutor is in control at this stage, even in jurisdictions where grand juries investigate and bring charges through the indictment process[1].

1 There is widespread agreement among criminal law scholars that grand juries generally follow the lead and direction of the prosecutor. See Susan W. Brenner, « Forum: Faults, Fallacies, and the Future of Our Criminal Justice System The Voice of the Community: A Case for Grand Jury Independence », 3 *VA. J.*

For example, if an individual is arrested because he was in possession of a quantity of cocaine, the prosecutor has many options. She can dismiss the case, even if there is evidence sufficient to prove the case beyond a reasonable doubt. Neither the judge nor any member of the community would have standing to challenge this decision[2]. In fact, few individuals would be aware of a pre-charge dismissal, since typically these decisions are made in the privacy of the prosecutor's office. Since there is never a formal charge before these dismissals, there is no case before the judge and no need to appoint a defense attorney.

Even if the prosecutor decides to formally charge the individual, she has a wide range of discretion in determining what charges to bring. If an individual is arrested in possession of a quantity of cocaine, the prosecutor's arsenal of possible charges may include possession of cocaine, possession with intent to distribute cocaine, and distribution of cocaine, depending on the facts of the case. The significance of this decision cannot be overstated. In most states, possession of cocaine is a misdemeanor with a maximum penalty of one year in jail while possession with intent to distribute cocaine and distribution of cocaine are felonies with mandatory minimum terms of imprisonment[3]. Depending on the statute, the mandatory prison term may be as much as five or ten years, or even more. If the defendant has prior convictions, the mandatory term may be longer. In the federal system, the drug laws carry even harsher penalties.

Most American drug statutes do not mandate that the defendant possess a particular amount of the drug before he can be charged with either possession or possession with intent to distribute. Even if the amount is large enough for a judge or jury to conclude that the defendant possessed the drug for the purpose of distribution, the prosecutor may decide to charge the person with simple possession of cocaine. Conversely, even if the amount seems relatively small, a prosecutor may charge the person with possession with intent to distribute if she believes she has evidence that would prove that the defendant intended to sell that amount. Otto Obermaier, a former prosecutor in the U.S. Attorney's Office of the Southern District of New York, describes the charging power this way:

> *If you push and pull a whole lot you can reach almost any conclusion you want about what you actually charge a person with ... And that's the whole ballgame. You can call the same act by several names, and each one brings about a different result in prison time*[4].

Soc. Pol'y & L. 67 (1995); Angela J. Davis, « The American Prosecutor: Independence, Power, And The Threat Of Tyranny, » 86 *Iowa L. Rev.* 393 (2001).

2 Of course, if the prosecutor is an elected official, her constituents could vote her out of office at the end of her term. But since most members of the public ordinarily would be unaware of such a decision, it is highly unlikely that it would become a campaign issue. *Id.*

3 All states and the federal government have mandatory sentencing laws, most often for drug offenses. See *The Sentencing Project, Drug Policy and the Criminal Justice System 2-3* (2001) available at http://www.sentencingproject.org/pdfs/5047.pdf.

4 Mary Pat Flaherty & Joan Biskupic, « Justice by the Numbers », *Wash. Post*, Oct. 7, 1996, at A1.

The charging decision is crucial, because if the defendant is convicted, it will determine the status of his liberty. Depending on the law and the existence of mandatory jail time, he may be eligible for probation if the charge is simple possession. If the charge is possession with intent to distribute or distribution, the judge may be required to sentence him to prison for a mandatory term of years, and that mandatory term may be lengthy.

The highly publicized case of Kemba Smith provides an example of the unfettered discretion prosecutors wield during the charging process. Kemba Smith's boyfriend, Peter Hall, was one of the biggest cocaine dealers on the East Coast in the 1990s. Ms. Smith's involvement with the drug trade was minimal, and by all accounts she acted under the direction and control of Hall, who ordered her to transport money across state lines and perform other tasks that did not directly involve distribution of the illegal drugs. Nonetheless, Ms. Smith was charged with numerous serious offenses in federal court. After charging her with these offenses, the prosecutors attempted to make a deal that would involve dismissing most of the charges in exchange for her testimony, but Mr. Hall was murdered before any agreement was reached. Ms. Smith pled guilty to money and drug laundering, drug conspiracy, and lying to federal agents, in exchange for the government's agreement to dismiss other offenses. Despite her minimal involvement in Mr. Hall's drug cartel and substantiated accusations of his physical abuse and threats, the laws required the judge to sentence her to twenty-four and a half years in prison – more prison time than many murderers or rapists receive[5].

The prosecutor's decision to charge Ms. Smith with these offenses was totally discretionary and not necessarily defensible. Her minimal, indirect involvement in Mr. Hall's drug enterprise arguably warranted less serious charges or perhaps no criminal prosecution at all. But this critical decision was left totally to the prosecutor, whose discretion was almost boundless. The prosecutor had the power to dismiss some or all of the charges, with or without a plea bargain. His decision to go forward with the charges determined the outcome of the case because the sentencing laws did not permit the judge to exercise discretion, instead requiring a mandatory minimum term of imprisonment.

The problem of unbridled prosecutorial discretion has had a very unsettling effect on the operation of the criminal justice system since the establishment of mandatory minimum sentencing laws and longer prison terms. Although prosecutors always have wielded a disproportionate amount of power in the criminal justice system, mandatory minimum sentencing laws and the threat of long prison terms have shifted the balance of power in a way that dangerously threatens core principals of fairness and justice. Judges and defense attorneys have always been in

5 See Denise Watson Batts, « Woman on the Run – Kemba Smith Is Out of Prison and Back Home in Virginia, Trying to Juggle the Duties of Freedom, Celebrity, and Motherhood », *Virginian-Pilot & Ledger Star*, June 10, 2001, at A1. Ms Smith was pardoned by President Bill Clinton on December 22, 2000. Id.

reactive mode vis-à-vis prosecutors, but now the prosecutor's disproportionate control over the prospect of extreme loss of liberty has resulted in a weakening of their respective roles in the adversarial system.

With mandatory minimum sentencing laws and sentencing guidelines that require judges to impose a specific sentence based on limited, charge-based information, prosecutors essentially predetermine the outcome of many cases. Unless the defendant exercises his right to trial and is acquitted of all of the offenses, the prosecutor's charging decision will determine whether he will be incarcerated and how long the term of incarceration will be. Because the mandatory minimum sentencing laws require a specific term of imprisonment upon conviction, the judge has no power to show leniency at the sentencing hearing.

Plea-Bargaining

Although all criminal defendants have the right to a trial, very few exercise this right. Defendants plead guilty in 95 percent of all criminal cases through the plea-bargaining process[6], which is controlled entirely by the prosecutor. After the prosecutor has charged the defendant with one or more offenses, she may offer the defendant a "deal," agreeing to drop one or more charges if the defendant agrees to plead guilty to one or more charges. Although the defendant may make a counter offer and attempt to negotiate the best deal possible, the prosecutor must agree to the final terms of the agreement.

The vast majority of criminal defendants engage in plea-bargaining because going to trial is risky business. If a defendant is charged with several offenses and each offense carries a lengthy term of imprisonment, the defendant faces the prospect of many years in prison if he is convicted of all charges. If one or more of the offenses carries a mandatory minimum term of imprisonment, that prospect becomes a guarantee. For many defendants, the possibility that a jury or judge may acquit him of the charges is too risky and uncertain. If he accepts a plea offer, he knows how much time he faces and how much time he avoids.

The increase in mandatory minimum sentences and longer prison terms has inflated the importance of the plea-bargaining process. The risks associated with exercising one's constitutional right to a trial have become too high. Before the mandatory minimum phenomenon, even if a defendant were convicted of all charges, he would at least have the opportunity to try to convince the sentencing judge that he should be given a lenient sentence, or even probation. Mandatory minimum sentencing laws remove that possibility.

David Moe Robinson of Baltimore knows all too well about the risks of going to trial in a case involving mandatory minimum sentencing laws. Mr. Robinson was charged with a number of crack conspiracy and weapons charges. The prosecutors

6 *See* Dep't of Justice, Bureau of Statistics, Felony Defendants in Large Urban Counties in 2000 28 (Dec. 2003) *available at* http://www.ojp.usdoj.gov/bjs/pub/pdf/fdluc00.pdf.

offered him a deal that would require him to tell them about his mother's involvement in the drug ring. Mr. Robinson rejected the deal, which involved dismissal of some of the charges and would have exposed him to a maximum of twenty-four to twenty-seven years in prison. He went to trial, was convicted, and was sentenced to forty-five years in prison. The prosecutors argued that he should have received more[7].

Some prosecutors take advantage of the power they wield during the plea-bargaining process. Many prosecutors engage in "overcharging" – charging the defendant with the offense that carries the greatest penalty, even when she knows she may not be able to prove it at trial. The purpose of this practice is to goad the defendant into pleading guilty to a lesser offense. For example, a prosecutor may charge a defendant with Possession with Intent to Distribute Cocaine that may carry a mandatory minimum sentence of five years. Although she may have had enough evidence to convince a grand juror that there was probable cause to believe the defendant committed the offense[8], she may doubt whether the evidence is sufficient to prove guilt beyond a reasonable doubt at a jury trial. So the prosecutor may offer the defendant a plea to possession of cocaine, a misdemeanor offense that carries a maximum term of one year in jail with the possibility of probation. Even an innocent defendant with an absolute defense to the lesser possession charge might plead guilty to the misdemeanor to avoid the risk of being convicted of the higher charge after trial and facing a certain five years in prison. These decisions become even more difficult when the prosecutor requires the defendant to accept or reject the offer on the spot, leaving no time for substantial consultation with counsel or investigation of possible defenses. Some defendants feel compelled to accept the offer because the prospect of a certain and lengthy prison term is too frightening.

The prosecutor's charging power and control over the plea bargaining process define her role as a law enforcement officer in the executive branch of government. However, she also serves a quasi-judicial role in that her primary duty is to see that justice is done. Various professional codes and standards and the United States Supreme Court have noted that the prosecutor's duty is to seek justice, not merely convictions[9]. However, the vagueness of this standard and the prosecutor's unfettered discretion permit her to define justice as she sees fit, and many equate

---

7 Flaherty & Biskupic *supra* note 4.

8 *See* Stephen A. Saltzburg & Daniel J. Capra, *American Criminal Procedure* 831-32 (6th ed. 2000) (identifying the burden of proof for indictment as whether there is probable cause to believe the defendant committed the offense, a much lower standard than the proof beyond a reasonable doubt necessary for a criminal conviction).

9 *See Berger* v. *United States*, 295 U.S. 78, 88 (1935); Model Code of Prof'l Responsibility EC 7-13 (1980) ("The responsibility of a public prosecutor differs from that of the usual advocate; his duty is to seek justice, not merely to convict."); Model Rules of Prof'l Conduct R. 3.8 cmt. (1983) (describing a prosecutor's responsibilities "to see that [a] defendant is accorded procedural justice and that guilt is decided upon the basis of sufficient evidence"); Standards Relating to the Admin. of Crim. Just. Stand. 3-1.2(c) (1992)("The duty of the prosecutor is to seek justice, not merely to convict.").

justice with convictions and incarceration, regardless of the circumstances of the case.

Prosecution and Race

In 1995, a study by the Sentencing Project found that almost one in three black males between the ages of 20 and 29 were under some form of criminal justice supervision – either in prison or jail, or on probation or parole[10]. Others place the percentage of African-American men in prison at 50%[11] and even slightly higher[12]. A report released by the Bureau of Justice Statistics found that a black male had a 1 in 3 chance of being imprisoned during his lifetime, compared to a 1 in 6 chance for a Latino male and a 1 in 17 chance for a white male[13]. These staggering statistics only begin to tell the story of the stark racial disparities that characterize the American criminal justice system.

The causes of racial disparity in the American criminal justice system are varied, complex, and many. They include socio-economic disadvantage and its consequences[14], disproportionate offending in certain categories of crime[15], and discriminatory treatment in the criminal justice system[16]. Thus, the causes of and solutions to the problem lie both outside and within the criminal justice system.

Because prosecutors play such a dominant and controlling role in the criminal process through the exercise of broad, unchecked discretion, their role in the complexities of racial disparity in the criminal justice system is inextricable and profound. Few, if any, prosecutors intentionally or even consciously make decisions based on race. However, the many race neutral decisions that prosecutors make at the charging and plea bargaining stages of the process may be the result of unconscious and deeply internalized biases that have a racially disparate, and thus harmful, effect.

---

10 The Sentencing Project, young Black Americans and the Criminal Justice System: Five Years Later 1 (1995) *available at* http://www.sentencingproject.org/pdfs/9070smy.pdf

11 Marc Mauer, *Race to Incarcerate* 124 (1999).

12 David Cole, *No Equal Justice* 4 (1999).

13 Press Release, Bureau of Justice Statistics, Prevalence of Imprisonment in the U.S. Population, 1974-2001 (Aug. 17, 2003) *available at* http://www.ojp.usdoj.gov/bjs/abstract/piusp01.htm. Statistics for Latinos are difficult to obtain due to differences in classification and other causes. For statistics showing the disproportionate representation of Hispanics at every step of the process in the federal system, *see* Angela Arboleda, *National Council of La Raza, Latinos and the Federal Criminal Justice System* (July 2002).

14 *See* Sheldon Danziger & Peter Gottschalk, *America Unequal 73-74* (1995) (discussing data showing disproportionate rate of African American poverty).

15 See generally Alfred Blumstein, "Racial Disproportionality of U.S. Prison Populations Revisited", 64 *U. Colo. L. Rev.* 743 (1993).

16 *See generally* Angela J. Davis, "Prosecution and Race: The Power and Privilege of Discretion", 67 *Fordham L.* Rev. 13 (1998).

Prosecutors may legitimately consider any number of factors in making charging and plea-bargaining decisions. These factors include the strength of the evidence, the likelihood of conviction, the interest of the victim in prosecution, and the cost and complexity of the prosecution and trial[17]. However, a prosecutor's personal biases may influence her consideration of these factors and taint the decision-making process.

For example, if a defendant in a case involving a white victim is charged with capital murder while a defendant in a similar case involving a black victim is charged with second-degree murder, questions arise about the value the prosecutors unconsciously placed on the lives of the respective victims. A prosecutor may unconsciously consider a case involving a white victim as more serious than a case involving a black victim. This unconscious view may influence not only the charging decision, but related decisions as well. If a prosecutor deems a particular case to be more serious than others, she will tend to invest more time and resources in that case, both investigating and preparing for trial. Such an increased investment would consequently yield more evidence and stiffen prosecutorial resolve. The likelihood of conviction is also obviously increased by the additional investment in investigation. Thus, although the strength of the evidence and the likelihood of conviction are facially race-neutral factors, they may be influenced by an unconsciously racist valuation of a case involving a white victim.

The victim's interest in prosecution is another legitimate factor that prosecutors consider in making charging and plea-bargaining decisions. If the victim of a crime informs the prosecutor that he has no interest in the prosecution of his case and no desire to see the defendant punished, the prosecutor may legitimately dismiss the case based on the victim's feelings, especially if she believes that the defendant does not pose a danger to society and there are no other legitimate reasons for pursuing the prosecution. Few would question this decision, especially if the victim of the crime considered the prosecution process too onerous and difficult.

On the other hand, should a prosecutor pursue a prosecution in a case that she would otherwise dismiss for legitimate reasons simply because the victim wants to see the defendant punished? Or should a prosecutor assume that a victim is not interested in prosecution when the victim does not appear for witness conferences or respond to a subpoena? These questions demonstrate the significance of the intersection of class and race in the criminal process. African American crime victims who are poor and uneducated are less likely to attend meetings and communicate with prosecutors, often for reasons that do not reflect a lack of interest in the prosecution. These reasons may include lack of transportation, the inability to take time from work, or simple mistrust of the prosecutor and her role in the system. The prosecutor who is ignorant of or insensitive to these issues will cause and perpetuate racial disparity at this important stage of the criminal process.

---

17 See *Standards for Criminal Justice* §3-3.9 (1993).

The prior record of the defendant is another legitimate, seemingly race-neutral factor considered by prosecutors in the charging/plea bargaining process. Defendants with prior records are more likely to be charged and less likely to receive a favorable plea offer. Prosecutors consider both arrest and conviction records, and defendants with recidivist tendencies are arguably more deserving of prosecution. Race, however, may affect the existence of a prior criminal record even in the absence of recidivist tendencies on the part of the suspect because of the role that race plays in the decision to detain and/or arrest a suspect.

Police officers often inappropriately consider race or ethnicity in making the decision to stop and/or search an individual[18]. In addition, policy decisions about where police officers should be deployed and what offenses they should investigate have racial ramifications. The fact that a white defendant has no criminal arrest or conviction record may not be a reflection of a lack of criminality on his part. If he lives in a neighborhood or attends a school that resolves certain criminal offenses (drug use, assault, etc.) without police intervention, he may be a recidivist without a record. Likewise, a black defendant who lives in a designated "high crime" area may have been detained and arrested on prior occasions when he has not committed a crime because of the pervasive practice of racial profiling[19]. Thus, the existence or nonexistence of an arrest or conviction record may or may not reflect relative criminality in black and white defendants. A prosecutor without knowledge of or sensitivity to this issue may give prior arrests undue consideration in making charging and plea-bargaining decisions.

Another factor that prosecutors sometimes consider is the availability of alternative dispositions. For some less serious offenses, prosecutors may be willing to consider dismissing a case based on the existence of alternative resolutions that serve the overall interest of justice. For example, if a defendant who has stolen is able to make restitution and the victim is satisfied with this resolution and would be burdened by numerous court appearances, dismissal of the case may be the best disposition for all parties. If a defendant with a drug addiction has the resources to pay for a residential drug treatment program, this alternative might be a reasonable alternative to prosecution. These dismissals would also have the added benefit of eliminating the time and expense of trying another case for the prosecutor, the defense attorney, and the court. However, as with all of the otherwise legitimate factors prosecutors consider, there are often unintended but significant class and racial ramifications. A poor, black defendant without the financial resources to make restitution or pay for drug treatment would not reap the benefits of a dismissal. Thus,

---

18 For a detailed discussion of racial profiling, see generally Angela J. Davis, "Race, Cops, and Traffic Stops", 51 *U. Miami L. Rev*. 425 (1997); David A. Harris, "Driving While Black and All Other Traffic Offenses: The Supreme Court and Pretextual Traffic Stops", 87 *J. Crim. L. & Criminology* 544, David A. Harris, "Factors for Reasonable Suspicion: When Black and Poor Means Stopped and Frisked", 69 *Ind. L.J.* 659 (1994); Sherilynn Johnson, "Race and the Decision to Detain a Suspect", 93 *Yale L.J.* 214 (1983).

19 *Id.*

racial disparities are perpetuated even though the differential treatment is not intentionally discriminatory.

The prosecutor's race neutral decision-making process often plays an unintended yet significant role in the perpetuation of racial disparities in the criminal justice system. Although the racial disparity problem has many complex causes, prosecutors bear substantial responsibility because of their wide-ranging power and control over the criminal process. Thus, they should make efforts to discover the racial impact of their practices and policies and work to institute effective reforms.

The Inadequacy of Legal Remedies

Prosecutors are not required to justify their charging and plea-bargaining decisions to anyone beyond their immediate supervisors. Thus, there is no system of checks and balances to assure that these important decisions are made judiciously and without race or class bias. Because charging and plea-bargaining decisions are made in the privacy of prosecutors' offices, it is difficult to discover arbitrary or racially biased decisions.

Even when biased decisions are discovered, the legal remedies are woefully inadequate. Federal civil rights claims are difficult to sustain because of onerous standing requirements and the need to prove intentional discrimination[20]. Constitutional claims of selective prosecution are equally difficult, again because victims are required to prove intentional discrimination[21]. Although unintentional, unconscious bias harms its victims as much as the purposeful type, there is no judicial remedy for discriminatory prosecutorial behavior unless the harmed party can prove that it was intentional[22].

The Armstrong case provides a stark example of the inadequacy of legal remedies for discriminatory prosecutorial behavior. The defendants in the case were charged with a number of crack cocaine and gun offenses in federal court in Los Angeles. They claimed unconstitutional selective prosecution based on race, alleging that the U.S. Attorney prosecuted virtually all African Americans charged with crack offenses in federal court and all similarly situated white crack defendants in state court. The significance of these allegations stemmed from the fact that the federal crack cocaine laws penalized crack trafficking much more harshly than the California state law. Although the defendants presented evidence to support their claim, the Supreme Court ultimately found the evidence insufficient to prevail, even in their efforts to obtain discovery of information from the prosecutor that may have helped them prove the ultimate claim. The Court required some proof that similarly

20 *See* Davis, "Prosecution and Race", 67 *Fordham L. Rev.* at 40.

21 The Supreme Court has ruled that, in order to prove selective prosecution based on race, the defendant must prove that similarly situated whites could have been prosecuted, but were not. *See Wayte v. U.S.*, 470 U.S. 598, 609 (1985); *U.S. v. Armstrong*, 517 U.S. 456, 470 (1996).

22 *Id.*

situated whites could have been prosecuted, but were not[23] – information that is almost impossible for a criminal defendant to obtain given the secret nature of prosecutorial decision-making.

Not all unjust prosecutorial decisions have racial effects. A prosecutor may treat similarly situated defendants or crime victims differently for reasons that appear arbitrary but that have nothing to do with race, ethnicity or class. However, the Supreme Court has held that selective prosecution violates the Constitution only if it is based on an unjustifiable standard such as race, religion, or some other arbitrary classification[24]. Thus, individuals claiming unfair treatment in cases that do not involve such classifications have no constitutional remedy.

The legal remedies for discretionary prosecutorial practices that produce discriminatory results are either ineffective or nonexistent. Thus, there is a need to seek out other mechanisms that will hold prosecutors accountable for the decisions they make. One such mechanism is the electoral system, but it also fails to operate effectively because of the private nature of prosecutorial decision-making.

The Failure of the Electoral System

> *Under our system of government, the primary check against prosecutorial abuse is a political one. The prosecutors who exercise this awesome discretion are selected and can be removed by a President, whom the people have trusted enough to elect. Moreover, when crimes are not investigated and prosecuted fairly, nonselectively, with a reasonable sense of proportion, the President pays the cost in political damage to his administration. If federal prosecutors "pick people that [they] thin[k] [they] should get, rather than cases that need to be prosecuted," if they amass many more resources against a particular prominent individual, or against a particular class of political protesters, or against members of a particular political party, than the gravity of the alleged offenses or the record of successful prosecutions seems to warrant, the unfairness will come home to roost in the Oval Office*[25].

In this description of how federal prosecutors are held accountable, Justice Scalia argues that the electoral process is an effective check on prosecutorial abuse because the electorate will vote the President out of office if it is dissatisfied with the federal prosecutors he appoints. However, a closer examination of the how the electoral process functions in practice reveals that it fails as a mechanism of accountability for both federal and state prosecutors.

In the federal system, the President of the United States nominates the Attorney General and the United States Attorney for each federal district[26]. The

---

23 *Id.*

24 *Oyler v. Boles*, 368 U.S. 448 (1962).

25 *Morrison v. Olsen*, 487 U.S. 654, 728-29 (Scalia, J., dissenting).

26 The Attorney General is the chief prosecutor for the entire nation and the U.S. Attorneys are the chief prosecutors for each federal district. The Attorney General oversees each U.S. Attorney and the United States Department of Justice.

Senate must confirm these appointments. In theory, the voting public may provide input on these nominations by writing or calling their senators. In practice, such input is rarely provided, for a variety of reasons. Even an informed individual would be unable to provide meaningful input on the nomination of a U.S. Attorney who has no prior experience as a prosecutor. With no record of prosecutorial practices, the public has no way of judging how she would exercise her power and discretion as a U.S. Attorney. Even if the nominee had prior experience as a prosecutor, the public would have no knowledge of the policies and practices that inform her most important decisions – charging and plea-bargaining – because these policies and practices are not a part of the public record.

Justice Scalia's suggestion that the public would vote a President out of office if the federal prosecutors he appointed abused their power and discretion is an unlikely scenario. The Supreme Court has protected the autonomy and discretion of prosecutors, even making it difficult for defendants to obtain discovery about their charging decisions in particular cases. In the unlikely event that the electorate took an independent interest in the performance of United States Attorneys, it would not be able to discover their day-to-day practices and policies. The public may be somewhat informed through the media's reporting of high profile prosecutions, but even these cases do not provide a basis for determining whether there are race, class, or other disparities in a particular prosecutor's practices. If by some chance this information did become available to the public, it is implausible that the electorate would vote the President out of office based on its dissatisfaction with one or more federal prosecutors.

The electoral process operates more directly in the case of state prosecutors. Most state and local prosecutors are elected officials who run for office and serve for a set term of years[27]. The electorate has the power to vote the prosecutor out of office. However, the state and local electoral process suffers from some of the same limitations as the federal system. The electorate is rarely, if ever, informed of the most important prosecutorial practices, namely charging and plea-bargaining. Few prosecutors volunteer this information, and the public is rarely informed or interested enough to ask for it.

As Kenneth Culp Davis explains:

> *The reality is that nearly all [the prosecutor's] decisions to prosecute or not to prosecute... and nearly all his reasons for decisions are carefully kept secret, so that review by the electorate is nonexistent except for the occasional case that happens to be publicized. The plain fact is that more than nine-tenths of local prosecutors' decisions are supervised or reviewed by no one*[28].

---

27 More than 95 percent of county and municipal chief prosecutors are elected. Robert L. Misner, "Recasting Prosecutorial Discretion", 86 *J. Crim. L. & Criminology* 717, 734 (1996); *see also* Daniel C. Richman, "*Old Chief v. United States*: Stipulating Away Prosecutorial Accountability?", 83 *Va. L. Rev.* 939, 956-75 (1997) (discussing the ineffectiveness of the electoral process as a mechanism of prosecutorial accountability).

28 Kenneth Culp Davis, *Discretionary Justice: A Preliminary Inquiry* 207-08 (1969).

Conclusion

American prosecutors enjoy wide, unfettered discretion that enables them to exert more power and control in the criminal process than any other criminal justice official. The decisions they make, particularly in the charging and plea-bargaining stages of the process, often determine the outcome of criminal cases and have monumental consequences for criminal defendants and crime victims alike. The random and arbitrary nature of prosecutorial decision-making and the lack of meaningful checks on prosecutorial power frequently result in the dissimilar treatment of similarly situated people. This dissimilar treatment, although unintentional, contributes to the race and class disparities that characterize the American criminal justice system.

Despite her vast power, the American prosecutor is subject to much less accountability than other criminal justice officials. The most important prosecutorial functions are performed in private, and legal remedies for victims of discriminatory treatment are inadequate. Furthermore, the electoral system does not operate as an effective mechanism of accountability.

The prosecution function is in great need of reform. Even though most prosecutors perform their duties legally and ethically, their practices and policies often produce unjust results. As elected officials and public servants, prosecutors should have a great interest in uncovering inequities and eliminating disparate treatment of similarly situated criminal defendants and crime victims. By creating more transparency in the charging and plea-bargaining processes, informing their constituents of their practices and policies, and taking steps to eliminate race and class inequities, prosecutors would go a long way towards restoring fairness and the balance of power in the American criminal justice system.

Abstract : Prosecutors are the most powerful officials in the American criminal justice system. The decisions they make, particularly the charging and plea-bargaining decisions, control the operation of the system and often predetermine the outcome of criminal cases. Prosecutorial power is vast and unrestrained, and the mechanisms that purport to hold prosecutors accountable are weak and often totally ineffective. In addition, the most important prosecutorial decisions are made behind closed doors – away from public scrutiny and thus immune from public accountability. The most remarkable feature of these important, sometimes life-and-death decisions is that they are totally discretionary.

The deficiency of prosecutorial discretion lies not in its existence, but in the randomness and arbitrariness of its application. Even in prosecution offices that promulgate general policies for the prosecution of criminal cases, there is no effective mechanism for enforcement or public accountability. Self-regulation by prosecution offices is largely nonexistent or ineffective, and the United States Supreme Court has protected prosecutors from both public and judicial scrutiny.

In this article, Professor Davis focuses on the exercise of prosecutorial discretion in charging and plea bargaining. She demonstrates how prosecutors bear the brunt of the responsibility for the race and class disparities in the American criminal justice system. She also discusses why the current mechanisms of accountability for prosecutors in the American democratic system are ineffective. Finally, she suggests measures for reform.

Key-words : Prosecutor, American criminal justice system, discretionary power, plea-bargaining, race.

Daniel Sabbagh

Plessy contre *Lochner* : libéralisme et racisme dans la jurisprudence de la Cour suprême des États-Unis à l'ère ségrégationniste

L'arrêt *Brown v. Board of Education of Topeka* de 1954, qui établit l'inconstitutionnalité de la ségrégation raciale des établissements scolaires, est souvent présenté comme étant en partie un produit dérivé des bouleversements du *New Deal*[1]. En effet, c'est durant cette période que la reconnaissance de la dimension *institutive* – et non plus simplement *régulatrice* – du droit s'est véritablement imposée en même temps que la transformation de l'État fédéral en acteur légitime du changement social, évolution que l'économiste Gunnar Myrdal, dans son ouvrage classique de 1944, décrivait déjà comme ayant « radicalement modifié les données du problème noir »[2]. Dans cette perspective, que la Cour suprême se soit finalement résolue – non sans résistance – à avaliser les lois qui attribuaient au gouvernement fédéral un pouvoir accru en matière d'encadrement du marché du travail aurait bien eu, en un sens, valeur de précédent : une fois admis le principe même de l'intervention du Congrès dans un secteur qui lui était précédemment interdit, rien *a priori* ne faisait plus obstacle à ce que le législateur fédéral s'attaque également à d'autres pratiques en vigueur dans les États fédérés et contraires à la conception du bien public qu'il entendrait promouvoir. Plus précisément, à partir du moment où l'adoption de mesures visant à promouvoir l'égalité des citoyens dans sa dimension *sociale* – et non plus simplement *politique* – était reconnue comme faisant partie intégrante du domaine de compétence légitime des autorités fédérales, la thèse de la constitutionnalité de la ségrégation raciale, qui, à l'origine, reposait largement sur la rigidification de cette dichotomie, se trouvait potentiellement ébranlée. À cet égard, le *New Deal* constitue effectivement – quoique de manière indirecte – une étape significative dans le processus de délégitimation des pratiques ségrégationnistes.

---

1 Voir Bruce Ackerman, *We, the People: Foundations*, Cambridge (Mass.), Harvard University Press, 1991, p. 140-150, et, plus généralement, Patricia Sullivan, *Days of Hope: Race and Democracy in the New Deal Era*, Chapel Hill, University of North Carolina Press, 1996 ; Harvard Sitkoff, *A New Deal for Blacks: The Emergence of Civil Rights as a National Issue: The Depression Decade*, Oxford, Oxford University Press, 1978.

2 Gunnar Myrdal, *An American Dilemma: The Negro Problem and Modern Democracy*, New York, Harper & Row, 1944, p. 74.

Toutefois, ce rapport n'apparaît que rétrospectivement – et à condition d'adopter une perspective surplombante par rapport à celles des protagonistes des controverses relatives au rôle légitime de la puissance publique en matière de réglementation du marché du travail, d'une part, d'encadrement des interactions entre personnes de « races » différentes, d'autre part. Jusqu'au *New Deal* – et au-delà –, les deux enjeux demeurent assez largement disjoints, l'absolutisation initiale de la liberté de transaction des agents privés par le pouvoir judiciaire ne valant qu'à l'intérieur d'un périmètre dont la majorité des échanges potentiels entre Noirs et Blancs se trouve exclue.

Plessy v. *Ferguson*

Contrairement à une idée reçue particulièrement tenace, le retrait des troupes de l'Union des États du Sud, qui met fin, en 1877, à l'ère de la Reconstruction, ne s'était pas traduit par une résurgence immédiate et généralisée de la ségrégation raciale sur l'ensemble du territoire de l'ancienne Confédération. Dans le domaine des transports en particulier, les compagnies de chemin de fer se montraient souvent réticentes à engager les dépenses supplémentaires induites par la duplication de certains équipements que le dispositif aurait rendue nécessaire, conduisant ainsi les autorités publiques des États désireux de promouvoir la stricte séparation des individus des deux races dans l'ensemble des secteurs de la vie sociale à adopter à cette fin des mesures législatives contraignantes[3]. C'est sur la conformité à la Clause d' « égale protection » du Quatorzième Amendement[4] de l'une des lois en question, alors en vigueur en Louisiane, que la Cour suprême allait être appelée à statuer dans l'arrêt *Plessy v. Ferguson*. L'assignation obligatoire des passagers blancs et noirs à des emplacements isolés les uns des autres mais théoriquement équivalents (*separate but equal*) devait-elle ou non être assimilée à une violation du principe d'égalité ? Telle était la question principale, à laquelle l'opinion majoritaire du juge Henry Billings Brown répond par la négative.

D'une part, après avoir d'emblée écarté l'argument selon lequel la ségrégation dans les transports ferroviaires s'apparenterait à une rémanence de l'esclavage, et tomberait donc sous le coup du Treizième Amendement de 1865 qui prescrivait l'éradication intégrale de cette pratique – thèse jugée trop évidemment fallacieuse pour mériter une discussion approfondie[5] –, la Cour affirme en premier lieu que la législation mise en cause n'est pas *intrinsèquement* inégalitaire. Arguant du fait que la constitutionnalité d'un texte de loi ne saurait être déterminée par la

3 Cf. Jennifer Roback, « The Political Economy of Segregation: The Case of Segregated Streetcars », *Journal of Economic History*, 46, 1986, p. 893-917 ; C. Vann Woodward, *Origins of the New South, 1877-1913*, Baton Rouge, Louisiana State University Press, 1971 [1951], p. 234-260.

4 Selon laquelle « aucun État (...) ne refusera à aucune personne soumise à sa juridiction l'égale protection des lois ». Le Quatorzième Amendement a été adopté en 1868, au lendemain de la Guerre de Sécession.

5 *Plessy v. Ferguson*, 163 U.S. 537 (1896), p. 542-543.

perception qu'ont de ce dernier les personnes qu'il affecte, le juge Brown soutient ainsi, contre toute évidence, que, pourvu que les conditions de confort dans les deux catégories de wagons soient véritablement équivalentes, l'idée selon laquelle la ségrégation imposée « marque[rait] la race noire du sceau de l'infériorité » ne relève que de la *libre interprétation* du dispositif par les Noirs – interprétation qui serait dépourvue de tout fondement objectif[6]. Dans cette perspective, qui pousse le formalisme à l'extrême et feint d'ignorer le contexte social qui donne sens à la loi contestée, l'effet de stigmatisation dénoncé n'existerait, en somme, que dans l'imagination des membres du groupe subordonné – argument pourtant contradictoire avec le fait que les juges eux-mêmes demeurent manifestement persuadés que la « race blanche » constitue « la race supérieure »[7].

D'autre part, l'argument qui mettait en garde contre l'« enchaînement fatal » que pourrait entraîner la validation par la Cour de la disposition litigieuse – à travers l'énumération d'une série de mesures classificatoires présentées comme analogues dans leur dimension arbitraire et à l'absurdité jugée patente – se voit réfuté sans ambages :

> *« L'avocat du plaignant [...] fait valoir que, à partir de l'obligation imposée aux compagnies de chemin de fer [...] d'aménager des installations séparées pour les [individus des] deux races, rien n'empêcherait de les contraindre également [...] à assigner à des wagons distincts les personnes aux cheveux de telle ou telle couleur, les étrangers, ou encore les ressortissants de tel ou tel pays [...]. À cela il suffit de répliquer que l'exercice par l'État de ses pouvoirs de police doit être raisonnable et ne donner matière qu'à des lois authentiquement destinées à promouvoir le bien public... »*[8].

En effet, étant donné que la Clause d'égale protection ne saurait évidemment imposer en toutes circonstances une absolue identité de traitement des citoyens par les pouvoirs publics, la prohibition qu'elle instaure ne peut porter que sur les distinctions abusives établies par le législateur entre des personnes qu'il aurait été « raisonnable » d'inclure au sein d'une même classe d'équivalence. La seconde phrase de l'extrait précité, jointe à la validation par la Cour de la législation contestée, permet donc de dégager les deux propositions suivantes, qui constituent le principal apport doctrinal de Plessy :

> *- Au regard du principe d'égalité inscrit dans le Quatorzième Amendement, les classifications raciales se situent exactement sur le même plan que toutes les autres classifications, et ne sont pas soumises à une condition d'acceptabilité plus contraignante que celle de voir leur caractère « raisonnable » reconnu par une majorité des membres de l'organe juridictionnel compétent.*
> *- En l'occurrence, la ségrégation raciale des transports ferroviaires appartient bel et bien à l'ensemble des classifications « raisonnables ».*

---

6 « *If this be so, it is not by reason of anything found in the act, but solely because the colored race chooses to put that construction upon it* » (*Ibid.*, p. 551).

7 Selon les termes du juge Harlan, qui est pourtant l'auteur de l'unique opinion dissidente (*ibid.*, p. 559).

8 *Ibid.*, p. 549-550.

Or une classification n'apparaît « raisonnable » que par rapport à un contexte déterminé, marqué par l'emprise de certaines représentations structurantes. Ainsi, précise le juge Brown,

> *« Pour apprécier le caractère plus ou moins raisonnable d'une mesure envisagée, le législateur est parfaitement libre de prendre en considération les usages, coutumes et traditions communément répandus, dans le souci de contribuer à l'agrément des uns et des autres et de préserver l'ordre public [...]. De ce fait, il nous est impossible de qualifier de déraisonnable une loi autorisant ou imposant même la séparation des [individus des] deux races dans les transports publics »*[9].

La légitimation de l'une des principales composantes du dispositif de subordination raciale alors en voie de se reconstituer dans les États de l'ancienne Confédération procède ainsi sous les dehors d'un jugement prétendument pragmatique porté sur une situation qui préexisterait de toute évidence à l'intervention des instances juridictionnelles : *étant donné* la prégnance du clivage entre Noirs et Blancs dans la société sudiste, toute mise en contact inconsidérée des membres des deux groupes ne manquerait pas d'entraîner des conséquences délétères que le législateur se montrerait légitimement soucieux d'empêcher, d'où l'adoption préventive de la mesure litigieuse. Quant à la contribution de celle-ci à *l'institution* même du « réel » dont elle est supposée prendre acte, elle n'entre pas en ligne de compte[10]. Dans cette perspective, la Cour suprême ne ferait que s'incliner devant un état de fait de nature pré-politique, que le droit s'avérerait impuissant à transformer : la loi ne saurait réformer les mœurs. L'ensemble de l'argumentation du juge Brown repose donc sur une représentation irréelle du monde social comme arène au sein de laquelle certaines transactions – ou, en l'espèce, certaines décisions de non-transaction – seraient vouées par nature à demeurer imperméables à l'influence des énoncés juridiques. Plus précisément, l'égalité *civile et politique* des citoyens des États-Unis – que les Quatorzième et Quinzième Amendements avaient pour mission de garantir[11] – est ici radicalement dissociée de leur égalité *sociale*, qui serait seule atteinte par l'existence de pratiques ségrégationnistes dans le domaine de l'éducation, du logement ou des transports publics – et demeurerait hors de portée de l'injonction constitutionnelle[12] :

> *« L'évolution éventuelle qui verrait les deux races entrer en relation [dans la sphère] sociale sur un pied d'égalité doit être le produit d'affinités naturelles, d'une appréciation mutuelle de leurs mérites respectifs et du libre consentement des individus [...]. Cet*

---

9 *Ibid.*, p. 551-552 (souligné par nous).

10 « L'institution du réel » est une formule empruntée à Michel De Certeau ; cf. Michel De Certeau, *L'Invention du quotidien. 1. Arts de faire*, Paris, Gallimard, 1990 [1980], p. 270.

11 Le Quinzième Amendement de 1870 dispose que « le droit de vote des citoyens des États-Unis ne sera retiré ou restreint ni par les États-Unis ni par aucun État pour des raisons de race ou de couleur de peau, ou à cause d'une condition de servitude antérieure ». Il accorde ainsi le droit de vote aux Noirs.

12 Voir *Plessy v. Ferguson*, déc. cit., p. 544, 551-552, et, plus généralement, Reva Siegel, « Why Equal Protection No Longer Protects: The Evolving Forms of Status-Enforcing State Action », *Stanford Law Review*, 49 (5), 1997, p. 1120-1129.

objectif ne saurait être atteint [...] par des lois qui iraient à l'encontre du sentiment général de la communauté qu'elles seraient censées régir [...]. Le législateur n'est pas en mesure de faire disparaître les instincts raciaux et d'abolir les distinctions établies sur le fondement de certaines différences physiques [entre les personnes] »[13].

Toutefois, l'accent mis ici sur la notion de « consentement » paraît quelque peu paradoxal. En effet, à lire l'opinion majoritaire du juge Brown, on en oublierait presque que la législation litigieuse ne se contentait pas d'*autoriser* la ségrégation raciale des transports ferroviaires, mais lui conférait bel et bien un caractère obligatoire. Elle apparaissait ainsi comme l'illustration même de ce que la Cour suprême affectait pourtant de réprouver : l'exercice de la contrainte gouvernementale dans le cadre d'une entreprise de structuration autoritaire du champ des interactions sociales entre les membres des deux groupes raciaux. N'en déplaise à Bruce Ackerman, qui croit déceler « une profonde filiation intellectuelle » entre la position de la Cour dans *Plessy* et l'hostilité dont elle allait faire preuve à l'égard du principe même de l'intervention des pouvoirs publics en matière économique et sociale dans les décennies suivantes[14], il est pour le moins délicat d'invoquer la *déférence* due aux choix de sociabilité individuels à l'appui d'une loi qui limite précisément l'éventail de ces choix, en interdisant à l'ensemble des passagers de voyager en compagnie de personnes qui appartiendraient à un groupe racial autre que le leur. Comment concilier l'opposition déclarée à l'immixtion des pouvoirs publics dans une sphère sociale apparemment conçue comme un site d'interactions volontaires que le droit ne saurait légitimement entreprendre de façonner avec la dimension *coercitive* du dispositif juridique avalisé, qui ne se borne pas à *tolérer* la séparation opérée entre Blancs et Noirs, mais *l'impose*, au risque d'entrer en contradiction avec l'affirmation selon laquelle la hiérarchie raciale serait simplement inscrite « dans la nature des choses » [15] ?

Cette tension latente mais perceptible tout au long de l'opinion majoritaire ne peut être résorbée qu'à condition de concevoir cette imposition elle-même – dont l'initiative revient aux élus de l'État de Louisiane – comme le reflet ou la simple traduction législative d'une coutume sociale parmi d'autres, à laquelle les instances *fédérales* devraient prendre garde de ne pas contrevenir. La cohérence du propos ne peut être maintenue que par la réaffirmation implicite de l'existence d'une rupture qualitative entre l'intervention des autorités fédérées, à travers laquelle le pouvoir d'autodétermination des communautés locales pourrait légitimement s'exercer, et

---

13 *Plessy v. Ferguson*, déc. cit., p. 551 (souligné par nous). Cette rhétorique anti-interventionniste était déjà présente dans l'arrêt *Hall v. DeCuir* de 1877, où il était affirmé que l'on ne saurait qualifier de « déraisonnable une réglementation ayant pour but de disposer les passagers de sorte à préserver l'ordre et les bienséances et à prévenir [...] les heurts que pourraient provoquer certaines répugnances notoires – d'ordre naturel ou coutumier –, afin d'éviter ainsi [l'ensemble] des perturbations que ne manquerait pas de provoquer une situation où les personnes [...] [des deux races] se trouveraient agglutinées les unes aux autres *sans leur consentement* » (*Hall v. DeCuir*, 95 U.S. 485 (1877), p. 503 (opinion concordante du juge Nathan Glifford ; souligné par nous).

14 Cf. Bruce Ackerman, *We, The People*, *op. cit.*, p. 147.

15 *Plessy v. Ferguson*, déc. cit., p. 549-550.

celle du gouvernement fédéral, ici assimilée à une « interférence » abusive. L'œuvre législative destinée à consolider la hiérarchie raciale existante se voit donc implicitement incorporée au « donné » que constituerait l'ensemble des pratiques sociales caractéristiques du « style de vie » spécifique des États du Sud, produit supposé d'un choix collectif de nature consensuelle dont les organes fédéraux seraient tenus de prendre acte. L'imbrication de la thématique antifédéraliste et d'un discours plus directement axé sur la préservation du système de domination raciale en vigueur, que l'on observe tout au long de l'histoire politique américaine[16], atteint alors son point culminant.

La perversion jurisprudentielle du principe d'égalité

Si l'arrêt *Plessy v. Ferguson* constitue certainement une étape décisive dans la jurisprudence de la Cour suprême relative au Quatorzième Amendement, la tortueuse conception de l'égalité qui lui est sous-jacente était déjà apparue dans plusieurs décisions antérieures. Dans la plus importante d'entre elles, *Pace v. Alabama* (1883), la Cour, statuant à l'unanimité[17], avait ainsi déclaré conforme à la Clause d'égale protection une loi qui, d'une part, interdisait les mariages interraciaux, d'autre part, réprimait l'adultère en infligeant des sanctions particulièrement lourdes aux protagonistes lorsque ces derniers n'appartenaient pas au même groupe racial (de deux à sept ans de travaux forcés). En l'absence d'un droit au respect de l'intimité constitutionnellement garanti – dont l'existence ne sera reconnue qu'en 1965 dans l'arrêt *Griswold v. Connecticut*[18] –, la Cour se borne alors à invoquer le maintien par la législation visée d'une *symétrie formelle* entre les obligations qu'elle impose aux individus des deux races. En effet, celles-ci étaient bel et bien *égales* dans une certaine mesure, puisque, en définitive, les Blancs n'étaient pas davantage autorisés à choisir un partenaire noir que les Noirs ne l'étaient à choisir un partenaire blanc. En outre, cette dimension *non-discriminatoire*, inhérente au contenu même de l'interdiction promulguée par l'État de l'Alabama, se trouvait également attestée par l'uniformité de son application, puisque les deux contrevenants – en l'occurrence, un homme blanc et une femme noire – s'étaient vus infliger une sanction exactement identique.

Bien entendu, il paraît rétrospectivement évident que la situation en présence aurait pu – et aurait dû – être appréhendée de manière radicalement distincte : comme une violation flagrante du droit des individus – *considérés indépendamment de leurs caractéristiques « raciales »* – à bénéficier d'une égale immunité vis-à-vis de toute intrusion potentielle de la puissance gouvernementale dans leurs choix de

---

16 Cf. Rogers M. Smith, « Participation et subordination : les deux faces de la citoyenneté fédérée aux États-Unis », *Critique internationale*, n° 21, octobre 2003, p. 171-187.

17 Cette unanimité incluait alors la voix du juge Harlan, qui allait pourtant s'opposer à ses huit collègues lors de l'affaire *Plessy* treize ans plus tard.

18 *Griswold v. Connecticut*, 381 U.S. 479 (1965).

vie les plus intimes. Que cet argument n'ait pas été formulé par un seul des neuf juges témoigne de manière assez frappante du statut primordial et absolument singulier que possède la dichotomie raciale, à la fin du dix-neuvième siècle, dans la culture publique américaine. Alors même qu'il ne subsistait plus, après *Pace v. Alabama*, aucune raison *logique* pour que des lois interdisant les rapports sexuels entre personnes de religion ou de classe sociale différente ne soient pas également déclarées conformes au Quatorzième Amendement au moyen d'un raisonnement analogue, il est significatif que de telles lois n'aient été ni promulguées, ni *a fortiori* avalisées par la Cour suprême. Non seulement les Noirs sont une fois de plus envisagés – à l'instar des femmes, des enfants, des étrangers ou des aliénés – comme une catégorie de la population susceptible d'être isolée par le législateur et soumise à un traitement spécifique, mais l'identité raciale apparaît désormais comme la matrice de formation de deux collectivités indifférenciées – « les Blancs » et « les Noirs » – appelées à opérer comme *unités de référence premières* dans l'adjudication des litiges où leurs membres se trouvent impliqués. Dans le cas présent, ce primat de l'identification raciale se traduit notamment par une réification implicite de la notion de « rapport sexuel interracial », notion à laquelle correspond du reste une désignation spécifique – *miscegenation* –, dont la traduction française la plus courante (« métissage ») ne restitue guère la connotation fortement péjorative[19]. La distinction qualitative, ancrée dans les représentations collectives des contemporains, entre un « rapport sexuel » et un « rapport sexuel interracial » reçoit bien dans *Pace* une forme de consécration juridique, alors qu'elle n'est pourtant que le fruit d'une construction mentale surimposée à l'acte même qui réunit les protagonistes[20].

Plus généralement, la similitude des raisonnements qui sous-tendent les arrêts *Pace v. Alabama* et *Plessy v. Ferguson* n'est guère difficile à percevoir : si, dans le second cas, « chacun [savait] que la loi en question avait pour véritable objectif, non pas d'exclure les Blancs des wagons occupés par les Noirs, mais d'exclure les personnes de couleur des wagons occupés par les Blancs » – comme le souligne justement le juge Harlan dans son opinion dissidente[21] –, il n'en est pas moins vrai que, là encore, l'interdiction de voyager dans le wagon réservé aux individus de l'autre race frappait *également* Blancs et Noirs. Si l'on emprunte ici les éléments de terminologie proposés – séparément – par Douglas Rae et Amartya Sen, en appelant « sujets de l'égalité » les instances – individuelles ou collectives – auxquelles sont affectés les objets dont la répartition peut être ou non caractérisée comme égale[22], et

19 Sur l'origine du terme « miscegenation », voir George Fredrickson, « Mulattoes and Métis: Attitudes toward Miscegenation in the United States and France since the Seventeenth Century », *Revue internationale des sciences sociales*, à paraître en 2005.

20 Voir aussi Peggy Pascoe, « Miscegenation Law, Court Cases, and Ideologies of "Race" in Twentieth-Century America », *Journal of American History*, 83 (1), 1996, p. 44-69.

21 *Plessy v. Ferguson*, déc. cit., p. 557.

22 Cf. Douglas Rae *et al.*, *Equalities*, Cambridge (Mass.), Harvard University Press, 1981, p. 20.

en nommant variable « focale » la variable dont il faudrait s'efforcer d'égaliser la répartition en priorité – alors même que cet effort d'égalisation entraînerait nécessairement une plus grande inégalité dans la répartition d'autres variables, dites « périphériques »[23] –, l'interprétation du Quatorzième Amendement que reflètent les deux arrêts précités fait apparaître un double renversement de perspective : la validation des dispositions litigieuses au regard de la Clause d'égale protection des lois présuppose que soient définies comme sujets de l'égalité *les deux collectivités raciales* – et non les individus qui les composent[24] –, et comme variable focale de l'égalité *la contrainte gouvernementale subie*, plutôt que la liberté d'association (au sens le plus général du terme). Or cette matrice conceptuelle commune à *Pace v. Alabama* et *Plessy v. Ferguson* n'est qu'une perversion du principe d'égalité, dans la mesure où, comme le suggère le philosophe du droit Joseph Raz, ce dernier ne tire en définitive sa puissance d'exhortation que de son couplage avec un autre principe – logiquement premier – qui définit une ou plusieurs « variables focales » *dotées d'une valeur intrinsèque*. En d'autres termes, la dimension proprement éthique de l'exigence d'égalité présuppose la désidérabilité des biens dont la répartition présente demeurerait par trop inégale. Ce n'est précisément que parce qu'il s'agit de *biens* que l'inégalité en question pourra être perçue comme devant faire l'objet d'une intervention correctrice[25]. À cet égard, la définition d'une variable focale *essentiellement restrictive*, qui est sous-jacente aux arrêts *Plessy* et *Pace*, entre en contradiction avec cela même qui confère à l'égalité sa dimension normative.

Plessy mis en perspective : le traitement contrasté de la liberté transactionnelle dans la jurisprudence de la Cour suprême

Pour prendre la mesure de la place singulière qui est celle du clivage racial dans l'ordonnancement juridique américain des années 1890-1930, il convient à présent d'élargir le champ de l'analyse à d'autres pans de la jurisprudence constitutionnelle ayant trait aux valeurs de liberté et d'égalité. En effet, l'aval donné par la Cour suprême dans *Plessy* à la limitation par les autorités gouvernementales de la liberté d'association des individus au nom d'une certaine conception du bien – ou de l'ordre – public offre un contraste frappant avec le versant de sa jurisprudence consacré au droit du travail et caractérisé, jusqu'en 1937, par l'invalidation quasi-systématique des réglementations imposées par le législateur – pourtant également justifiées en référence au bien public. L'adhésion des juges à une conception *maximaliste* de la liberté des individus d'engager avec d'autres un échange sur des

---

23 Cf. Amartya Sen, *Inequality Reexamined*, Cambridge (Mass.), Harvard University Press, New York, Russell Sage Foundation, 1992, p. 2-3.

24 Ainsi le juge Brown déclare-t-il explicitement que l'objet du Quatorzième Amendement n'est autre que « l'égalité absolue *des deux races* devant la loi » (*Plessy v. Ferguson*, déc. cit., p. 544 (souligné par nous)).

25 Cf. Joseph Raz, *The Morality of Freedom*, Oxford, Clarendon Press, 1986, p. 235, 240.

bases communément admises que l'on constate alors ne vaut que dans les cas où celle-ci se traduirait par un *contrat* conclu entre deux individus *de même race*. Ainsi la prédominance dans la culture publique américaine de la dichotomie raciale – conçue comme faisant partie d'un « ordre des choses » indépassable – se trouve-t-elle indirectement attestée par l'institution implicite d'un *régime dérogatoire* la concernant, qui tranche on ne peut plus nettement avec l'absolutisation de la liberté contractuelle simultanément consacrée dans quantité d'autres arrêts.

Ainsi, dans le plus célèbre d'entre eux – par le nom duquel est généralement désigné le corpus jurisprudentiel qui en dérive –, *Lochner v. New York*, la Cour suprême déclare non-conforme à la Clause d'égale protection du Quatorzième Amendement une loi de 1895, votée à l'unanimité par l'assemblée législative de l'État de New York, qui fixait une limite maximale au nombre d'heures de travail hebdomadaires des ouvriers boulangers, et ce au motif qu'elle « porterait atteinte au droit des individus – employeurs et employés – de conclure un contrat de travail en définissant les modalités dudit contrat à leur convenance »[26]. Trois ans plus tard, dans l'arrêt *Adair v. United States*[27], la Cour, suivant un raisonnement analogue, invalide une loi fédérale de 1898, le *Erdman Act*, qui interdisait que soit insérée dans les contrats de travail conclus entre les compagnies de chemin de fer et leurs employés une clause en vertu de laquelle ces derniers s'engageraient à ne pas adhérer à un syndicat. Ce faisant, le juge réaffirmait le principe qui voulait que la relation d'emploi dépende exclusivement de la volonté des parties (*employment at will*), héritage de la *common law* britannique qui permettait à chacun des signataires du contrat d'y mettre fin à tout moment – sans devoir rendre compte à quiconque de sa décision. Dans cette perspective, le renvoi d'un salarié sur le seul fondement de son appartenance à une organisation syndicale ne soulevait aucune difficulté particulière : il ne s'agissait là que de l'une des innombrables modalités d'exercice de la liberté de l'entrepreneur. Ni le juge ni le législateur ne seraient habilités à circonscrire l'ensemble des motifs par lesquels l'employeur pourrait *légitimement* justifier une décision d'embauche ou de licenciement, tous les motifs étant *a priori* légitimes. La décision litigieuse ne pouvait donc être conceptualisée comme une *discrimination* qui frapperait abusivement le sous-ensemble des syndicalistes, dans la mesure où, pour reprendre les termes de Roberto Unger, les droits individuels – et en particulier ceux de l'entrepreneur – demeuraient alors conçus comme « délimit[ant] des espaces d'action discrétionnaire » pour leur détenteur[28]. L'émergence même de la notion de « discrimination » est analytiquement indissociable d'un mouvement plus large de relativisation de la liberté contractuelle, manifeste seulement à partir du *New Deal*.

---

26 *Lochner v. New York*, 198 U.S. 45 (1905), p. 59. En complément de ce qui suit, voir plus généralement Howard Gilman, *The Constitution Besieged: The Rise and Demise of Lochner Era Police Powers Jurisprudence*, Durham, Duke University Press, 1993.

27 *Adair v. United States*, 208 U.S. 161 (1908).

28 Roberto Unger, « The Critical Legal Studies Movement », *Harvard Law Review*, 96 (3), 1983, p. 622.

Dans un autre arrêt, *Coppage v. State of Kansas* (1915), qui confirme la jurisprudence *Adair* tout en étendant sa portée aux législations des États fédérés, la Cour développe plus longuement les raisons de la décision précédente. Nonobstant l'argument formulé dans l'opinion dissidente du juge Holmes, selon lequel la possibilité d'adhérer à un syndicat constituerait pour les salariés un droit légalement reconnu dont il incomberait à l'État de garantir le libre exercice[29], l'opinion majoritaire du juge Pitney semble être d'abord animée par le souci de ne pas outrepasser le domaine de compétence spécifique des organes judiciaires :

> « D'après le jugement rendu [par la juridiction inférieure], étant donné que l'appartenance à une organisation syndicale n'affecte pas nécessairement l'accomplissement par l'individu concerné de ses obligations vis-à-vis de l'employeur, ce dernier ne saurait arguer de la relation contractuelle [qui les unit] pour "porter atteinte à la liberté de l'employé, lorsque cette liberté ne s'exerce pas au détriment de son activité au sein de l'entreprise" [...]. À cela il suffit de répondre qu'il n'appartient pas au pouvoir judiciaire de décréter l'inexistence d'un rapport entre l'adhésion d'un individu à un syndicat et l'obligation qu'il a contractée vis-à-vis de son employeur ; *la préservation du principe de la liberté de contrat exige que l'employeur soit laissé libre de décider par lui-même* si cette adhésion est ou non compatible avec l'accomplissement par l'employé de ses obligations professionnelles dans des conditions satisfaisantes »[30].

L'expression en italiques dans l'extrait précédent indique néanmoins que le législateur n'est pas davantage autorisé à se prononcer sur ce point : « L'employeur ne saurait se voir retirer par la voie législative la possibilité d'exercer sa liberté de choix – alors que cette liberté est reconnue à l'employé »[31]. En effet,

> « ... à partir du moment où l'employeur n'a pas eu recours à la contrainte [...], l'employé demeure libre de décliner l'offre d'emploi qui inclut la clause [de non-adhésion à un syndicat], exactement comme l'employeur [doit être] libre de n'embaucher que les personnes qui accepteraient d'y souscrire : pour conclure un accord, il faut être deux. [...] Étant donné l'égale liberté des deux parties face à [l'éventuelle signature d'] un contrat d'embauche, pourquoi chacune d'entre elles n'aurait-elle pas le droit d'indiquer précisément à quelles conditions elle est disposée à consentir au commencement ou à la poursuite de cette relation contractuelle ? »[32].

---

29 Cf. *Coppage v. State of Kansas*, 236 U.S. 1 (1915), p. 40.

30 *Ibid.*, p. 19 (souligné par nous).

31 *Ibid.*, p. 21.

32 *Ibid.*, p. 21, 16, 12. Cet argument, caractéristique, là encore, du formalisme alors dominant dans la culture juridique américaine, figurait déjà dans l'opinion majoritaire de l'arrêt *Adair v. United States* rédigée par le juge Harlan : « Le droit d'un employé de mettre un terme à son emploi pour quelque raison que ce soit est identique au droit de l'employeur de se passer des services dudit employé pour quelque raison que ce soit. Au plan juridique, le défendeur Adair [...] était en droit de donner congé [au salarié] Coppage à cause de l'appartenance de ce dernier à une organisation syndicale, au même titre que Coppage aurait été en droit [...] de quitter son emploi à cause de l'embauche par le défendeur de personnes n'appartenant pas à une organisation syndicale. Dans chacun de ces cas de figure, l'employeur et l'employé disposent d'un droit égal, et toute législation qui remettrait en question cette égalité constituerait une atteinte arbitraire à la liberté de contrat – juridiquement injustifiable par les autorités d'un pays libre » (*Adair v. United States*, déc. cit., p. 174-175).

Comme on le voit, l'argument suppose en même temps l'adhésion des autorités juridictionnelles au postulat selon lequel tout acte peut être ramené à l'expression d'un choix volontaire et la non-prise en compte des inégalités de position objectives entre les signataires du contrat susvisé. L'asymétrie entre la situation de l'employeur, « qui, s'il a besoin de travail, n'a que rarement besoin de tel ou tel travailleur »[33], et celle de l'employé, qui a personnellement besoin d'un emploi, ne reçoit donc aucune traduction juridique. Certes, les juges ne se représentent pas le marché comme un système « de transactions instantanées entre des agents économiques en possession du même volume d'information et disposant, à chaque instant, d'une égale capacité d'attente ou de retrait des négociations »[34]. Mais les inégalités que l'on peut observer à cet égard sont conçues comme le résultat naturel de son fonctionnement, toute initiative gouvernementale qui prétendrait en réduire l'ampleur se trouvant disqualifiée par les atteintes aux libertés individuelles qui s'ensuivraient nécessairement :

> « D'après la Cour suprême de l'État du Kansas, il est de notoriété publique que "les employés ne disposent pas, en règle générale, des ressources financières qui leur permettraient d'aborder la signature éventuelle d'un contrat relatif à la vente de leur force de travail dans les mêmes conditions d'indépendance que les employeurs qui se proposent d'en faire l'acquisition". Et de fait, on ne peut nier que l'existence même du droit à la propriété privée entraîne nécessairement des inégalités de fortune entre les individus. Il est donc normal que les deux parties à un contrat ne soient pas soumises à une pression égale vu les circonstances. [...] Sauf à vouloir tout mettre en commun, il va de soi que certaines personnes auront plus de biens que d'autres, et il est tout simplement impossible [...] de préserver la liberté de contrat et le droit à la propriété privée sans reconnaître du même coup la légitimité des inégalités de fortune qui découlent inévitablement de leur exercice »[35].

Or « reconnaître la légitimité » de ces inégalités signifie, en l'espèce, leur retirer toute pertinence au plan juridictionnel. Le droit des contrats demeure donc le lieu de déploiement privilégié de la fiction de l'universalisme désincarné, « matrice conceptuelle [exigeant] que les individus démunis agissent comme des individus autonomes »[36]. Si l'on considère l'opposition idéal-typique établie par Michael Sandel entre les conceptions « procédurales » (*process-oriented*) de la justice, associées à un « idéal d'autonomie », qui conçoivent l'acte contractuel comme une manifestation de volonté individuelle porteuse d'une valeur morale et intrinsèquement génératrice de légitimité, et les conceptions « téléologiques » (*pattern-oriented*), associées à un « idéal de réciprocité », dans lesquelles le contrat n'est qu'« un instrument de bénéfice mutuel [...] seulement susceptible d'opérer une *approximation* de ce que serait un état juste, et dont la teneur morale dépend du

---

33 John Crowley, *Immigration, « relations raciales », et mobilisations minoritaires au Royaume-Uni : la démocratie face à la complexité sociale*, Paris, IEP, 1995, [Th. Doct. : science politique], tome 2, p. 529.

34 Roberto Unger, « The Critical Legal Studies Movement », *art. cité*, p. 626.

35 Coppage v. State of Kansas, déc. cit., p. 17.

36 Robert Castel, *Les Métamorphoses de la question sociale*, Paris, Fayard, 1995, p. 465.

caractère structurellement équitable de l'échange – ce qui présuppose l'existence d'un principe [de justice] premier à la lumière duquel cette équité devrait être appréciée »[37] –, il est clair que la jurisprudence de la Cour suprême se situe globalement du côté des premières, et ce tout au moins jusqu'à la période du *New Deal*.

Dans ce contexte, le traitement réservé au problème noir, qui voit le plus souvent la norme ségrégationniste l'emporter sur la liberté de transaction des individus, constitue donc une anomalie majeure, anomalie dont le juge Harlan sera longtemps le seul à dénoncer le caractère incohérent au regard de l'ensemble du corpus jurisprudentiel[38]. En outre, même dans les quelques arrêts où le rapport entre ces deux éléments paraît s'inverser, le raisonnement des juges demeure structuré par la dichotomie raciale. C'est le cas notamment dans la décision *Buchanan v. Warley* (1917), relative à la constitutionnalité des nombreux arrêtés municipaux – adoptés, à partir de 1910, sur le territoire de l'ancienne Confédération et dans certains États adjacents – qui interdisaient aux Noirs d'élire domicile dans un pâté de maisons où la majorité des logements seraient occupés par des Blancs, et vice versa (*restricted zoning*). En effet, si la Cour suprême décide, à l'unanimité, d'invalider le dispositif mis en cause, refusant ainsi d'étendre à la ségrégation résidentielle la portée du raisonnement développé dans *Plessy*, c'est bien parce que la prohibition litigieuse avait nécessairement pour corollaire une violation du droit des individus *blancs* de disposer librement de leurs avoirs immobiliers – en les cédant à un acquéreur noir[39]. Ce n'est qu'en 1948, dans le cadre de l'arrêt *Shelley v. Kraemer*, que le jugement d'inconstitutionnalité émis par la Cour à l'encontre des restrictions de ce type s'accompagnera d'une réfutation explicite de la conception de l'égalité sous-jacente à des décisions telles *Plessy v. Ferguson* et *Pace v. Alabama*, qui justifiait la prohibition contestée en faisant valoir le caractère symétrique de son application :

> « Comme l'indique la formulation même du Quatorzième Amendement, ce sont les individus qui bénéficient de la garantie des droits dont l'existence est proclamée dans sa section initiale. Ces droits sont des droits de nature personnelle. On ne saurait donc opposer aux requérants [noirs] le fait que les tribunaux puissent également être amenés à dénier à des personnes de race blanche l'exercice de leurs droits de propriété ou de résidence, en raison de leur race ou de leur couleur de peau ... »[40].

Il n'en demeure pas moins que, depuis l'arrêt *Plessy v. Ferguson* (1896) jusqu'à la rupture du *New Deal* (1937), la jurisprudence de la Cour suprême relative

---

37 Michael Sandel, *Liberalism and the Limits of Justice*, Cambridge, Cambridge University Press, 1982, p. 106.

38 Voir, par exemple, son opinion dissidente dans l'arrêt *Berea College v. Commonwealth of Kentucky* (211 U.S. 45 (1908)), où la Cour suprême confirme la constitutionnalité d'une loi du Kentucky interdisant l'intégration au sein d'une même classe d'élèves blancs et noirs dans l'ensemble des établissements d'enseignement primaire et secondaire de l'État, *y compris ceux de statut privé*.

39 «... the civil right of a *white* man to dispose of his property » ; (*Buchanan v. Warley*, 245 U.S. 60 (1917), p. 81 ; souligné par nous).

40 *Shelley v. Kraemer*, 334 U.S. 1 (1948), p. 21.

à la Clause d'égale protection des lois est traversée par une tension majeure, le contraste observé entre la jurisprudence *Plessy* et la jurisprudence *Lochner* quant au degré de protection juridique accordé à la *liberté de transaction des individus* témoignant en creux de la centralité du clivage racial dans la culture publique américaine. En effet, il aurait été *a priori* concevable d'appliquer à *Plessy* et aux autres litiges présentant une dimension interraciale la conception maximaliste de la liberté transactionnelle reflétée dans *Lochner* et consorts, et il est significatif que cette transposition argumentative n'ait été véritablement envisagée par aucun des membres de la Cour suprême, à l'exception du juge Harlan. C'est que la pertinence de la dichotomie raciale en tant que principe de structuration de l'espace social semblait alors aller de soi : elle appartenait à l'ensemble restreint des « présuppositions absolues », « réponses que nulle question ne précède, et qui ne sont jamais interrogées tant elles apparaissent comme évidentes, à tel ou tel moment historique qu'elles permettent de caractériser »[41].

Résumé : L'aval donné par la Cour suprême dans l'arrêt *Plessy v. Ferguson* (1896) à la ségrégation raciale des transports ferroviaires – et donc à la limitation par les autorités gouvernementales de la liberté d'association des individus au nom d'une certaine conception du bien public – offre un contraste frappant avec le versant de sa jurisprudence consacré au droit du travail et caractérisé, jusqu'en 1937, par l'invalidation quasi-systématique des réglementations imposées par le législateur – pourtant également justifiées en référence au bien public. L'adhésion des juges à une conception *maximaliste* de la liberté des individus d'engager avec d'autres un échange sur des bases communément admises que l'on constate alors ne vaut que dans les cas où celle-ci se traduirait par un *contrat* conclu entre deux individus *de même race*. Ainsi la prédominance dans la culture publique américaine de la dichotomie raciale – conçue comme faisant partie d'un « ordre des choses » indépassable – se trouve-t-elle indirectement attestée par l'institution implicite d'un *régime dérogatoire* la concernant, qui tranche on ne peut plus nettement avec l'absolutisation de la liberté contractuelle simultanément consacrée dans de nombreux autres arrêts.

Mots-clés : race, égalité, Cour suprême, liberté contractuelle.

---

41 Les termes sont ceux du philosophe britannique R.G. Collingwood, cité *in* Pierre-André Taguieff, *Les Fins de l'antiracisme*, Paris, Michalon, 1995, p. 227.

Donna Kesselman

L'*Affirmative Action* et l'ancienneté : rencontre des deux 'Amériques sociales'

Au cours des années qui suivirent l'adoption, en 1964, de la loi sur les droits civiques, avec son Titre VII sur l'emploi, l'*affirmative action* s'est forgée comme politique lors des contentieux qu'elle a entraînés, dans l'entreprise comme devant les tribunaux. Si, en règle générale, cet « intérêt public impérieux » s'est imposé progressivement dans l'organisation du travail, il s'est heurté à un obstacle de taille : les dispositifs de valorisation de l'ancienneté négociés par les partenaires sociaux, les *seniority systems*. Comme l'a affirmé le juge Wisdom dans une des premières affaires où les deux systèmes s'affrontèrent, se posait « *une des questions les plus embarrassantes qui, sous le Titre VII, perturbent les tribunaux : comment réconcilier l'égalité des chances dans l'emploi aujourd'hui avec les attentes liées à l'ancienneté, fondées sur un système de discrimination raciale institutionnalisé dans le passé* »[1].

La rencontre entre *l'affirmative action* et le principe de l'ancienneté est l'histoire des deux Amériques sociales : comment les deux acquis majeurs des grands mouvements sociaux du XXe siècle, celui des années 1930 et celui des années 1960, allaient cohabiter sur le lieu de travail. A chaque étape de leur développement, les nouveaux droits sociaux fondés sur l'identité du groupe ethnique semblaient s'opposer aux positions du pouvoir ouvrier ancrées dans le système de production et imposées par la lutte ouvrière. Que cette cohabitation fût si conflictuelle apparaissait comme un résultat inattendu du mouvement pour les droits civils et civiques : il pèsera sur l'ancienne alliance libérale et créera un véritable dilemme pour le mouvement syndical. A l'arrière-plan se dessine une Amérique bouleversée par la protestation sociale et les mutations structurelles.

Dans cette situation, la Cour suprême est intervenue pour permettre l'instauration de nouveaux droits et pour concilier ces intérêts opposés. Sa jurisprudence a procédé à une véritable réécriture de la loi sur les droits civiques et a tenté, dans le même temps, de préserver l'essentiel des acquis du syndicalisme dans l'entreprise. Au-delà de la doctrine traditionnelle de l'équilibrage des intérêts, son

---

1 « One of the most perplexing issues troubling the courts under Title VII: how to reconcile equal employment opportunity today with seniority expectations based on yesterday's built-in racial discrimination. ..... ». Local 189, Papermakers & Paperworkers, *AFL-CIO, CLC* v. *United States*, 416 F.2d 980 (5th Cir. 1969), cert. denied, 397 U.S. 919 (1970).

rôle actif a consisté à formuler des compromis successifs adaptés au degré de consensus dans l'opinion, à un moment donné, sur les politiques de traitement préférentiel fondé sur le critère de race (*affirmative action plans*). La Cour servait d'instrument à des forces politiques cherchant à s'exprimer et qui devaient tenir compte à la fois des interactions complexes entre les institutions et de l'autorité de la Constitution, notamment son XIVe amendement avec sa clause d'égale protection.

On voit réapparaître dans les attendus de la Cour suprême le motif de l'« intention », qu'elle interprète sous des lumières différentes. C'est ce qui lui a permis de baliser les volontés politiques et les résistances dans l'opinion qui formaient un consensus sur le traitement préférentiel dans l'emploi. Ainsi, dans les cas majeurs qui jalonnent son histoire, la Cour s'est intéressée aux questions concernant l'intention des auteurs de la discrimination (arrêts *Griggs*, *Teamsters*), l'intention du législateur (l'arrêt *Weber*), et enfin l'« intention » de la Constitution (l'arrêt *Wygant*).

Notre attention portera tout particulièrement sur la place occupée par les organisations syndicales. L'avènement des politiques de traitement préférentiel les met en face de leur propre Histoire, marquée par des divisions internes profondes sur la question de la race. Leur dilemme et surtout leur façon d'en sortir ont influé directement sur la constitution d'une nouvelle forme de droits sociaux collectifs aux Etats-Unis, en fonction du groupe ethnique.

La loi sur les droits civiques et les politiques de traitement préférentiel

Une loi, un compromis

La loi sur les droits civiques de 1964, le *Civil Rights Act* avec son Titre VII, s'est donnée pour but d'éradiquer la discrimination raciale dans l'entreprise américaine par l'assurance de l'égalité des chances dans l'emploi. Elle propose une définition très large de la discrimination, rendant illégal tout comportement de la part d'un employeur qui « restreindrait ou qui tendrait à restreindre les perspectives de carrière d'un individu [*any individual*]... à cause de sa race, couleur de peau, religion, sexe, origine nationale, dans le recrutement, la rémunération ou la promotion »[2]. Pour veiller à l'application du Titre VII est constituée une Commission pour l'égalité des chances dans l'emploi (*Equal Employment Opportunity Commission, EEOC*) qui, dans un premier temps, ne dispose que de pouvoirs d'enquête et de conciliation relativement restreints. Résultat de compromis entre des intérêts très polarisés, la loi s'inscrit pourtant dans un consensus bien ancré

---

2 « It shall be unlawful employment practice for an employer : ... to discriminate against any individual with respect to his compensation, terms, conditions or privileges of employment because of such individual's race, color, religion, sex or national origin.. »... « which would deprive or tend to deprive any individual of employment opportunities. .. » Section 703(a).

de la politique américaine sur le principe de la non-prise en considération des critères raciaux par les pouvoirs publics, le principe méritocratique du *color blindness*. Il s'appuie sur une lecture étroite du XIVe amendement dont l'objectif essentiel, le *core purpose*, selon les termes de la Cour suprême, est d'« éliminer toute discrimination fondée sur la race qui soit imposée par les pouvoirs publics »[3].

Sur ce point, les termes du Titre VII ne peuvent être plus clairs : « ...rien, dans cette section, ne sera interprété comme permettant d'exiger d'un employeur... qu'il accorde un traitement préférentiel à un quelconque individu ou à un groupe... »[4].

Ainsi, alors que l'éradication de la discrimination envers les minorités se trouvait à l'origine de la loi sur les droits civiques, elle a été formulée de telle sorte qu'il devenait illégal de frapper « un quelconque individu », de mesures de discrimination et cela s'appliquait aussi aux blancs. La loi instaurait ainsi un régime de justice et d'égalité dans l'emploi dans une logique projective, censée empêcher toute discrimination future.

Les politiques de traitement préférentiel

A la fin des années 1980, au bout de deux décennies, les politiques de traitement préférentiel s'étaient consolidées par le biais d'une réinterprétation radicale de cette norme législative. Il était dorénavant possible d'accorder un avantage spécifique, d'introduire un plan de préférence raciale afin de rééquilibrer la distribution des emplois et des carrières entre les différents groupes en présence. Bien que le XIVe amendement ne concernât formellement que le secteur public, la doctrine jurisprudentielle s'est élaborée dans le cadre général de sa clause d'égale protection des droits.

Un premier volet de la doctrine opère un constat des faits. Une situation de discrimination est mise en évidence par un déséquilibre dans la composition raciale du personnel d'une entreprise ou d'une unité de travail particulière. Il suffit de produire des preuves convaincantes (*convincing evidence*) grâce à différents outils, notamment statistiques. Le simple constat peut être caractérisé comme une infraction[5].

Deuxièmement, dans de tels cas, il devient possible de prendre en compte la race comme un facteur dans le choix et la classification de candidats et d'adapter des mesures qui corrigent une situation de discrimination (*race conscious remedies*). Mais tombant sous le coup de la doctrine constitutionnelle des « classifications suspectes », l'usage d'un critère racial est soumis au « contrôle strict » des tribunaux

3 *Palmore v. Sidoti*, 466 U.S.429(1984).

4 « Nothing contained in this title shall be interpreted to require any employer. .., to grant preferential treatment because of the race, color, religion, sex or national origin of such individual or group.... » Section 703(j).

5 Arrêt *Griggs*.

(*strict scrutiny*)[6]. Ainsi, il doit satisfaire à des conditions précises : répondre à l'intérêt public impérieux (*compelling government interest*) qui est d'éliminer les « derniers vestiges pernicieux de la discrimination antérieure »[7]. La mesure doit donc être « étroitement adaptée » (*narrowly tailored*) à l'élimination d'un « déséquilibre racial manifeste » dans la main-d'œuvre d'une entreprise, et « temporaire », et qui ne vise plus à maintenir un équilibre racial[8].

Enfin, si la Cour est consciente que, dans cette tâche d'éradication de la discrimination que s'est donnée la nation, certains individus seront amenés à supporter une partie des conséquences néfastes du recours à des mesures de préférence[9], il existe une limite à ne pas franchir. On ne peut écarter de façon absolue l'avancement de carrière des salariés blancs ou remettre en cause « sans raison impérieuse » les intérêts des salariés blancs[10]. La limite est dépassée si une mesure implique une perte d'emploi qui « fait supporter à quelques individus la totalité des sacrifices imposés par la recherche de l'égalité raciale »[11].

Nous allons étudier cette jurisprudence qui est constituée de plusieurs décisions majeures : pour l'existence d'une situation de discrimination, l'arrêt *Griggs* ; pour les conditions d'adoption de mesures de réparation, l'arrêt *Weber* et l'arrêt *Teamsters* ; pour la relation entre droit individuel et droit des groupes discriminés, l'arrêt *Wygant*. La question de l'intention est soulevée, toujours pour fixer des contours plus précis aux nouvelles politiques de préférence raciale. La présence des syndicats et des dispositifs de valorisation de l'ancienneté pèse de manière particulière sur les compromis qui en résultent.

L'avènement des politiques de traitement préférentiel

Discrimination sans intention : Griggs v. Duke Power Company (1971)[12]

En 1971, dans sa première décision majeure concernant le Titre VII, la Cour suprême a rendu l'arrêt *Griggs* à l'unanimité[13]. Etait dorénavant interdite toute

---

6 Arrêt *Fullilove v. Klutznick*, 44 U.S. 448(1980).

7 « The one legitimate state objective of eliminating the pernicious vestiges of past discrimination ». *Regents of Univ. Of Cal. v. Bakke* 438 U.S.265.

8 Arrêt *Weber*.

9 « Sharing of the burden by innocent parties is not impermissible » (*Franks v. Bowman Transportation*, 424 U.S. 747, 777, 1976).

10 « Not unnecessarily trammel the interests of white employees, (neither requiring the discharge of white workers and their replacement with new black hirees), nor creating an absolute bar to the advancement of white employees (*Weber*).

11 *Wygant*, 1986.

12 *Griggs c. Duke Power Co.*, 401 U.S. 424 (1971).

13 Décision écrite par le président Burger ; les juges Blackmun, Black, Douglas, Harlan, Marshall, Stewart, White ; le juge Brennan ne participant pas.

pratique discriminatoire envers les salariés, indépendamment de l'intention que pouvait avoir l'employeur, de sa conscience ou de sa volonté de discriminer ou non. C'est ainsi que furent invalidées les modalités de sélection des ouvriers de l'entreprise Duke Power Plant pour une formation professionnelle[14] car elles avaient pour *effet* de désavantager un groupe en particulier, d'écarter les candidats noirs de manière disproportionnée. Il était précisé que les compétences requises chez les candidats n'étaient pas nécessaires à l'accomplissement de la tâche concernée (*business necessity*).

Ainsi se formule la doctrine de la discrimination indirecte appelée doctrine de « l'impact négatif disproportionné » (*adverse* ou *disparate impact*). La discrimination résulte de pratiques *a priori* neutres qui désavantagent un groupe de manière disproportionnée ; elle se mesure à partir des *conséquences* d'un acte.

L'arrêt *Griggs* jette à plusieurs égards les bases des futures politiques préférentielles. C'est au niveau institutionnel le plus élevé qu'on reconnaît l'existence de la discrimination au sein de l'entreprise américaine, et cela dans une acception élargie. Une situation empirique, un déséquilibre statistique dans la composition raciale du personnel suffit pour l'établir : chez Griggs, la totalité des travailleurs noirs étaient cantonnés dans cinq unités d'emplois de gardiennage de l'usine, avec leurs carrières de ce fait « gelées »[15]. La notion émergente de « droits de groupes » s'apprécie ici à partir de la logique d'« égalité des résultats »[16]. Enfin, on fait porter à l'entreprise la responsabilité d'une discrimination sociétale : la faible réussite aux tests de sélection des ouvriers noirs était la conséquence de la piètre qualité des écoles qu'ils avaient fréquentées, victimes de ségrégation[17]. L'arrêt *Griggs* s'inscrit ainsi dans l'activisme de la Cour suprême depuis les arrêts *Brown v. Board of Education* (I et II, 1954 et 1955), en faveur de la déségrégation dans le domaine scolaire.

On peut retenir de l'arrêt *Griggs* que la Cour suprême valide le principe de la réparation d'un préjudice du fait de la violation des droits, sans prise en compte de l'intention de l'agresseur. Ainsi la doctrine de l'impact négatif disproportionné emprunte une acception juridique de l'intention qui s'apparente à la celle de la *tort Law* américaine, comme de la responsabilité délictuelle en droit civil français. Un individu peut s'attendre à obtenir réparation de manière équitable pour le préjudice qu'il a subi, en toutes circonstances[18].

---

14 Dans cette ville de Caroline du nord, on exigeait des candidats qu'ils disposent d'un diplôme de fin d'études secondaires ou de réussir un test sensé évaluer la qualification en mécanique.

15 David Skrentny, *The Irony of Affirmative Action*, Chicago, The University of Chicago Press, 1996, p. 167-170,

16 « ...une préférence discriminatoire en faveur d'un groupe, minoritaire ou majoritaire, est précisément et uniquement ce que le Congrès a proscrit ». *Griggs v Duke Power Company*, p. 431.

17 « inferior education in segregated schools », arrêt *Griggs*, p. 430.

18 Mark S. Brodin, « The Role of Fault and Motive in Defining Discrimination: The Seniority Question under Title VII », 62 *North Carolina Law Review* 943, 1984.

Le cas spécifique de l'ancienneté

Depuis sa première interprétation du Titre VII en 1971, la Cour suprême interdit donc toute pratique qui a pour conséquence de désavantager un groupe identifiable de salariés, si elle n'est pas nécessaire à la bonne marche de l'entreprise, quelles que soient les motivations de l'employeur.

Or, la section 703(h) du même Titre VII aborde la question de l'ancienneté de manière spécifique. En présence d'un dispositif de valorisation de l'ancienneté de bonne foi, (*bona fide seniority system*), le traitement différencié des employés en termes de conditions de travail est permis, sauf s'il résulte d'une « intention de discriminer en raison de la race... »[19]. Un système d'ancienneté reste valide, sauf à démontrer que ceux qui l'ont négocié ou mis en œuvre l'ont fait avec l'intention délibérée d'entretenir la discrimination sur le lieu de travail[20]. Même si sa conséquence est de discriminer, précisait la Cour suprême, l'impact négatif disproportionné n'est pas une condition suffisante pour démontrer l'intention exigée dans la section 703(h). Il en découle qu'un tel dispositif d'ancienneté reste valide qu'il ait été mis en place avant ou *après* la promulgation de la loi de 1964[21].

Même le système contesté dans l'arrêt *Teamsters*, où l'organisation par unité de travail « gelait » la carrière des Noirs et des Hispaniques dans les postes subalternes, faisant perdurer une réalité de discrimination, n'a pas été frappé d'illégalité, faute de preuves d'une intention de discriminer[22]. Le seul aménagement possible est une compensation accordée à des victimes individuelles qui, si elles n'avaient pas été soumises à des pratiques discriminatoires à l'embauche par *les employeurs*, auraient accumulé de l'ancienneté ; mais le calcul de cette ancienneté « rétroactive » ne commence qu'à partir de la date effective de l'application de la loi[23].

Par cette décision la Cour suprême vise délibérément à soustraire les dispositifs d'ancienneté à la doctrine de l'impact négatif disproportionné, s'opposant en cela à la fois aux raisonnements de la Commission pour l'égalité des chances dans l'emploi (*EEOC*), aux décisions des juridictions inférieures qu'elle infirme[24], ainsi qu'à la première décision judiciaire de la section 703(h) datant de dix ans –

---

19 « ...it shall not be an unlawful employment practice for an employer to *apply different standards... conditions or privileges of employment pursuant to a bona fide seniority or merit system*,... provided that such differences are not the result of an intention to discriminate because of race... » 703(h) 42 U.S.C. par 2000e-2(h) (1976).

20 U.S. Commission on Human Rights, « Last Hired, First Fired », fev. 1977, p. 1563.

21 *Pullman-Standard* v. *Swint*, 102 S. Ct. 1781 (1982).

22 *Teamsters c. United States*, 431 U.S. 324 (1977).

23 Selon la doctrine de *Franks v. Bowman Transportation Co.*, 424 U.S. 747 (1976).

24 Arrêt *Teamsters* ; United States Economic Opportunity Commission, *Second Annual Report*, Washington, D.C., 1968, p. 43-44.

l'arrêt *Quarles*[25] – qui avait frayé la voie au jugement dans l'affaire *Griggs* et entraîné dans son sillage toute une série d'arrêts remettant en cause la légalité des dispositifs d'ancienneté[26]. Ceux-ci s'accordaient pour considérer que n'est pas *bona fide* un dispositif d'ancienneté dont la conséquence est de discriminer. Or, pour la Cour suprême dans l'arrêt *Teamsters*, qui consacre la protection (*immunization*) de l'ancienneté au nom de la lettre de la section 703(h), il ne peut être déclaré illégal au motif d'honorer les droits acquis des salariés.

Cette décision marque un recul par rapport à *Griggs* à plusieurs titres. Tout d'abord, une situation de discrimination n'existe pas en soi et seule la victime d'une discrimination intentionnelle caractérisée de la part de son employeur peut recevoir une compensation. De plus, les hiérarchies internes mises en place par les dispositifs d'ancienneté dans une unité de travail séparée sont protégées, et préservés de ce fait les avantages des salariés acquis lorsque la discrimination était encore légale.

L'intention et le cas de l'ancienneté

Quant à l'intention, sa prise en compte dans les dispositifs d'ancienneté est inverse à celle que prévoyait l'arrêt *Griggs* : seuls sont illégaux des comportements motivés par l'intention délibérée de désavantager ou d'exclure des individus en raison de leur race, dans des dispositifs dont la « conception, l'objectif ou l'utilisation » *vise* à discriminer. La charge de la preuve de cette intention incombe au requérant.

Sur le plan juridique, cette norme d'intention délibérée se rapproche de son acception en droit pénal. Des degrés d'intention pris en compte, c'est le plus élevé qui est retenu, celui de l'« intention spécifique » (*purposely*) : la volonté des parties de voir leur acte déboucher sur un certain résultat, ici de discriminer. Il n'est pas étonnant que ces conditions n'ont été satisfaites que très rarement. La Cour adopte ici une définition de l'intention largement plus restrictive que celle qui est acceptée dans d'autres articles du Titre VII, et qui ne se justifie pas au vu des travaux préparatoires[27].

---

25 *Quarles c. Phillip Morris, Inc.*, 1966, 279 F. Supp. 505 (E.D. Va 1968). La décision écrite par le juge Butzner dans *Quarles* permet d'élargir la définition de la discrimination, formulant la métaphore « geler » maintes fois reprise : « Congress did not intend to freeze an entire generation of negro employees into discriminatory patterns that existed before the Act ».

26 De multiples décisions précédent *Teamsters* avaient invalidé des dispositifs d'ancienneté par unité de travail pour l'étendre à l'échelle de l'usine et déclarer l'ordre inversé d'ancienneté stricte comme une violation du Titre VII et ordonné, comme dans *Watkins c. Steel Workers Local 2369*, 8 Fair Empl. Proc. Cas. 729 (1984), la réembauche d'un nombre de salariés noirs suffisant pour rétablir l'équilibre racial de la main-d'œuvre avant les licenciements. U.S. Commission on Human Rights, « Last Hired, First Fired: Layoffs and Civil Rights » (fév. 1977).

27 Mark S. Brodin, « The Role of Fault and Motive in Defining Discrimination: The Seniority Question Under Title VII », *North Carolina Law Review*, no. 62, juin 1984.

Nouveaux droits et compromis constitutifs

On peut se demander comment peuvent coexister la doctrine de l'impact négatif disproportionné et son exception notable, les dispositifs d'ancienneté, où l'intention délibérée doit être démontrée, quelles que soient les conséquences subies par les minorités ethniques. Comment expliquer un tel paradoxe : la loi de 1964, comme son interprétation par la Cour suprême, affirmerait une chose et son contraire. La réponse se trouve dans les compromis qui furent nécessaires pour assurer son passage, notamment pour obtenir l'adhésion des syndicats et de leurs alliés.

Dès son introduction au Congrès, le projet de loi sur les droits civiques a suscité de vives inquiétudes chez certains législateurs pour qui la tentative d'instaurer un équilibre racial sur le lieu de travail (*racially balanced workplace*) minerait inéluctablement les systèmes d'ancienneté établis par les négociations collectives. C'est pour calmer ces craintes que les rédacteurs du Titre VII ajoutèrent, au premier projet de la loi, la section 703(h) et multiplièrent les assurances. Les sénateurs Clark et Case rédigèrent un mémorandum précisant qu'à l'égard de l'ancienneté la loi était « prospective » : aucune accommodation n'en serait faite au nom de la discrimination passée. « La loi n'aura aucune conséquence sur les droits acquis en matière d'ancienneté »[28]. La Cour dans l'arrêt *Teamsters* insiste, et pour cause, sur une déclaration faite à l'époque par le ministère de la Justice : l'ancienneté acquise ne sera pas modifiée ; en cas de réduction du personnel s'appliquera le traditionnel « dernier embauché, premier licencié », quelles que soient les conséquences éventuelles sur la composition raciale de la main-d'œuvre[29].

C'est en grande partie grâce à ce compromis passé avec les responsables de l'AFL-CIO, suivi de l'engagement de son puissant lobby dans la bataille législative, que la loi a vu le jour, surtout face au *filibuster* organisé par les Démocrates du sud[30]. L'exception sur l'ancienneté s'inscrit ainsi comme un compromis constitutif des nouveaux droits collectifs sur la base du groupe ethnique, dont l'achèvement s'arrête à la frontière des droits ouvriers.

Le syndicalisme américain, peut-il faire autrement que de s'accrocher à l'ancienneté, pilier de son contre-pouvoir organique dans l'usine ? Imposé comme critère neutre contre l'arbitraire patronal, il permet de départager les salariés en matière d'acquis sociaux, d'attribution des tâches, de déroulement de carrière (promotions, formation, licenciements éventuels). Premier grand acquis des jeunes syndicats d'industrie pendant les années 1930, arraché de haute lutte lors des grèves

28 110 Cong. Rec. 7212-15 (1964). Interpretive Memorandum of Title VII of HR 7152 (soumis par Sen. Joseph S. Clark et Sen. Clifford P. Case).

29 Arrêt *Teamsters, op. cit.*

30 Procédure d'obstruction parlementaire spécifique au Sénat américain. Herbert Hill, « Black Workers, Organized Labor, and Title VII » dans Herbert Hill & James E. Jones, Jr., *Race in America: The Struggle for Equality*, Madison, The University of Wisconsin Press, 1993, p. 263-329.

sur le tas et recevant à ce titre une valeur symbolique, le principe de l'ancienneté occupe une place centrale dans les contrats collectifs depuis le premier signé dans la grande industrie, à la General Motors en 1937[31]. Et le pouvoir syndical américain s'enracine, nous le savons, dans les accords et les institutions ouvrières négociés collectivement au sein de l'entreprise, conformément au contrat social d'après-guerre. Faute de n'avoir acquis ni droit constitutionnel, ni droit syndical codifié[32], cette « démocratie industrielle » restait certes une démocratie partielle, mais aussi le seul contre-pouvoir dont disposaient les travailleurs face au patronat[33].

Cette confrontation entre deux fortes attentes sociales, celle des travailleurs noirs voulant jouir de l'égal traitement dans l'emploi et celle des organisations voulant maintenir leur pouvoir dans l'usine, appelait un compromis ménageant deux aspirations légitimes. Il n'en reste pas moins que la forme du compromis choisie pour protéger les syndicats contre des actions judiciaires, le critère de « l'absence d'intention de discriminer », semble ignorer l'histoire du mouvement ouvrier américain, si marquée par son hostilité envers les Noirs. Une lecture plus nuancée fait pourtant ressortir les divisions profondes qui le traversent sur la question de la race, ainsi que la rencontre des deux Amériques sociales comme le début d'un dénouement.

Le mouvement syndical américain : une histoire de discrimination et de divisions

Un aperçu sur son histoire laisse paraître, au sein du mouvement syndical américain dès ses origines, des pratiques discriminatoires. Les systèmes traditionnels d'organisation instaurés par les syndicats de métier avaient l'effet, sinon l'intention d'exclure les travailleurs noirs. Le monopole sur le recrutement (*hiring halls*), le monopole syndical (*closed shop*) comme le contrôle syndical sur la formation aux métiers (*union apprentice programmes*) avaient pour but la protection de la qualification et la constitution d'un contre-pouvoir dans l'usine, mais n'en fonctionnaient pas moins par le biais du clientélisme et du népotisme en faveur de la couche d'ouvriers blancs et anglo-saxons qui dirigeaient les syndicats. Parallèlement il faut souligner les efforts constants, bien que minoritaires et toujours vains, de militants aspirant à l'intégration des travailleurs noirs au nom de l'unité de la classe

---

31 Nelson Lichtenstein, *Labor's War at Home: The CIO in World War Two*, Cambridge, Cambridge University Press, 1982.

32 Davie Brody, « Liberté et Solidarité dans le droit du travail américain », *Le Mouvement Social*, no. 203, avril-juin 2003. Dans la loi de 1935 sur les Relations industrielles, *Wagner Act*, le syndicat n'est reconnu qu'indirectement, en tant que représentant dans les négociations collectives, élu par les salariés dans des élections à l'échelle d'une usine ou d'une entreprise.

33 Clinton S. Golden, Harold J. Ruttenberg, *The Dynamics of Industrial Democracy*, New York, Harper & Brothers Publishers, 1942.

ouvrière, des Chevaliers du travail aux IWW, et plus tard au Parti communiste, aux regroupements révolutionnaires[34].

A partir des années 1930, des syndicats d'industrie progressistes comme le Syndicat des travailleurs de l'automobile (UAW) ou de la sidérurgie (USW) appuyèrent les campagnes en faveur de lois pour les droits civiques. Il n'en demeure pas moins que la discrimination dans les emplois qualifiés s'est inscrite dans une situation d'ensemble, dans l'organisation des tâches et les contrats collectifs comme dans la législation nationale. L'ancienneté attribuée au sein d'une unité de travail, telle qu'elle était négociée dans la plupart des contrats collectifs d'industrie, empêchait le transfert de droits des emplois moins qualifiés, moins rémunérés et institutionnellement soumis à la ségrégation, comme la fonderie ou le gardiennage, vers des ateliers qualifiés (l'exemple de l'arrêt *Griggs*). Même avec l'obtention d'un transfert, l'ouvrier noir se trouvait en bas de l'échelle pour la promotion ou l'attribution de la tâche, et en première ligne pour le licenciement en cas de ralentissement économique ; il avait donc souvent intérêt à rester sur place, de fait « gelé » dans un emploi qui lui avait été attribué à cause d'une discrimination antérieure. Les sections syndicales locales négociant l'organisation des tâches dans les contrats d'entreprise cautionnaient régulièrement ces structures de « privilèges blancs », et les travailleurs à la base, quant à eux, réagissaient souvent avec violence à l'intégration des équipes et à l'accès des minorités aux postes qualifiés[35]. Plus généralement, même les responsables d'un syndicat comme l'UAW, qui contribuait financièrement aux associations pour les droits civiques et par la participation active de son dirigeant Walter Reuther dans la NAACP, faisaient passer les revendications économiques des membres globalement avant les intérêts spécifiques des syndiqués noirs, évitant l'affrontement avec leurs puissants secteurs de travailleurs qualifiés, et le manque de diversité dans leurs propres rangs de direction était un fait avéré[36].

Au niveau de la législation, on voit l'Etat fédéral réduit à l'impuissance par l'*autre compromis* politique important pour assurer l'adoption de lois sociales, celui qui consiste à satisfaire les démocrates du Sud. Si le gouvernement Roosevelt avait introduit les premières mesures interdisant la discrimination dans l'emploi en raison de la race et les premiers quotas d'emplois réservés aux Noirs[37], le bilan général du *New Deal* sur les droits civiques s'avérait en dernière analyse décevant. La loi pour

---

34 Steve Babson, *Building the Union : Skilled Workers and Anglo-Gaelic Immigrants in the Rise of the UAW*, New Brunswick, Rutgers University Press, 1991 ; Cathrine Collomp, *Entre classe et nation*, Paris, Belin, 1998 ; Philip S. Foner, *Organized Labor and the Black Worker : 1619-1981*, New York, International Publishers, 1982.

35 August Meier, Elliot Rudwick, *Black Workers and the Rise of the UAW*, Oxford, Oxford Universtity Press, 1979 ; Michael K. Brown, David B. Oppenheimer et *al*, *White Washing Race: The Myth of a Color-Blind Society*, Berkeley, University of California Press, 2003.

36 Nelson Lichenstein, *The Most Dangerous Man in Detroit*, New York, BasicBooks, 1995 ; Thomas Sugrue, *The Origins of the Urban Crisis: Race and Inequality in Postwar Detroit*, Princeton, Princeton University Press, 1998, p. 96-130 ; Michael Goldfield, *The Color of Politics : Race and Mainsprings of American Politics*, New York, The New Press, 1997 ; Bruce Nelson, *Divided We Stand: American Workers and the Struggle for Black Equality*, Princeton, Princeton University Press, 2001.

37 L'administration des travaux publics pour la Reconstruction industrielle prévoyait des quotas d'emplois réservés aux noirs, un décret présidentiel de 1941 interdit la discrimination dans l'industrie de la défense.

les Relations industrielles de 1935, *Wagner Act*, reconnaît les négociations collectives, mais le compromis permettant son passage se scelle sur la question raciale justement : ne s'étendant pas à deux catégories professionnelles, les ouvriers agricoles et les domestiques, la loi excluait de fait, et délibérément, les travailleurs et travailleuses noirs – souvent dans le Sud – des protections qu'elle assurait. Les associations se plaignaient aussi qu'en avalisant le monopole syndical comme forme d'organisation syndicale dans l'usine, la loi permettait aux syndicats de poursuivre leur exclusion de certains métiers des salariés noirs.

Pour leur part, les associations des droits civiques, auparavant tournées vers les réformes législatives et la déségrégation des écoles, commençaient à mettre la discrimination dans l'usine et au sein des organisations syndicales au centre de leurs préoccupations. La NAACP développait soigneusement une stratégie double : gagner l'AFL-CIO, avec son puissant lobby à Washington et dans les Etats, à sa campagne législative, alors que les militants pour les droits civiques s'attaquaient, sur le terrain, aux pratiques syndicales discriminatoires[38].

Dès le début des années 1960, avec son cortège de mesures relatives aux droits civiques, le mouvement syndical témoigna de fractures profondes et difficilement gérables. Après son absence remarquée de la grande marche sur Washington pour les droits civiques de 1963, suivie de son soutien actif à la loi l'année suivante, l'AFL-CIO se retourna de nouveau contre les droits civiques sitôt qu'ils furent acquis, dès que les tribunaux firent des syndicats une cible privilégiée, les sanctionnant dans d'innombrables affaires dans les années qui mènent à l'arrêt *Griggs*. Les syndicats de métiers s'accrochaient à leurs privilèges avec, à leur tête, le secrétaire général de la confédération qui engageait une campagne nationale pour l'annulation des premiers plans de traitement préférentiel des entreprises. Avec les syndicats du bâtiment, George Meany s'opposa au Plan de Philadelphie, programme d'embauche obligatoire de travailleurs noirs dans les grands travaux financés par des subventions publiques fédérales. Dans les amendements à la loi adoptés en 1972, c'est l'opposition de l'AFL-CIO qui limita l'extension, tant souhaitée par les associations, des pouvoirs de la Commission pour l'égalité des chances dans l'emploi[39].

A chaque étape, les alliés de la traditionnelle coalition progressiste, *Labor-Liberal Alliance,* semblaient s'affronter de plus en plus frontalement, inexorablement. L'application du principe « dernier embauché, premier licencié » se présentait pour les militants des droits civiques comme l'instrument de perpétuation du statut privilégié des travailleurs blancs[40]. Même lorsque des syndicalistes

---

38 Herbert Hill, « Black Labor and Affirmative Action: An Historical Perspective », Steven Shulman, William Darity, Jr (eds), *The Question of Discrimination: Raciel Inequality in the U.S. Labor* Market, Middletown, Conn., Wesleyan University Press, 1989.

39 Foner, *op. cit.*,

40 Herbert Hill, « Black Workers, Organized Labor, and Title VII of the 1964 Civil Rights Act: Legislative History and Litigation Record », Herbert Hill, James E. Jones Jr (eds), *Race in America: the Struggle for* Equality, Madison, The University of Wisconsin Press, 1993.

prenaient les revendications des Noirs en compte, le recours aux procédures syndicales de contentieux (*grievance procedure*) était perçu comme une manière de noyer le poisson[41]. Il s'en est suivi la naissance d'une jeune génération d'ouvriers noirs qui a commencé à échapper au contrôle de tous les mouvements existants, formant pendant les années 1970 des regroupements de travailleurs noirs radicalisés – certains nationalistes, marxistes – au sein de l'industrie américaine[42].

Les divisions syndicales se sont manifestées pendant les procès qui les ont affrontés aux politiques préférentielles. Une première période voit les syndicats sur le banc des accusés à côté des employeurs, défendant les dispositifs d'ancienneté discriminatoires institués lors des négociations collectives (l'arrêt *Teamsters*, les plans de formation aux métiers qualifiés de type Ford-UAW, l'ancienneté par unité de travail dans les contrats de la sidérurgie qui n'ont été éliminés que sur injonction judiciaire[43]). Par la suite – après des procès onéreux et sous les pressions interne et du public – certaines organisations purent participer à la recherche de compromis vertueux, comme l'élaboration de la défense de plans de formation permanente prévoyant des dérogations préférentielles (arrêts *Weber* et *Wygant*). Le plus souvent, différents syndicats se trouvaient des deux côtés du tribunal, soumettant des mémoires (*amicus curiae*) qui soutenaient l'un *et* l'autre des protagonistes.

Les tensions au sein de la coalition progressiste s'exprimaient non seulement dans l'entreprise et devant les tribunaux, mais aussi dans des polémiques publiques entre porte-parole des organisations, les uns, comme Herbert Hill de la NAACP, considérant les syndicats, avec leurs dispositifs d'ancienneté, comme le principal obstacle au progrès des travailleurs noirs, les autres faisant l'apologie critique des syndicats, comme William B. Gould, président de la Commission nationale des relations industrielles, pour qui les syndicats sont indispensables, « *malgré leurs défauts* »[44].

La réalité se présente en termes moins passionnels, formulés de la manière suivante par un syndicat s'adressant de bonne foi à la Cour suprême, sous forme de mémoire, pour qu'elle mette fin à une situation qu'il estime « intenable » : pour éviter l'explosion du syndicat en factions ethniques, chacune protégeant ce qu'elle

---

41 Reuel E. Schiller, « The Emporium Capwell Case: Race, Labor Law, and the Crisis of Post-War Liberalism », 25 *Berkeley Journal of Employment and Labor Law* 129, 2004 ; Interview avec Walter Johnson, ancien responsable du Department Store Employees Union, section locale 1100, avec l'auteur le 15 juillet 2004.

42 Michael Goldfield, *The Color of Politics: Race and the Mainstrpings of American Politics*, New York, W.W. Norton & Company, Inc., 1997, p. 289-295.

43 Bruce Nelson, *Divided We Stand : American Workers and the Struggle for Black Equality*, Princeton, Princeton University Press, 2001.

44 Herbert Hill, *op.cit.*, 1993 ; « …notwithstanding their sins… unions are quite necessary ». William B. Gould, défenseur des droits civiques et aussi avocat du Syndicat des travailleurs de l'automobile devenu président de la Commission nationale des relations industrielles (NLRB), *Labored Relations : Law, Politics and the NLRB*, Cambridge, Mass., MIT Press, 2000, p. 344.

considère étant son droit, la Cour devra clarifier la ligne de démarcation entre « le légitime traitement préférentiel et la discrimination à rebours, illégale »[45].

Il s'agit donc d'un véritable dilemme dont la Cour suprême, nous l'avons vu, a tenté de sortir en préservant l'essentiel des dispositifs d'ancienneté, voulant composer avec la génération contemporaine d'ouvriers blancs, tout en dégageant une perspective pour l'avenir des Noirs. Ce premier compromis tourne autour du jeu des intentions sur le plan juridique et a permis l'avènement de nouveaux droits. Mais le passage à des mesures de préférence réellement positives exigeait que la Cour suprême s'appuie sur une volonté plus forte encore, capable d'affronter des résistances politiques et institutionnelles inhérentes au système.

L'intention du législateur : United Steelworkers of America, AFL-CIO-CLC v. Weber et al. (1979)[46]

La Cour suprême, dans l'arrêt *Weber*, avalise l'adoption par des entreprises de mesures de réparation susceptibles d'éliminer des inégalités raciales manifestes (*conspicuous racial imbalances*). Comme complément à l'arrêt *Griggs* et à sa définition de la discrimination, la décision reconnaît aux employeurs privés les moyens d'agir[47], et précise la nature des mesures de réparation autorisées (*remedial action*), y compris les quotas[48].

Dans cette affaire, Brian Weber conteste son exclusion de la formation aux métiers qualifiés à Kaiser Aluminum & Chemical Corp car son ancienneté était supérieure à celle de l'ensemble des candidats noirs retenus, le plan réservant la moitié des places à des candidats noirs jusqu'à ce que la proportion d'ouvriers qualifiés dans l'entreprise corresponde à celle des Noirs dans le bassin d'emploi local[49].

Weber fonde son argumentation sur les sections 703(a) et (d) du Titre VII, consacrées à la prohibition de toute discrimination « en fonction de la race, *y compris celles faisant partie d'un plan de traitement préférentiel* »[50] à l'embauche et la sélection d'apprentis pour la formation. Les juridictions inférieures donnent

---

45 « the blurred distinctions between legitimate affirmative action and illegal *reverse* discrimination ». Brief Amicus Curiae of the Michigan State Police Troopers Association, Inc.

46 443 U.S. 193, June 27, (1979).

47 Ensuite étendu aux employeurs publics dans *Johnson c. Transportation Agency, Santa Clara Country*, 1987, 480 U.S. 616.

48 L'arrêt *Bakke* interdit les quotas rigides mais ne prohibe pas la prise en compte du facteur racial dans les procédures d'admission à l'Université au nom d'assurer, par exemple, la diversité du corps estudiantin, *Regents of Univ. Of Cal. v. Bakke*, 438 U.S. 265.

49 Parmi ces métiers ceux de charpentier, peintre… Les Noirs composait 39 % de la population de la localité de Louisianne de l'usine d'où est parti le litige, et moins de 2 % de son personnel qualifié.

50 Souligné par nous. « All employement preferences based upon race, including those preferences incidental to bona fide affirmative action plans, violate Title VII's prohibition against racial discrimination in employement ».

raison à Weber en appliquant la lettre de la loi selon laquelle toute préférence décidée en fonction de la race viole le Titre VII[51].

La Cour suprême infirme ces décisions pour valider l'utilisation de mesures de réparation, par le biais d'une argumentation négative. Rien dans la loi n'interdit explicitement l'adoption d'un plan privé de traitement préférentiel négocié de plein gré par les partenaires sociaux. La section 703(j) « *ne permet pas d'exiger* » d'un employeur d'accorder un quelconque traitement préférentiel en cas de déséquilibre racial de sa main-d'œuvre, mais elle n'*interdit* pas tout recours à de telles mesures[52]. Puisqu'elles ne sont pas interdites, de telles mesures sont donc permises. Il s'agit de la régularisation des plans de traitement privilégié. Le recours à des mesures raciales reste néanmoins exceptionnel, sous le contrôle strict des tribunaux ; elles doivent donc satisfaire aux conditions présentées au début de cet article, c'est-à-dire celles désormais connues comme le « test Weber »[53].

Quant aux sections 703(a) et (d), une lecture « littéraliste » n'est pas recevable car elle aboutirait à un résultat contraire à l'objectif même de la loi de 1964, celui de tout faire pour éradiquer les derniers vestiges de discrimination. La cour se détermine alors sur le fond : « Une chose peut être dans la lettre de la loi mais pas dans la loi, car en dehors de son esprit, ou de l'intention de ceux qui l'ont faite ».

C'est donc cette intention, celle des législateurs, que la Cour suprême va saisir pour justifier l'adoption de mesures positives suffisamment efficaces pour éradiquer la discrimination dans l'emploi.

La décision adoptée à une majorité de cinq juges (Brennan, Blackmun, Marshall, Stewart and White) contre deux (Burger et Rehnquist ; les juges Powell et Stevens ne participant pas), a déclenché un vif débat tant sur le jugement que sur les motifs retenus.

Ce qui caractérise avant tout l'opinion de la Cour est donc sa focalisation sur l'intention du législateur qui a promulgué la loi pour les droits civiques. La préoccupation principale du Congrès, reconstituée dans la décision de la Cour à

---

51 « *It shall be an unlawful employment practice for any employer, labor organization*, or joint labor-management committee controlling apprenticeship or other training or [443 U.S. 193, 217] retraining, including on-the-job training *programs to discriminate against any individual because of his race*, color, religion, sex, or national origin in admission to, or employment in, any program established to provide apprenticeship or other training. » (souligné par l'auteur) 42 U.S.C. 2000e-2 (d).

52 Selon la Cour, cette omission était délibérée : s'ils avaient voulu introduire cette interdiction, les législateurs auraient écrit « exiger *ou permettre* » dans la section 703(j) : « …rien, dans cette section, ne sera interprété comme permettant d'exiger [des dirigeants d'entreprise, des agences de placement etc.] qu'ils accordent un traitement préférentiel à un individu ou à un groupe, sur le fondement de la race… ».

« Nothing contained in this title shall be interpreted to *require* any employer ..; to grant preferential treatment to any individual or group because of the race...; …on account of an imbalance which may exist with respect to the total number or percentage of persons of any race..; … in comparison with the total number or percentage or persons..; in a community..; or in the available workforce in any community ».

53 La mesure doit être « étroitement adaptée » à l'élimination d'un « déséquilibre racial manifeste » dans la main-d'œuvre d'une entreprise, et « temporaire », ne visant pas à maintenir un équilibre racial. Il ne doit pas remettre en cause les intérêts des salariés blancs « sans raison impérieuse ».

partir des « travaux préparatoires du Titre VII et [du] contexte historique qui a donné lieu à la loi », est d'améliorer le sort socio-économique du Noir, de lui donner l'accès à des emplois qui lui avaient été traditionnellement fermés et l'égalité des chances dans la sphère économique. On cite le sénateur Humphrey déplorant la « dégradation de la position relative du travailleur noir sur le marché du travail », appelant à sa modification structurelle. Le Sénateur Clark renchérit : « Cette situation aboutit à un malaise et à une situation sociale qu'on ne saurait tolérer ». Les remarques du président Kennedy, dans son message au Congrès lors de l'introduction du projet de loi, vont dans le même sens[54].

Ces mesures positives sont nécessaires, conclut la Cour, car il « serait en effet ironique » qu'une loi promulguée dans le but de pallier les conséquences de la ségrégation constitue l'obstacle législatif interdisant tout effort allant en ce sens.

Volonté politique ou intention originelle ?

C'est précisément cette approche politique que critique l'opinion dissidente, écrite par le juge Burger :

> *« La Cour arrive à une conclusion que j'aurai tendance à voter si j'étais élu au Congrès, considérant un projet d'amendement du Titre VII. Et pourtant, je ne peux guère adhérer à la décision de la Cour car elle est contraire aux propos explicites de la loi et procède de manière complètement incompatible avec les principes traditionnels de la séparation des pouvoirs ».*

Le président de la Cour insiste sur la primauté de la lettre de la loi, sauf en cas de difficultés d'interprétation. C'était loin d'être le cas ici, car la section 703(d) est écrite avec une « clarté extraordinaire » : les quotas dans le plan négocié entre l'entreprise Kaiser et le Syndicat des travailleurs de la sidérurgie (USW) sont une discrimination en raison de la race des salariés, une pratique rendue illégale par la loi de 1964 sans ambiguïté ni équivoque[55]. Il qualifie de « spécieuse » l'argumentation de la majorité consistant à dire que la section 703(j) autorise ce que les sections 703(a) et (d) interdisent.

Dans une opinion concordante, le juge Rehnquist reconstitue l'historique parlementaire démontrant tout le contraire de l'argumentation de la Cour, par une lecture littéraliste du texte d'origine et une réaffirmation du principe de non prise en compte de critères raciaux. Il cite aussi le sénateur Humphrey, selon lequel « rien dans la loi ne pourra obliger un employeur à embaucher, à licencier ou à donner une promotion à des salariés afin d'atteindre un quota ou un équilibre racial... » et la prise en compte de la race « est absolument interdite dans le processus décisionnel

---

54 Arrêt *Weber*, citant 110 Congressional Record 6548 (1964).

55 « It shall be an unlawful employment practice for any employer, labor organization, or joint labor-management committee controlling apprenticeship or other training or [443 U.S. 193, 217] retraining, including on-the-job training programs to discriminate against any individual because of his race, color, religion, sex, or national origin in admission to, or employment in, any program established to provide apprenticeship or other training. » 42 U.S.C. 2000e-2 (d).

en matière de gestion de personnel ». A noter que c'est le juge Rehnquist qui, à l'instar de l'arrêt *Teamsters*, évoque le débat parlementaire garantissant la primauté de l'ancienneté pour revendiquer le droit de Brian Weber de bénéficier à ses acquis en la matière.

Les termes du débat sont ainsi présentés pour chaque camp en terme « d'intention » : pour la dissidence, la Cour réécrit le Titre VII au nom de résultats qu'elle désire atteindre. Elle « amende la loi pour la faire précisément ce que ses partisans aussi bien que ses détracteurs convenaient qu'elle n'était pas sensée faire (« It "amends" the statute to do precisely what both its sponsors and its opponents agreed the statute was not intended to do »)[56]. La décision de la Cour, elle, se fonde sur ce qu'elle estime être l'intention des initiateurs, pourtant contraire à la lettre de la loi.

Des droits à la hauteur des enjeux historiques

Devant ces lectures contradictoires, la loi sur les droits civiques et ses suites n'ont de sens que replacées dans leur contexte historique, précisé à juste titre dans la décision de la Cour. Ces années du milieu du siècle voyaient peser sur l'Etat américain des pressions sans précédent : à l'échelle internationale, la Guerre froide et le processus de décolonisation l'obligent, pour justifier son rôle de *leader* du monde démocratique, à sauver la face. A l'intérieur du pays, son image est mise à mal par la montée du mouvement pour les droits civiques qui sert de cadre à la loi de 1964 : la grande marche sur Washington de 1963 et les émeutes qui agitent les centres urbains du pays dès 1965, dues pour partie au décalage entre les espoirs soulevés par la loi et ce qu'elle était en mesure d'offrir d'emblée aux Noirs. La thèse détaillée de David Skrentny sur l'introduction des politiques de traitement préférentiel comme méthode de « gestion de la crise » laisse peu de doute sur le fait que l'appareil d'Etat américain, toutes branches réunies, a agi de concert pour contenir les tensions sociales[57]. Dans la suite du projet de la Grande Société du président Johnson, le fait même que ce soit le gouvernement du Républicain Richard Nixon qui mette en œuvre en 1969 le Plan de Philadelphie, premier plan fédéral de traitement préférentiel, avant que le même Nixon n'en dénonce les principes dans les campagnes électorales suivantes[58], ne fait que renforcer cette thèse.

Au-delà même de la loi, la volonté du législateur s'est exprimée à travers une multitude de dispositions prises pour permettre l'introduction future de telles mesures que les compromis nécessaires à l'époque de l'adoption de la loi avaient obligé à différer. C'est par des méthodes détournées qu'il transféra tacitement aux juges ses prérogatives dans l'élaboration des modalités de l'intervention publique[59].

---

56 Arrêt *Weber*.

57 David Skrentny, *The Ironies of Affirmative Action: Politics, Culture and Justice in America*, Chicago, The University of Chicago Press, 1996.

58 Daniel Sabbagh, « Les origines de l'affirmative action dans l'emploi (1964-1969) », *Revue Française d'Etudes Américaines* n°81, juin 1999.

59 Les tribunaux avaient acquis dans le domaine des pouvoirs « quasi-exécutifs » d'injonction qui leur permettaient non seulement d'ordonner à un employeur de mettre un terme au comportement ou à la

Ainsi s'engagea l'interaction complexe entre les différentes branches de l'Etat qui débouchera sur l'avènement de nouveaux droits jurisprudentiels et les politiques de traitement préférentiel, *Affirmative action law*. Le législateur permit et encouragea l'activisme judiciaire et la jurisprudence s'appuya, à son tour, sur le modèle de traitement préférentiel développé de façon pragmatique par l'Exécutif, notamment par la Commission pour l'égalité des chances dans l'emploi et le ministère de la Justice, ce dernier engageant des poursuites judiciaires à l'égard des employeurs et des syndicats pour pratiques discriminatoires. Le législateur fit tout pour conforter ces démarches, facilitant le recours contentieux en rendant l'accès à la justice financièrement plus abordable pour les associations des droits civiques, notamment par le biais des actions collectives de groupes (*class action suits*) et la possibilité de rémunérer les avocats sur la base d'un pourcentage des gains obtenus en cas de victoire[60]. Il en est de même pour le dilemme entre traitement préférentiel et ancienneté contractuelle : la résolution en fut confiée aux bons soins des juges, plutôt que codifiée dans la loi[61].

Les révisions de 1972 de la loi sur les droits civiques sont préfigurées, à leur tour, par l'arrêt *Griggs* de l'année précédente. Elles étendent le champ d'application du Titre VII aux employeurs publics et, faute d'accorder à la Commission pour l'égalité des chances dans l'emploi le pouvoir d'ordonner à un employeur de mettre un terme à son comportement ou à sa pratique discriminatoire (*cease and desist order*) – une limitation exceptionnelle pour un organisme étatique de ce type – l'autorise à engager des poursuites judiciaires devant les tribunaux fédéraux. Surtout, on ouvre la porte à l'utilisation de mesures positives : les tribunaux sont autorisés à ordonner toute mesure réparatrice de la discrimination qu'il « jugera appropriée »[62]. Dans l'affaire *Weber*, la Cour ne fera que répondre plus tard au Congrès qui, plutôt que de statuer sur la nature précise des mesures de réparation, appelle de ses vœux, dès 1972, l'activisme judiciaire. L'expression « que le Tribunal jugera appropriée » nous ramène au jeu des intentions, cette fois, des juges eux-mêmes.

---

pratique discriminatoire (*cease and desist order*) mais aussi d'imposer une réorganisation du système de recrutement ou de promotion interne de l'entreprise, de désigner un administrateur provisoire (*court-appointed administrator*), ou de superviser lui-même la conclusion de nouveaux accords d'entreprise (technique du *consent decree*). Gwénaële Calvès, *L'Affirmative Action dans la Jurisprudence de la Cour Suprême des Etats-Unis : le problème de la discrimination « positive »*, Paris, Librairie Générale de Droit et de Jurisprudence, 1998, p. 25.

60 Paul Frymer, « Acting When Elected Officials Won't: Federal Courts and Civil Rights Enforcement in U.S. Labor Unions, 1935-85 », *American Political Science Review*, vol. 97, n°3, août 2003.

61 U.S. Commission on Civil Rights, « Last Hired First Fired », *Harvard Law Review*, vol. 88, 1974-75, p. 1550 ; Cooper and Sobol, « Seniority and Testing under Fair Employment Laws: A General Approach to Objective Criteria of Hiring and Premonition », 82 *Harvard law Review* 518, p. 1614 (1969).

62 « ...order such affirmation action as may be appropriate, which may include, *but is not limited to*, reinstatement or hiring of employees, with or without back pay (...) *or any other equitable relief that the court deems appropriate* » (U.S. Congress, Civil Rights Act of 1964, Title VII, section 706 (g), avec amendement de 1972 souligné).

La boucle est bouclée : les juges s'appuient sur l'intention du législateur de voir se réaliser des politiques de traitement préférentiel alors que ce dernier renvoie leur mise en œuvre à la discrétion des juges. Emerge ainsi progressivement un large consensus politique s'éloignant progressivement du modèle *color-blind* pour établir des droits réellement positifs dans l'emploi, consacrés notamment par l'arrêt *Griggs* puis par l'arrêt *Weber*. La doctrine du traitement préférentiel a été le fruit de la volonté politique d'une génération d'hommes d'Etat qui, faute de légiférer, mobilisèrent l'ensemble des institutions pour créer de nouveaux droits à la hauteur des enjeux historiques.

Un nouveau consensus dans une Amérique bousculée

Il est à noter que l'argumentation principale adoptée par la Cour dans l'arrêt *Weber*, mettant au centre l'intention du législateur, est reprise des mémoires présentés par le Syndicat des travailleurs de la sidérurgie (USWA). Dans sa défense du plan de traitement préférentiel négocié collectivement, le syndicat va plus loin que les deux autres accusés, l'employeur et l'Etat américain, sur le plan des principes, jusqu'à affronter certains de ses propres syndiqués, dont Brian Weber. Répondant à ce dernier qui l'accusait de faire de l'« altruisme » plutôt que du syndicalisme, l'USWA rétorqua qu'il agissait dans l'intérêt collectif des salariés qu'il représentait : « Quelle que soit leur justification, les structures de ségrégation raciale au sein de l'usine s'appuyaient sur deux siècles d'injustice raciale institutionnalisée à tous les niveaux de la société ». Malgré les heurts qu'un système de traitement préférentiel comme chez Kaiser pourrait entraîner, en termes de moral des membres et de solidarité syndicale, les « bénéfices à long terme dépassent… les coûts à court terme »[63].

Ironie de l'histoire, c'est à l'heure même de ce dénouement, alors que de bonnes intentions semblaient pouvoir s'accorder sur la nécessité de réformer l'entreprise américaine, qu'un consensus plus large ralliait certains syndicats et employeurs aux côtés des minorités déshéritées, que la situation d'ensemble bascula de nouveau. Ces mesures positives dans l'emploi des minorités intervinrent juste au moment de la vague de licenciements qui balaya l'industrie américaine pendant les années 1970 et dont les répercussions vinrent ébranler cet équilibre fragile entre les deux Amériques sociales. Depuis la doctrine *Teamsters* la plupart des systèmes d'ancienneté avaient pu continuer à perpétuer les conséquences de la discrimination passée[64]. Des avancées importantes avaient pu être faites dans les pratiques d'embauche et là où des plans de traitement préférentiel avaient été négociés par les partenaires, mais au moment des licenciements, la règle du « dernier embauché, premier licencié » s'appliqua. Furent renvoyés alors en premier les membres des

63 Mémoires du requérant, United steel workers of America, AFL-CIO-CLC.

64 Poplin, « Fair Employment in a Depressed Economy: the Lay-off Problem », 23 *UCLA Law Review* 177-179 (1975). Brodin, p. 19.

minorités, ce qui remettait en cause bien des acquis d'un certain nombre de salariés noirs ainsi que d'autres groupes ethniques[65].

C'est dans ce nouveau cadre économique et social qu'est intervenu l'arrêt *Wygant*.

L'« *intention constitutionnelle* » et les deux Amériques sociales : Wygant v Jackson Board of Education (1986)[66]

L'arrêt *Wygant* marque la fin de l'extension du traitement préférentiel dans l'emploi, établissant ses limites devant la généralisation des licenciements. La décision d'appliquer le système du dernier embauché, premier licencié, même dans le cas où un plan de traitement préférentiel avait été négocié collectivement, rétablit la primauté des dispositifs d'ancienneté. Au-delà de cette confrontation décisive des deux Amériques sociales, c'est la constitutionnalité des droits collectifs qui est remise en cause par la Cour suprême dans son interprétation de la clause d'égale protection des droits.

Le plan négocié entre la municipalité de Jackson, Michigan, et le syndicat des enseignants modifiait l'ordre d'ancienneté en cas de licenciement, le but étant de maintenir l'équilibre racial au sein du corps enseignant. En le déclarant inconstitutionnel par une décision prise à la majorité[67], la Cour donna raison à Debbie Wygant et aux autres requérants : renvoyés alors qu'ils bénéficiaient de plus d'ancienneté que des enseignants membres des minorités maintenus en place, et ainsi privés de l'égale protection des droits par le XIVe amendement car licenciés pour la seule raison de leur race, blanche[68].

Les limites de la discrimination positive dans l'emploi

Pour la Cour suprême dans *Wygant*, les conditions de recevabilité d'un plan de traitement préférentiel, telles qu'elles ont été élaborées dans la jurisprudence et rappelées plus haut, ne sont pas réunies.

Premier manquement : le constat d'une situation de discrimination. Contrairement aux juridictions inférieures, la Cour n'a pas reconnu l'existence de la discrimination sociétale. L'intégration du corps enseignant avait été présentée en 1972, l'année du plan, comme une réponse aux tensions raciales qui troublaient la

---

65 U.S. Commission on Civil Rights, « Last Hired, First Fired: Layoffs and Title VII », 88 *Harvard Law Review* 1544 (1974-1975).

66 476 U.S. 267.

67 Cinq juges (Powell, rejoint par Burger, Rehnquist, O'Connor, White concourant) contre quatre (Justices Marshall, Brennan, Blackmun, Stevens).

68 Mémoires *amicus curiae* des requérants.

vie scolaire[69]. Or, pour la Cour quatorze ans plus tard, la « discrimination sociétale » est devenue une référence trop générale pour justifier l'application de mesures de réparation. Ce n'est pas à l'employeur public de remédier à un déséquilibre racial manifeste dans son personnel, une victime directe d'une action discriminatoire doit démontrer son *intention* de discriminer[70].

Ensuite, le recours à des mesures de réparation en fonction de la race ne répondait pas aux l'exigences du contrôle strict. La diversité raciale du corps enseignant par l'introduction de « modèles d'identification positive » (*role model*) visait à présenter aux élèves une image de réussite sociale de membres des minorités. Or, pour la Cour, ce remède n'était ni « étroitement adapté » à l'éradication de la discrimination dans les écoles, ni « temporaire », car le critère retenu – la proportion d'enseignants noirs déterminée en relation avec celle de la population estudiantine – devait être réévaluée régulièrement.

Enfin, et c'était l'argument essentiel dans cette affaire jugée à partir de la clause d'égale protection des droits, les intérêts d'individus innocents étaient remis en cause « sans raison impérieuse ». Alors que dans une situation d'embauche les conséquences néfastes de la lutte pour l'égalité raciale – les préjudices subis du fait de la perte d'un emploi futur – sont répartis sur une population diffuse de salariés blancs, la perte d'un emploi existant, en cas de licenciement, fait porter sur des individus particuliers « la totalité du fardeau ».

Wygant *comme tournant*

L'arrêt *Wygant* marque la limite imposée aux politiques préférentielles, l'ordre adopté parmi les salariés en cas de licenciements, et il marque des reculs. En minimisant l'impact négatif disproportionné et la discrimination sociétale, on fait de plus en plus peser la charge de la preuve sur les victimes d'une discrimination intentionnelle caractérisée plutôt que sur les employeurs. La diversité du corps enseignant n'est pas retenue comme l'intérêt public impérieux pouvant justifier le recours à des mesures de réparation. En conséquence, on revient, au nom de la clause d'égalité des droits du XIVe amendement, au principe de non prise en considération des catégories raciales par les pouvoirs publics, au *color blindness* et selon une lecture littéraliste de la loi de 1964.

Wygant met en lumière à quel point la politique de traitement préférentiel s'inscrit dans son contexte historique. En fin de compte, les mesures réparatrices de la discrimination devaient être nécessairement « positives », une forme de redistribution de la prospérité de l'Amérique des trente glorieuses par le traitement

---

69 Mémoire National Education Association..

70 La Cour fait une application stricte de l'arrêt *Washington v. Davis* (1976) qui exige, pour qu'une disposition mise en place par des pouvoirs publics soient invalidée, qu'une intention de discriminer soit démontrée, en vertu de la clause d'égale protection du XIVe Amendement assimilée au Ve Amendement.

préférentiel dans l'emploi aux victimes de la discrimination passée[71]. Devant les vagues de licenciements économiques des décennies suivantes, l'éradication de la discrimination sociétale n'est plus conçue comme une mission prioritaire du judiciaire. La volonté politique des élus n'est plus autant prise en compte, en témoignent les nombreux mémoires soumis en soutien au plan préférentiel à Jackson, comme celui du gouverneur Dukakis de l'Etat de Massachusetts voulant voir cautionner des plans similaires mis en place dans son Etat[72].

L'impossible réconciliation des deux Amériques sociales

En plus des limites imposées aux politiques de traitement préférentiel, l'arrêt *Wygant* apporte une mise au point sur la doctrine d'égale protection du XIVe Amendement, eu égard à la « Révolution des droits », entamée dans les années 1960. L'heure était venue de répondre à cette question laissée en suspens, comme le fit remarquer le juge Marshall dans sa décision dissidente : « Cette Cour n'a jamais pu s'entendre sur la manière d'appliquer la clause de l'égale protection à un plan de traitement préférentiel ».

Pour y répondre, le juge Marshall tente de concilier les deux formes de droits sociaux collectifs : « ...un employeur public, avec le plein accord de son personnel, devrait pouvoir préserver les acquis d'un plan de traitement privilégié... même au moment d'une réduction de ses effectifs ». Marshall insiste sur l'importance de la liberté des négociations collectives dans la résolution de situations épineuses comme celle-ci, car le syndicat avait voté à plusieurs reprises en faveur du contrat collectif, comprenant le dispositif d'ancienneté modifié pour maintenir l'équilibre racial en cas de licenciements. Ainsi mis en place de plein gré par les parties en présence, condition exigée dans l'arrêt *Stotts* pour valider un plan de traitement préférentiel[73], l'arrêt *Wygant* semblait offrir l'occasion idéale pour réconcilier les deux Amériques sociales : des dispositifs d'ancienneté modifiés pour assurer un équilibre racial selon des modalités définies lors des négociations collectives.

Or l'argumentation du juge Marshall trébuche dans son application aux libertés individuelles. Pour contrer cette accusation de la Cour, il affirme que le poids des licenciements ne retombe pas injustement sur certains individus car, grâce au dispositif contractuel, il est « distribué proportionnellement... entre deux groupes raciaux ». Par ces groupes il entend celui des minorités, d'une part, et d'autre part, le syndicat, rebaptisé pour la circonstance « groupe racial blanc ».

---

71 « Inverse Seniority », *Harvard Business School Review*, September-October 1995, p. 57 à 72.

72 Mémoire du gouverneur Dukakis.

73 « Agreement upon a means for applying the Equal Protection Clause to an affirmative-action program has eluded the Court every time the issue has come before us. » ; Wygant représente la transposition dans le secteur public, et dans la jurisprudence constitutionnelle, des conclusions de l'arrêt *Firefigthers Local Union no. 1784 c. Stotts*, 467 U.S. 561 (1984), qui annulait un dispositif d'ancienneté modifié en cas de licenciement au motif qu'il n'avait pas été mis en place de plein gré par les salariés, par l'intermédiaire de leur syndicat, par la voie des négociations collectives.

Pour répondre à la dissidence, la Cour engage un véritable réquisitoire contre les droits collectifs qu'elle oppose aux libertés constitutionnelles. Ils sont d'abord remis en cause sous la forme du droit syndical, les votes du syndicat en faveur d'un contrat collectif à Jackson n'étant pas considérés comme valables. Les requérants sont des individus licenciés à cause de leur race, et cela les empêche de jouir de leur droit légitime tiré de l'ancienneté : pour la Cour « les syndiqués les plus anciens » ne peuvent priver les syndiqués plus récents de cet acquis par un vote. On a démenti ainsi le fonctionnement démocratique interne de l'organisation syndicale et son existence même. De plus, le cumul d'ancienneté est présenté comme un droit « qui appartient à chaque salarié, le « capital personnel » le plus précieux dont il dispose à titre individuel, une espèce de propriété individuelle, non pas l'acquis de la lutte syndicale d'une classe de salariés codifié dans un contrat négocié collectivement.

Dans la même veine, sont recusés les nouveaux droits collectifs des minorités crées depuis le mouvement pour les droits civiques : « La Constitution n'attribue pas de droits constitutionnels sous forme de blocs entre groupes raciaux distincts et en attendant ce jour, les syndiqués les plus anciens n'ont pas autorité à priver les syndiqués les plus récents de leurs droits ».

Au nom de la clause d'égale protection des droits du XIVe amendement, la Cour suprême oppose ainsi les droits individuels constitutionnels au principe de droits collectifs de groupe, la Constitution n'accordant pas des « blocs de droits »[74].

Réflexions sur la notion de l'intention et le traitement préférentiel

La Cour suprême fut le principal architecte des politiques de préférence raciale dans l'Amérique de la grande époque des droits civiques. Elle les construisit en traçant les contours d'un consensus social défini par le jeu des « intentions » des différents acteurs sociaux et politiques, les syndicats occupant une place charnière. Ne pouvant pas s'éloigner fondamentalement de l'opinion, les motifs évoqués dans les attendus de la Cour correspondent néanmoins à sa perception des choses : les juges sont particulièrement bien placés pour déplacer les frontières des doctrines par le biais du contrôle qu'ils exercent sur l'utilisation du précédent[75].

Ainsi, l'« intention du législateur », mise en lumière à partir des travaux préparatoires de la loi sur les droits civiques, est mise au service de décisions contradictoires. La défense de l'ancienneté par certains parlementaires a été valorisée dans l'arrêt *Teamsters* pour protéger une génération de salariés, les hommes blancs qui dirigeaient les syndicats aux différents niveaux de leur hiérarchie, au nom du compromis passé pour permettre l'adoption de la loi sur les droits civiques. Par la suite, dès lors que le syndicat de la sidérurgie atténue ses

---

74 «The Constitution does not allocate constitutional rights to be distributed like bloc grants within discrete racial groups; and until it does, petitioners' more senior union colleagues cannot vote away petitioners' rights».

75 Skrentny, *op. cit.*, p. 160.

résistances dans l'affaire *Weber*, les mêmes travaux préparatoires, cités cette fois par la position de dissidence, sont écartés en faveur du plan de traitement préférentiel. En adaptant ses attendus à cette évolution, la Cour récuse une approche objective qui n'aurait pu que reprendre à son compte cette observation d'un tribunal d'appel en 1969, soit avant l'ensemble des grands arrêts interprétant le Titre VII, selon laquelle ces travaux préparatoires « confortent largement les positions des deux parties »[76].

De la même manière, la Cour dans *Wygant* aurait tiré des conclusions inverses si elle s'était appuyée sur des précédents avalisant l'utilisation de modèles d'identification positive pour apaiser les tensions sociales dans les écoles de Newark, New Jersey[77], ou l'embauche de policiers noirs au nom de la diversité, qu'elle avait assimilée à l'exemple de l'éducation dans l'arrêt *Bakke*[78].

Ce n'est donc pas la jurisprudence en soi qui explique le revirement de la Cour contre le traitement préférentiel dans *Wygant*, ni simplement l'évocation de la composition politique de la Cour, la décision unanime de l'arrêt *Griggs*, votée y compris par ses juges « conservateurs », étant là pour en témoigner. Les précédents en faveur de remèdes à la discrimination sociétale et l'adoption de mesures similaires dans les écoles de Jackson, Michigan, sont intervenus dans une période antérieure, quand l'environnement était encore favorable au traitement préférentiel. Et il est intéressant de noter que dans un contexte historique postérieur, celui de la période actuelle, l'utilisation de modèles d'identification positive est de nouveau favorisée, comme une nouvelle forme de traitement préférentiel de type instrumental (*instrumental affirmative action*), non plus dans le but de rectifier des injustices passées, mais au nom de la valeur professionnelle de la diversité dans divers secteurs : la police, l'armée, le marketing, la gestion des entreprises, etc[79].

A l'arrière-plan des motifs évoqués dans l'arrêt *Wygant* se cristallisent les limites du traitement préférentiel, le nouveau consensus émergeant qui prônait sa limitation.

Dans son opinion dissidente, le juge Marshall plaidait au nom de la négociation collective et des droits de groupes, mais affirmait, avant tout, la responsabilité sociétale du judiciaire à combattre la discrimination. Pour justifier la nécessaire diversité du corps enseignant, il tentait de faire évoluer le sens du traitement préférentiel, « non plus simple mesure corrective de la discrimination passée, mais instrument de contrôle social ». A un moment de rétrécissement du consensus qui l'entourait, ce plaidoyer resta lettre morte.

Dans sa défense vigoureuse des libertés individuelles, qui va jusqu'à remettre en cause la constitutionnalité des droits collectifs, la Cour dans *Wygant* s'achemine

---

76 *Dent v. St. Louis-San Franciso Railway Co.*, 406 F. 2d 399, 403 (5th Cir. 1969).

77 *Porcelli v. Titus*, 302 F. Supp. 726 (N.J. 1969).

78 *Talbert v. City of Richmond*, 648 F. 2d 925 4th Cir.(1981).

79 Paul Frymer and John D. Skrentny, « The Rise of Instrumental Affirmative Action : Law and the New Significance of Race in America », (à paraître).

vers la doctrine de la réserve judiciaire (*judicial restraint*), en fonction de « l'intention originelle » de la Constitution américaine[80], que la dissidence avait déjà formulée dans l'arrêt *Weber* au nom d'une lecture littéraliste de la loi et de la séparation des pouvoirs. Contrairement au « libéralisme » qui la caractérisait globalement[81], la Cour Burger multiplia, pendant les deux années qui suivirent, les décisions qui renforçaient la logique de *Wygant* : resserrement de la définition de la discrimination qui n'était plus considérée comme un phénomène sociétal mais comme une série d'actes individuels ; restriction apportée à l'utilisation de mesures réparatrices ; limitation donnée à la responsabilité de l'employeur par le transfert sur l'employé de la charge de la preuve d'une discrimination intentionnelle caractérisée. Mais par son rejet du caractère extrême de ces décisions et sa réaffirmation de l'essentiel des politiques de traitement préférentiel, notamment la doctrine de l'impact négatif disproportionné, la loi sur les droits civiques de 1991 repousse cet esprit revanchard et rétablit le consensus sur la place des politiques préférentielles dans la société américaine[82], et cela au moins « jusqu'à la prochaine génération », si l'on peut croire la Cour, sous la plume du juge Sandra Day O'Connor, dans la récente décision *Grutter*[83]. Or, depuis *Wygant*, et des attaques successives, un décalage s'instaure entre le secteur public, où le traitement préférentiel est très contrôlé et controversé, et le secteur privé, où il est plus librement pratiqué.

Malgré les motifs mis en avant dans l'affaire *Wygant*, l'« intention » de la Cour se trouve ailleurs, dans le débat de fond sur *l'affirmative action* et le rôle des institutions dans la création des droits. L'adoption d'arguments, par la Cour comme par la dissidence, qui vont jusqu'au bout de leur logique et à la limite du sophisme, est l'illustration du caractère idéologique de ce débat. Une réflexion sur la notion de l'intention dans ce cadre nous aide à mieux en comprendre le contenu.

La valorisation de la doctrine de l'intention originelle de la Constitution correspond à la remise en cause de l'impact négatif disproportionné de l'ère de *Griggs*, au retour de la charge de la preuve sur la victime d'une discrimination intentionnelle caractérisée. Pour certains défenseurs de l'*affirmative action*, cette obligation pour la victime de démontrer l'intention spécifique de discrimination émane de l'idéologie dominante « blanche » de non-prise en considération des catégories raciales par les pouvoirs publics, le *color blindness*, principe aux apparences démocratiques qui ne servirait qu'à dissimuler le racisme institutionnel

---

80 Vincent Michelot, « Du judiciaire en politique », dans *Les Etats-Unis aujourd'hui : Choc et Changement*, Paris, Odile Jacob, 2004.

81 Anne Deysine, *La justice aux Etats-Unis*, Paris, Presses Universitaires de France, 1998 ; Christian Lerat, *La Cour Suprême des Etats-Unis : Pouvoirs et évolutions historiques*, Bordeaux, Presses Universitaires de Bordeaux, 7ème édition, 2003, p. 42-49.

82 Kingsley R. Browne, « The Civil Rights Act of 1991: A ''Quota Bill', a Codification of Griggs, A Partial return to Wards Cove, or all of the Above ? », *Case Western Reserve Law Review*, vol. 43, 1993.

83 *Grutter c. Bollinger*, 000 U.S. 02-241(2003). Concernant le secteur de l'éducation, et la prise en compte du facteur de la diversité dans le choix des candidats pour l'entrée à l'Université, l'arrêt s'appuie sur l'arrêt *Bakke*.

de l'Etat américain[84]. L'intention spécifique servirait aussi à déresponsabiliser la société américaine, dont le fonctionnement est intimement associé à des pratiques racistes ; le racisme ne peut être réduit à une attitude individuelle, il s'agit d'un phénomène collectif de la part des Blancs qui traitent les Noirs selon des normes de respect et de droits inférieures à celles dont ils usent à l'égard d'autres Blancs. Le critère juridique applicable ne relève donc pas du droit pénal mais de la *negligence*[85]. Plus généralement, le critère de l'intention spécifique ne peut être qu'un paravent pour d'autres fins : une fois la discrimination statistiquement démontrée, et injustifiable eu égard à la bonne marche de l'entreprise, on peut conclure que le fait d'entretenir une telle situation est la preuve d'une intention de discriminer, surtout avec le temps[86]. Ce paravent est d'autant plus visible dans le cas des dispositifs d'ancienneté où il était difficile pour les syndicats de nier une intention de discrimination devant l'organisation du travail par unités distinctes, les inégalités raciales étant manifestes[87]. Au final, l'intention individuelle caractérisée revient à nier l'existence de la discrimination sociétale et par là même exonérer la nation entière de toute responsabilité historique à l'égard du racisme.

Conclusion

L'arrêt *Wygant* a consacré la primauté des dispositifs d'ancienneté sur les politiques de traitement préférentiel, mais ce fut une victoire à la Pyrrhus. Il intervint au moment où des bouleversements structurels dévastaient l'emploi dans les secteurs industriel et public, entraînant une modification des relations sociales et des données politiques aux Etats-Unis. La perte d'emplois industriels, rémunérés dans le cadre des contrats collectifs de secteurs traditionnellement syndicalisés ne fut guère compensée par l'élargissement du secteur des services, autant de « déserts » syndicaux sans protections ni garanties. Si l'ouverture du marché du travail avait été, comme le prévoyaient les artisans de la loi sur les droits civiques, le principal instrument pour réaliser l'égalité des droits, la perte d'emplois industriels entraîna tous les salariés vers le bas. Certes, les travailleurs noirs et leurs familles ont vu des progrès dans ces quatre dernières décennies mais restent toujours à la traîne des Blancs selon les mesures socio-économiques comparatives et leur richesse globale n'augmente point. Si la montée d'une nouvelle « classe moyenne noire » est un acquis, dû en grande partie aux politiques de traitement préférentiel dans l'éducation, il s'agit tout de même d'une couche restreinte qui s'insère dans une polarisation plus large de la société américaine, et qu'il faut contrebalancer avec la

---

84 Barbara J. Flagg, « Was Blind, but Now I See: White Race Consciousness and the Requirement of Discriminatory Intent », 91 *Mich. L. Rec.* 953, (1992-1993).

85 Calmore, « Exploring the Significance of Race and Class in Representing the Black Poor », 67 *Or. L. Rev* 201 (1982).

86 Cooper and Sobol, op. cit., 1653.

87 Brodin, *op. cit.* p. 9.

persistance d'un prolétariat noir ghettoïsé, sans perspective d'avenir[88]. Le déclin du mouvement syndical aux Etats-Unis est un facteur déterminant dans la croissance des inégalités sociales, surtout parmi les Noirs qui se syndiquent, lorsque l'occasion se présente, à un taux supérieur à celui des salariés blancs[89]. Victoire à la Pyrrhus que d'avoir priorité lors des licenciements au moment où le salariat dans son ensemble finit par accuser le coup dans une période qui semble « *sonner le glas du rêve américain* »[90]. Le bilan des deux Amériques sociales n'est pas dissociable de ces réalités concrètes, de la capacité des systèmes de droits à protéger les citoyens en toutes circonstances.

Or, les compromis nécessaires à la fondation des droits collectifs aux Etats-Unis ont abouti à une situation où ni l'*affirmative action*, ni la reconnaissance syndicale ne relèvent pleinement de droits statutaires, ce qui les rendent vulnérables tout à la fois à des contestations permanentes et aux « sables mouvants de la politique publique »[91]. L'instabilité inhérente à la *common law* rend d'autant plus crucial les choix stratégiques adoptés par les acteurs concernés, car l'évolution d'un consensus dans l'opinion s'appuie sur celle des rapports entre les forces sociales en présence.

L'AFL-CIO a privilégié une stratégie législative plutôt que de s'engager dans le mouvement social des années 1960 et tenter de reconstituer une alliance pour la justice sociale. En y opposant, au contraire, sa propre préservation, elle a épuisé son crédit au niveau de ses alliances politiques, des ressources énormes et la solidarité mutuelle de ses membres, au moment où sa campagne législative, menée en relation avec ses alliés du Parti démocrate au Congrès, se voulait progressiste. De ce point de vue, notre étude ne cherche pas à minimiser l'influence de l'aile conservatrice dirigeant la confédération à l'époque, qui a pesé dans ce choix stratégique, mais à illustrer le véritable dilemme devant lequel se trouvait le syndicalisme américain : son pouvoir s'intégrait dans les structures d'organisation de la production comme dans les accords au niveau du pouvoir politique et ne pouvait pas, en l'occurrence, s'adapter aux rythmes des événements. Plus largement, les gains du mouvement social des années 1930 se sont fondés sur les relations sociales constitutives du *New Deal* et se sont affaiblies selon le même processus historique que cet ordre politique.

Pour sa part, canalisé vers les institutions judiciaires, le mouvement pour les droits civiques a débouché principalement sur les politiques de traitement préférentiel, placées sous le contrôle des tribunaux. Bien que strictement réglementées, depuis *Wygant*, dans le secteur public, les actions en responsabilité

---

88 Barry Bluestone, Bennett Harrison, *Growing Prosperity: The Battle for Growth with Equity in the 21st Century*. Berkeley: University of California Press, 2001, 228 ; Sugrue, *op. cit.*; « Race in America », *CQ Researcher*, 11 juillet 2003, vol. 13, no. 25.

89 William B. Gould, *Labored Relations: Law, Politics and the NLRB*. Cambridge, Mass, MIT Press, 2000, p. 394-400.

90 Bluestone, *op. cit.*, p. 187, 198-99.

91 David Brody, *op. cit.*, p. 32.

délictuelle portées devant les juridictions civiles, pour obtenir des dommages-intérêts, constituent aujourd'hui le principal instrument permettant de combattre la discrimination au travail[92]. On peut critiquer cette tendance à individualiser les droits par leur judiciarisation comme une façon de détourner des droits collectifs, acquis au nom du groupe, au profit d'individus ou de groupes d'individus. Mais y a-t-il une véritable alternative, alors que l'organisme étatique mis en place pour faire respecter l'activité syndicale, le *National Labor Relations Board*, est limité institutionnellement à des sanctions peu dissuasives des violations du droit du travail et affaibli politiquement, surtout depuis l'ère Reagan ? La nation américaine s'accorderait-elle sur une nécessaire égalité raciale sur le lieu du travail mais au dépens d'une justice économique et sociale plus large, issue du combat syndical ? En ce sens, sans entrer ici dans l'articulation complexe entre race, ethnicité, genre et classe, il est à noter que la « Révolution des droits » des années 1960 paraît avoir dilué la base collective de classe sur laquelle reposait l'organisation syndicale et ses acquis traditionnels, comme l'ancienneté. Sans établir un lien de cause à effet, le déclin du syndicalisme américain correspond à la période de la montée de l'*affirmative action*. Mais en préférant s'appuyer sur son lobby législatif plutôt que d'élargir le mouvement social des années 1960 à l'ensemble de la classe ouvrière, le syndicalisme ne s'était-il pas comporté, à sa façon, comme un groupe de pression supplémentaire ? Peut-être est-il possible, comme le demandent aujourd'hui des intellectuels militants, de tenter une nouvelle réconciliation des deux Amériques sociales : combiner les méthodes de luttes juridiques inspirées par le mouvement pour les droits civiques avec les revendications ouvrières traditionnelles, sur le thème « *Labor Rights are Civil Rights* »[93].

Toujours est-il que devant la paralysie du législatif et surtout le recul du mouvement social, il revient aux magistrats de décider de la nature des droits ; pour la Cour suprême, l'« intention originelle » de la Constitution s'opposerait aux droits sociaux du XXe siècle. La Cour dans *Wygant* procède à une remise en cause fondamentale des droits sociaux au nom du XIVe amendement et du caractère *colorblind* des institutions ; or, bien que communément admise dans la jurisprudence, cette lecture littéraliste est elle-même contestable. Replacée dans son contexte historique, l'intention originelle des parlementaires qui ont voté le XIVe amendement peut s'interpréter comme la volonté d'assurer la constitutionnalité des lois qu'ils promulguaient dans le même temps et qui prévoyaient l'aide publique aux esclaves nouvellement émancipés[94]. On voit bien comment l'« intention » est le

92 David B. Oppenheimer, « Evaluating the U.S. Policy of Using Private Lawsuites to Remedy Employment Discrmination », contribution au colloque *Egalité et Justice : regards croisés France/Etats-Unis*, le 2 avril 2004, Université Paris X-Nanterre.

93 Nelson Lichtenstein, *State of the Union: A Century of American Labor*, Princeton, Princeton University Press, 2002.

94 Les Freedmen's Bureau Acts, 1864 et les Civil Rights Acts de 1866. Carl E. Brody, Jr. « A Historical Review of Affirmative Action and the Interpretation of its Legislative Intent by the Supreme Court », 29 *Akron Law Review* 291, 1996.

motif opportunément allégué selon l'objectif qu'on se fixe, mais dans certaines limites. Pour opposer les droits constitutionnels individuels aux droits collectifs, la Cour, dans l'arrêt *Wygant*, pousse son raisonnement jusqu'à réduire un acquis social comme l'ancienneté à un hypothétique droit de propriété individuel du salarié. Ce recours au « droit de propriété » comme négation des libertés élémentaires nous ramène aux doctrines les plus sinistres du judiciaire américain, lorsqu'il est évoqué pour interdire l'accès des Noirs à la citoyenneté, la liberté d'association des travailleurs.

Mais le rééquilibrage qui est intervenu depuis nous permet de croire que l'heure n'est pas venue du rétablissement d'un ordre sans droits. Il n'en demeure pas moins que le système des droits sociaux aux Etats-Unis, de plus en plus attaqué, reste aussi fragile que les forces engagées dans leur préservation.

Résumé : L'article traite de l'introduction de l'*affirmative action* dans l'entreprise américaine grâce au droit jurisprudentiel créé par la Cour suprême. Ce nouveau droit constitué sur la base du groupe ethnique entre d'emblée en conflit avec les structures mises en place par les syndicats à travers les négociations collectives, notamment les dispositifs de valorisation de l'ancienneté, *seniority systems*. Nous analysons le rôle de la Cour suprême qui a procédé à une véritable réécriture de la loi sur les droits civiques de 1964 et qui a tenté, dans le même temps, de préserver l'essentiel des acquis du syndicalisme dans l'entreprise. Au-delà de la doctrine traditionnelle de l'équilibrage des intérêts, son rôle actif a consisté à formuler des compromis successifs adaptés à l'évolution du consensus sur les politiques de traitement préférentiel fondé sur le critère de race (*affirmative action plans*). La Cour servait ainsi d'instrument à des acteurs sociaux cherchant à s'exprimer et qui devaient tenir compte à la fois des interactions complexes entre les institutions et de l'autorité de la Constitution, notamment son XIVe amendement avec sa clause d'égale protection des lois. L'étude des arrêts majeurs sur le traitement préférentiel dans l'emploi fait ressortir le motif de l' « intention », que la Cour interprète sous différentes lumières. C'est ce qui lui permet de baliser les volontés politiques et résistances qui formaient les contours du consensus sur le traitement préférentiel. Nous nous intéressons aussi à la place particulière occupée par les organisations syndicales qui doivent faire face à leur propre Histoire, marquée par le racisme : leur dilemme, et surtout la façon de s'en sortir influèrent sur la constitution de cette nouvelle forme de droits sociaux collectifs aux Etats-Unis, en fonction du groupe ethnique.

Mots-clés : *Affirmative Action*, race, droits civiques, Cour suprême, syndicats américains, négociations collectives, ancienneté.

David Benjamin Oppenheimer[1]

Evaluating the U.S. Policy of Using Private Lawsuits to Remedy Employment Discrimination

In the second half of the twentieth century, Europe and many of its former colonies, including the United States, Canada, South Africa, and India, have been forced to confront racial and ethnic inequality as a legacy of slavery, colonialism, apartheid, and white supremacism. Nowhere is this legacy more apparent than in employment, where discrimination exacerbates existing inequality and sows the seeds of continuing and future inequality. Most nations have adopted policies intended to address employment discrimination, but have embraced dramatically different mechanisms to remedy the problem. Some have relied on various forms of affirmative action (or positive action)[2], which can range from quota hiring to outreach efforts, and be enforced either through state mandates or private initiative. Others have focused on civil, criminal or administrative prosecution, with remedies including reinstatement, back wages, and monetary damages.

In France, the primary mechanism for corrective action has been a combination of Labor court actions[3] and criminal prosecution[4], accompanied by state support for private civil rights groups to act as advocates for complainants. Affirmative action is not practiced in France[5], but has been embraced elsewhere in

---

1 Tous mes remerciements à Anne Deysine pour m'avoir suggéré d'écrire cet article, à Katarzyna Gromek-Broc, Helen Hartnell, Frank Romano, et Bart Selden pour m'avoir encouragé à comparer droit américain et européen, ainsi que pour leurs conseils. Mes remerciements vont également à mes assistants de recherche, Pauline Abadie, Gaël Bizel, Nicholas Cerutti, Esther Hagege, Natalie Kwan, Ariella Perry, and Yofi Weinberg, pour leurs recherches et traductions.

2 I will use the term "affirmative action" when referring to U.S. policies, and the term "positive action" when referring to European policies.

3 See Article L. 112-45 of the Labor Code.

4 Article L. 122-45 of the Labor Code. See also, Code penal, art. 416,3 (cited in Donna M. Gitter, "French Criminalization of Racial Employment Discrimination Compared to the Imposition of Civil Penalties in the United States," 15 *Comp. Lab. L.* 488, 489 n.5 (1994)). For the related issue of sexual harassment, see the New Penal code, art. 222-33, 1991 (cited in Abigail C. Saguy, "Employment Discrimination or Sexual Violence? Defining Sexual Harassment in American and French Law," 34 *Law and Society Review* 1091, 1092 (2000)).

5 Positive action in education, based on disadvantage, as opposed to positive action based on race or ethnicity, is permitted under French law. See, discussed in Burton Bollag, "A French Court Supports an Elite University's Affirmative-Action Program," The Chronicle of Higher Education, Nov. 21, 2003.

Europe, and is permitted by the Treaty of Amsterdam[6]. It is authorized under the Constitution of South Africa[7] and required under the Constitution of India[8]. In Canada, the federal government and some provinces have adopted affirmative action[9], while all embrace administrative prosecution with back pay remedies and small damages awards for emotional distress[10].

In the United States, private voluntary affirmative action is authorized[11] and widely utilized, while state-sponsored affirmative action is highly restricted[12] and controversial[13]. But the primary mechanism for addressing employment discrimination in the United States is complaint-based, through private law suits seeking tort-like damages awards. Under this system, thousand of complainants compromise their claims in exchange for monetary payments, or are awarded monetary damages, each year. While most awards are modest (by American standards), settlements and jury awards exceeding one million dollars are not uncommon. No other nation relies so heavily on a private bar of employment discrimination lawyers, relying on fee-shifting statutes and contingent fees, to enforce its civil rights policies. U.S. legal scholars are now engaged in a discussion of whether this mechanism has been successful. This paper addresses that question.

This conference on comparative equality law celebrates the decision of the United States Supreme Court in *Brown v. Board of Education*[14], which was issued 50 years ago, in May of 1954. Brown was probably the most important decision handed down by the United States Supreme Court in the twentieth century, and certainly deserves our attention. But by focusing on the use of private litigation to enforce the U.S. employment discrimination laws, this paper highlights another civil rights anniversary. This year is the fortieth anniversary of the 1964 Civil Rights Act[15], passed by the United States Congress and signed into law by President

---

6 See Article 119(4); Council Directive 2000/43/EC of 29 June 2000, Article 5 (positive action); Council Directive 2000/78/EC of 27 November 2000, Article 7 (positive action).

7 See F. Michael Higginbotham, Affirmative Action in the United States and South Africa: Lessons From the Other Side, 13 *Temple Int'l & Comp. L.J.* 187 (1999).

8 See Marc Galanter, *Competing Equalities: Law and the Backward Classes in India* (University of California Press 1984).

9 John Hucker, "Towards Equal Opportunity in Canada: New Approaches, Mixed Results," 26 *St. Mary's L.J.* 841, 845, 849, 852 (1995).

10 *Id.* at 841, 845.

11 See *United Steelworkers of America v. Weber,* 443 U.S. 193 (1979) (approving private employer's affirmative action plan).

12 See *Wygant v. Jackson Board of Education,* 476 U.S. 267 (1986) (rejecting public employer's affirmative action plan).

13 In California and Washington, for example, voters have amended the State Constitutions to eliminate all state-sponsored affirmative action.

14 347 U.S. 483 (1954).

15 42 U.S.C. S. 2000e et sq.

Lyndon Johnson in July, 1964. This act, which prohibits discrimination on the basis of race, sex, color, religion or national origin in education, government contracts, access to public accommodations, and employment, was probably the most important legislation passed in the United States in the twentieth century. It was in this Act that the decision was made to enforce the prohibition of employment discrimination primarily through private lawsuits.

I will begin by describing the political events that led to the passage of the Civil Rights Act, and to the compromise that led to the decision to create a private market in employment discrimination litigation. I will then turn to the question of whether the Act has been effective in addressing the problem of racial inequality in employment. Using census data and other social science research, I will conclude that much progress has been made, but that much remains to be done; employment discrimination based on race remains a problem in the United States, forty years after its legal prohibition. I will then look to the results of verdict studies to conclude that private discrimination litigation does not appear to be a particularly effective mechanism. However, comparing private litigation to the other approaches that might have been adopted under U.S. law suggests that they would probably have been even less effective. This is hardly a ringing endorsement of litigation, but to use an Americanism, "the jury is still out" on the relative advantages of private litigation.

The 1964 Civil Rights Act:

The period between *Brown* in 1954 and the 1964 Civil Rights Act ten years later was a period of great social unrest in the United States. As late as 1963, the success of the civil rights movement was very much in doubt, despite the ban on school segregation, and later other forms of public apartheid, handed down by the courts[16]. Some who sympathized with the *Brown* decision nonetheless believed that the Court had gone too far to retain its respect and authority, and many white Americans, particularly in the South, violently resisted the Courts' decisions.

In March of 1963, President Kennedy was resisting calls from his own party to introduce a civil rights law. He was convinced it could not pass, and would destroy the Democratic party. Martin Luther King, Jr., had become increasingly marginalized. He was viewed by most of the black middle class as too radical, and by many of the new young civil rights advocates as too moderate. Rejecting the call from the NAACP to concentrate on law reform litigation, and the demands from Malcolm X and others to reject non-violence, he was increasingly regarded as irrelevant.

---

16 See Taylor Branch, *Parting The Waters: America in the King Years* 1954-63, (1988) at 524-803; Martin Luther King, Jr., *Why We Can't wait* (1964). I discuss this period, and the events in Birmingham, at greater length in David Benjamin Oppenheimer, "Martin Luther King, Walker v. City of Birmingham, and the Letter From Birmingham Jail", 26 *U.C. Davis L. Rev.* 791 (1993) and David Benjamin Oppenheimer, "Kennedy, King, Shuttlesworth and Walker: The Events Leading to the Introduction of the Civil Rights Act of 1964", 29 *U.S.F. Law Review* 645 (1995).

But 41 years ago, on April 2, 1963, Dr. King arrived in Birmingham Alabama and began a campaign of non-violent civil disobedience that attracted the attention of the world. Through his Good Friday arrest and his Easter weekend in the Birmingham jail, and through the children's marches that followed, in which thousands of young black students non-violently resisted as they were attacked by police dogs and water cannons, President Kennedy realized he could no longer resist the calls for civil rights legislation. Indeed, we in the United States may owe a debt to Europe for our President's decision. Recent scholarship based on his White House papers suggests that Kennedy was convinced to change his position on the civil rights question in part by pressure from the State Department, which complained that the United States was losing the cold war propaganda fight because of our system of legal segregation and racial oppression[17].

By May of 1963 Kennedy agreed to sponsor a new civil rights law. By August, Dr. King led hundreds of thousands of marchers in support of the proposed bill, on a march on Congress, where he gave his "I Have a Dream" speech. And by the following summer, in the wake of President Kennedy's assassination, that bill was passed into law.

Choosing an Enforcement Model for the Prohibition of Employment Discrimination:

One of the critical decisions facing the Congress as the bill was drafted was the question of how it should be enforced. Two primary choices were discussed[18]. The first, favored by liberals, was what we refer to in the United States as "administrative enforcement". The proposal was to create an administrative agency, known as the Equal Employment Opportunity Commission, which would have the exclusive authority to accept and investigate complaints. When the investigative staff found that the complaints were valid, they would be heard by hearing officers appointed by the commissioners, who would hear testimony and issue proposed findings, which would be reviewed by the commissioners. The Commission would have the power to order reinstatement and other affirmative relief, and to order back pay. Its decisions would be subject to limited review by the United States Circuit Courts of Appeals, the appellate court that sat directly below the Supreme Court, which would determine only whether the Commission had abused its discretion. This proposal was modeled on the National Labor Relations Board, which enforced the law guaranteeing the right to form unions, and governing union/management relations. Its sponsors believed that had it been adopted, it would have created a very powerful agency.

---

17 Mary L. Dudziak, *Cold War Civil Rights: Race and the Image of American Democracy* (2000).

18 Hugh Davis Graham, *The Civil Rights era: Origins and Development of National Policy* 1960-1972 (Oxford University Press 1990) at 126-130; Richard K. Berg, "Equal Employment Opportunity Under The Civil Rights Act of 1964", 31 *Brooklyn L. Rev.* 62, 64 (1964).

The alternate proposal also called for the creation of an Equal Employment Opportunity Commission, but with much weaker powers, and with enforcement through government prosecutions in the civil courts. This proposal also gave the Commission the exclusive authority to accept and investigate complaints. But under this proposal, which had the support of moderates, when the investigative staff found that the complaints were valid they referred them to the United States Justice Department, where lawyers working under the supervision of the United States Attorney General could bring civil prosecutions in the United States District Court, the federal trial courts. The cases would be heard, then, by federal judges, appointed by the President and confirmed by the Senate, instead of hearing officers appointed by the Commission. Its sponsors believed that had it been adopted, it would have created a weaker, and less dangerous, agency.

In the end, neither proposal was adopted. Instead, as a result of a compromise necessary to move the bill to the floor of the U.S. Senate[19], the Act provided for an even weaker Equal Employment Opportunity Commission, with most enforcement entrusted to private law suits brought in the United States District Court, the federal trial courts. Michael Sovern described the agency as it emerged from the compromise as a "poor enfeebled thing, with power to conciliate but not to compel"[20].

As adopted, the Act created an Equal Employment Opportunity Commission, with exclusive authority to accept and investigate complaints, but with the power in most cases only to attempt to conciliate those cases where the staff concluded that the employer had unlawfully discriminated against the complainant. The Commission did have the authority to refer possible "pattern and practice" cases to the Department of Justice for prosecution in the United States District Court. But in all other cases, if conciliation failed (or the Commission declined to attempt conciliation) the complainant had to hire private counsel and file a private civil lawsuit in the District Court. The District Court was authorized to reinstate a prevailing plaintiff, with back pay and other affirmative relief, and, critically, to award a prevailing plaintiff his or her attorneys fees.

In subsequent revisions in the 1970's the Act was amended to give the Commission the authority to prosecute cases in the District Courts[21]. But as discussed herein, that power has been used sparingly. In most cases, if a Title VII enforcement action is brought it will be brought by the plaintiff, not the EEOC, with the assistance of private counsel.

---

19 *Id.* at 145-149.

20 Michael Sovern, *Legal Restraints on Racial Discrimination in Employment, the Twentieth Century Fund*, New York, 205 (1966).

21 Equal Employment Opportunity Act of 1972, Pub. L. No. 92-261, 86 Stat. 103.

Did Congress Choose the Most Effective Enforcement Model?

The question I wish to address is whether this is a good model for enforcing employment discrimination claims, and whether consideration of alternative models in United States and European law suggests that there are better models which ought to be considered. I limit my discussion to race discrimination claims, recognizing that an examination of the Act's success in addressing sex discrimination in employment might well yield a different answer.

In those instances where I am aware of comparable French or European Union data, I will note it. For example, a report issued in 2003 by the European Opinion Research Group (EEIG) discloses that "most Europeans believe that a person's ethnic origin, religion, disability or age can be an obstacle in finding a job, even where qualifications are equal"[22]. In France, 28% of those polled had witnessed discrimination on ethnic grounds[23].

One way to measure the effectiveness of private enforcement is to ask whether workplace discrimination in the United States against African Americans and other minority groups has been eliminated, or substantially reduced, in the forty years since the Act's passage. Examining census data, controlled experiments, social science studies, and litigation studies, suggests that the Act has had a measurable impact, but that far more progress is required before victory can be claimed.

Census Data on Racial Inequality in Employment & Income

One source by which we can measure racial inequality is data reported by the United States Census Bureau[24]. Some commentators have argued that these data establish that racial discrimination has disappeared from American life, and that we have become a "color-blind society." Others argue that these data establish persistent endemic discrimination in American life[25]. I believe the data are fairly described as demonstrating that progress has been made, but that much remains to be done. Whether to classify them as demonstrating success or failure is analogous to deciding whether a glass is half empty or half full.

Income Differentials by Race

One measure of racial inequality is family income. The data show that in each decade, minorities in the U.S. have lagged behind Whites by approximately ten

---

22 Discrimination In Europe, available at http://www.europa.eu.int/comm/employment_social/fundemental_rights/pdf/studies/euro_high_en.pdf

23 *Id.*

24 Similar data about France is not collected by the French Census Bureau, INSEE. For a critique of this practice, see P. Simon, *Les Discriminations ethniques dans la société française*, Etudes et Recherches de l'IHESI, novembre 2000.

25 I am a co-author of a recent book addressing this debate. See Michael Brown, et. al., *Whitewashing Race: The Myth of a Color-Blind Society* (University of California Press 2003).

years, with minority family income in any year nearly equaling white family income of ten years earlier. The ratio of minority income to white income has grown, and the relative disparity has narrowed, but quite slowly. In 1950, the ratio between white family income and non-white (the Census term at that time was "Negro and other") family income was 54%[26]. The percentage rose slightly, to 55%, in 1960[27], and then jumped to 61% in 1970[28], five years after the Civil Rights Act took effect. Beginning in 1980, the Census Bureau separately reported family income for white, black, and hispanic families. In 1980, the ratio of black family income to white family income was 58%[29], while the ratio for hispanic to white family income was 67%[30]. In the 1980's progress stalled. By 1990, the respective ratios were 58% (black families) and 63% (hispanic families)[31]. In the 1990's, the ratio jumped again for blacks, although it rose only slightly for Hispanics. In 2000, the respective ratios were 64% (black families) and 66% (hispanic families)[32]. By this measure, the rise from a 55% ratio in 1960 to a 65% ratio in 2000 marks measurable progress in family income for minority families since the passage of the Civil Rights Act, but over half that progress occurred in the first five years, with the remainder during the boom years of the 1990's. Table 1 sets forth these ratios and the dollar amounts in then-current dollars.

Table 1

Money Income of Families – Median Family Income in Current Dollars, and as a percentage of white family income, By Race: 1950-2000[33]

	1950	**1960**	**1970**	**1980**	**1990**	**2000**
White	$3,445	$5,835	$10,236	$21,904	$36,915	$53,256
Negro and Other	$1,869 (54%)	$3,233 (55%)	$6,279 (61%)			

26 Calculated from U.S. Bureau of the Census, *Statistical Abstract of the United States*: 1970 (ninety-first edition). Table 486, page 322.

27 *Id.*

28 Calculated from U.S. Bureau of the Census, *Statistical Abstract of the United States*: 1984 (one hundred and fourth edition). Table 762, page 463.

29 Calculated from U.S. Bureau of the Census, *Statistical Abstract of the United States*: 2002 (one hundred and twenty second edition). Table 658, page 436.

30 *Id.*

31 *Id.*

32 *Id.*

33 Calculated from U.S. Bureau of the Census, *Statistical Abstract of the United States*: 1970 (ninety-first edition). Table 486, page 322; 1984 (one hundred and fourth edition). Table 762, page 463; and 2002 (one hundred and twenty second edition). Table 658, page 436.

Black				$12,674 (58%)	$21,423 (58%)	$34,192 (64%)
Hispanic				$14,716 (67%)	$23,431 (63%)	$35,054 (66%)

Another method of examining changes in income inequality is to look at individual wage earners, rather than families. The Census Bureau's measure of median weekly earnings of full-time workers, set forth in Table 2, again demonstrates a continuing racial disparity in earnings[34].

Table 2

Median Weekly Earnings by Race and Hispanic Origin: 1970 and 2001

	Earnings in Dollars		**Earnings as a Percentage of White Earnings**	
	1970	**2001**	**1970**	**2001**
White	$134	$612	100%	100%
Black	$99	$487	74%	80%
Hispanic	N/A	$414	N/A	68%

Income Differentials by Race and Education

One explanation offered for racial income inequality is the difference in educational achievement (or opportunity) between Whites and racial/ethnic minorities. Certainly, educational achievement by minority group members has risen dramatically in the past fifty years. In 1960, 20% of black Americans and 43% of white Americans had at least a high school diploma. By 2000, 85% of Whites, 79% of Blacks, and 57% of Hispanics had at least a high school degree, and 26% of Whites, 17% of Blacks, and 11% of Hispanics had at least a college degree[35].

Though one may argue that educational differences are themselves evidence of continuing societal discrimination, they are outside the purview of the employment discrimination statutes, which are intended to provide equal employment among those of equal qualifications. Another measure of employment inequality, then, is the ratio of minority earnings to white earnings among persons with the same educational achievements. The most recent census data reports for this are from 1999.

34 U.S. Bureau of the Census, *Statistical Abstract of the United States*: 1982-83 (one hundred and third edition) Table 671, page 404; U.S. Bureau of the Census, *Statistical Abstract of the United States*:2002 (one hundred and twenty second edition). Table 613, page 403.

35 U.S. Bureau of the Census, *Statistical Abstract of the United States*:2002 (one hundred and twenty second edition). Table 208, page 139.

Among male high school graduates, the ratio of mean earnings for black workers to white workers was 83%. For Hispanics high school graduates it was 76%. Among male college graduates, the ratio drops to 71% for Blacks, and 72% for hispanics. Thus, although in absolute terms black and hispanic college graduates earn more than black and hispanic (and white) high school graduates, the racial earnings gap grows with higher educational achievement. By contrast, black and Hispanic women draw closer to white women's earnings as educational achievement rises – black women with college degrees actually earn slightly more than white women with college degrees – though again women at all education levels earn substantially less than similarly educated men. Thus, a white man with high school diploma earns more on average than a hispanic woman with a bachelor's degree. These data are presented in Table 3.

Table 3

Mean Earnings by Highest Degree Earned: 1999[36]

	Not a High School Graduate	**High School Graduate Only**	**Associate's Degree**	**Bachelor's Degree**	**Master's Degree**
White Male	$19,320	$31,279	$41,010	$59,606	$68,831
Black Male	$16,391 (85%)	$25,849 (83%)	$31,885 (78%)	$42,530 (71%)	$54,642 (79%)
Hispanic Male	$18,020 (93%)	$23,736 (76%)	$36,740 (90%)	$42,733 (71%)	$60,013 (79%)
White Female	$12,405	$18,381	$24,928	$32,507	$41,845
Black Female	$10,734 (87/56%)[37]	$16,506 (90/53%)	$26,787 (107/65%)	$33,184 (102/56%)	$44,761 (107/65%)
Hispanic Female	$12,684 (102/66%)	$16,653 (91/53%)	$22,695 (91/55%)	$29,249 (90/49%)	$41,118 (98/60%)

Occupation and Race

Another measure of employment inequality is occupational opportunity. When minorities are over-represented in low-paying occupations, and under-represented in high-paying fields, opportunities are limited, and income inequality is persistent. For example, in 2001 black Americans were 5.6% of all physicians, but 32.7% of all

36 U.S. Bureau of the Census, *Statistical Abstract of the United States*:2002 (one hundred and twenty second edition). Table 211, page 140.

37 The first ratio is to white women; the second is to white men.

nursing aides and orderlies. Hispanics were 10.4% of waiters and waitresses, but 21.5% of waiter and waitress assistants. A comparison of occupational characteristics between 1983 and 2001 shows some improvement for minorities in some areas, but once again shows substantial continuing disparities. Table 4 sets forth some occupations where minorities are substantially over-represented. Table 5 sets forth some occupations where minorities are under-represented.

Table 4
Employed Civilians, Percentage of Labor Force by Occupation, Race, and Hispanic Origin where Minorities are Over-Represented: 1983 and 2001[38]

	1983		2001	
	Black	**Hispanic**	**Black**	**Hispanic**
Overall Civilian Labor Force	**9.3%**	**5.3%**	**11.3%**	**10.9%**
Licensed Practical Nurses	17.7	3.1	23.2	3.4
Office Machine Operators	16.0	6.1	27.2	12.6
Postal Clerks	26.2	5.2	35.5	6.2
Cleaners and Servants	42.4	11.8	13.5	39.5
Correctional Institution Officers	24.0	2.8	26.8	9.2
Guards	17.0	5.6	25.6	11.2
Cooks	15.8	6.5	17.4	24.0
Health Aides, Except Nursing	16.5	4.8	25.8	10.8
Nursing Aides and Orderlies	27.3	4.7	32.7	11.6
Maids and Housemen	32.3	10.1	21.9	28.5
Janitors and Cleaners	22.6	8.9	20.8	23.3
Pressing Machine Operators	27.1	14.2	29.0	36.8
Farm Workers	11.6	15.9	3.7	42.3

38 U.S. Bureau of the Census, *Statistical Abstract of the United States*:2002 (one hundred and twenty second edition). Table 588, pages 381-383.

Table 5
Employed Civilians, Percentage in Occupation, Race, and Hispanic Origin where Minorities are Under-Represented: 1983 and 2001

	1983		2001	
	Black	**Hispanic**	**Black**	**Hispanic**
Overall Civilian Labor Force	**9.3%**	**5.3%**	**11.3%**	**10.9%**
Architects	1.6	1.5	3.1	4.4
Engineers	2.7	2.2	5.5	3.5
Physicians	3.2	4.5	5.6	4.6
Dentists	2.4	1.0	4.1	3.5
College and University Teachers	4.4	1.8	6.1	4.1
Lawyers	2.6	0.9	5.1	3.1

Unemployment and Race

Yet another measure of employment equality is employment participation. In 2001, when the national unemployment rate was 4.8%, the black unemployment rate was 6.5%, the hispanic rate was 5.5%, while the white rate was 3.1%.[39] Among teenagers, the white rate was 12.7%, while the black rate was 29.0% and the hispanic rate was 17.7%[40]. These data are set forth in Table 6.

Table 6
Unemployment Rate in United States, by Race and Age, 2001

	All Age Unemployment Rate	**Teenage (16-19) Unemployment Rate**
White	3.1%	12.7%
Black	6.5%	29.0%
Hispanic	5.5%	17.7%

39 U.S. Bureau of the Census, *Statistical Abstract of the United States*:2002 (one hundred and twenty second edition). Table 598, page 390.

40 U.S. Bureau of the Census, *Statistical Abstract of the United States*:2002 (one hundred and twenty second edition). Table 593, page 387.

Poverty and Race

Another (indirect) indication of employment equality is poverty. In the year 1959, over half of all black Americans were poor[41]. By 2000, that percentage had dropped to 22.0%[42]. Among American children in the year 2000, 12.3% of the white children were poor, compared with 30.4% of black children, and 27.3% of hispanic children[43]. Table 9 shows the progress in eliminating poverty over the past 40 years, and the degree to which poverty continues to be more prevalent among minorities than whites.

Table 7
Percentage of Persons Below Poverty Level[44]

	1959	1966	1970	1975	1990	2000
White	18.1	12.2	9.9	9.7	10.7	9.4
Black	55.1	41.8	33.5	31.3	31.9	22.0
Hispanic	N/A	N/A	N/A	26.9	28.1	21.2

In sum, census data support the conclusion that significant reductions in racial inequality have occurred, but that nonetheless there continues to be substantial racial inequality in the American workplace. Black and hispanic Americans continue to earn less than white Americans, even after correcting for education, and are disproportionately unemployed and, when employed, represented in low-income occupations.

Audit Evidence of Present Racial Discrimination in Employment

Over the past two decades a number of controlled experiments have been conducted that reveal substantial discrimination against minorities, particularly African Americans, seeking employment[45]. Studies carried out by the Urban

---

41 U.S. Bureau of the Census, *Statistical Abstract of the United States*:1982-1983 (one hundred and third edition). Table 727, page 440.

42 U.S. Bureau of the Census, *Statistical Abstract of the United States*:2002 (one hundred and twenty second edition). Table 668, page 441.

43 U.S. Bureau of the Census, *Statistical Abstract of the United States*:2002 (one hundred and twenty second edition). Table 669, page 441.

44 U.S. Bureau of the Census, *Statistical Abstract of the United States*:1982-1983 (one hundred and third edition). Table 727, page 440 and U.S. Bureau of the Census, *Statistical Abstract of the United States*:2002 (one hundred and twenty second edition). Table 668, page 441.

45 The discussion that follows is drawn substantially from my 1996 article, "Understanding Affirmative Action", 23:4 *Hastings Constitutional Law Quarterly* 921 (1996).

Institute in San Diego, Chicago and Washington, D.C., paired college-aged men with identical simulated job qualifications and directed them to seek employment, following a carefully scripted plan, from the same firms[46]. In one of the experiments, white and black job seekers applied for entry level jobs advertised in newspapers in Washington, D.C., and Chicago during the summer of 1990. A total of 476 tests, termed "audits," were conducted. In Washington, the white auditors were more than three times as likely to receive job offers as were the black auditors[47]. In Chicago, the white auditors were twice as likely to receive a job offer[48]. In the Chicago and San Diego tests comparing white and hispanic auditors, the white applicants were more than 50% more likely to be offered jobs than were the hispanic applicants[49].

Although the Urban Institute auditors were instructed to push forward with their applications unless or until they were either offered or denied the job, many real-life job-seekers will likely be discouraged from pursuing an employment application because of their treatment in the hiring process. It is thus significant that in those 45% of the Washington audits where both auditors received interviews, the white auditors were almost twice as likely as the black auditors to be favored in terms of waiting time, length of interview, number of interviewers, positive comments and negative comments[50]. For example, "a black auditor reported that he had received a very discouraging impression of the job, including the statement that 'your supervisor will work your butt off.' The white partner, on the other hand, was told that the company offered great opportunities for advancement"[51]. The discriminatory results were not uniform across all job categories. In general, Blacks were more likely to encounter unfavorable treatment in higher paying, higher status jobs and in jobs involving substantial customer contact[52].

Another series of audits was conducted between 1990 and 1992 by the Fair Employment Council of Greater Washington, Inc[53]. "The tests revealed that Blacks were treated significantly worse than equally qualified Whites 24% of the time and

---

46 This technique for finding or proving discrimination should be familiar to French and other European scholars. It was approved by the Cour de cassation in a recent French case concerning admission to a night club of persons of North African origin. See *L'Association SOS Racisme*, Crim., 11 juin 2002, *Bull. Crim.*, No. 131, p.482.

47 Margery A. Turner et al., Urban Inst. Report 91-9, *Opportunities Denied, Opportunities Diminished: Racial Discrimination in Hiring* (1991) at 41 tbl. 4.4.

48 *Id.*

49 Harry Cross et al., Urban Inst. Report 90-4, *Employer Hiring Practices: Differential Treatment of Hispanic and Anglo Job Seekers* (1990).

50 Turner et al., *supra* note 47 , at 45-48 tbl. 4.7.

51 *Id.* at 48-49.

52 *Id.* at 52-53.

53 See, Affirmative Action Review: Report to the President at 21 (1995).

Latinos were treated worse than Whites 22% of the time"[54]. For example, when two pairs of testers appeared at a nationally-franchised employment agency, the black testers were given no referrals while the white testers were immediately referred to jobs[55]. A black woman applied to a major hotel chain and received no call-back, while her white counterpart was offered a desk clerk job[56]. When two equally qualified women applied for a typist/receptionist job, the black woman received no offer while the white woman was offered a better, higher paying job than the one advertised[57]. Where black testers were offered jobs, the conditions were often materially different. One pair of auditors applied at a car dealership for sales jobs; the white applicant was interviewed for the sales position, but the black applicant was told he would have to begin by washing cars[58]. Another audit, focusing on discrimination against Hispanics, found that hispanic job auditors received 25% fewer job interviews and 34% fewer offers than did white testers[59].

A study that combined and re-examined the results of these six controlled experiments determined that when a white job applicant was interviewed, he or she had a 46.9% likelihood of being offered the job ; for a similarly qualified black applicant, the likelihood of a job offer was 11.3%[60]. In other words, the white applicant was over four times more likely to get the job than the equally qualified black applicant. In 16.7% of the cases where both applicants were offered the job, the white applicant was offered a higher starting salary, while the reverse never occurred[61]. Where both applicants were offered a job, the average starting salary was $5.45 per hour, but where only the white applicant was offered the job, the starting pay was $7.13 per hour[62].

Similar, more recent controlled experiments conducted in California yielded similar results. The Discrimination Research Center of Los Angeles and Berkeley conducted undercover tests of employment agencies, studying agencies in San Francisco in 1999, and in both San Francisco and Los Angeles in 2003[63]. Matched pairs with carefully constructed nearly equal qualifications (the black testers were given slightly better job qualifications) were sent out separately to apply for

---

54 *Id.*

55 *Id.*

56 *Id.* at 21-22.

57 *Id.* at 22.

58 *Id.*

59 *Id.*

60 Marc Bendick, Jr., et al., "Measuring Employment Discrimination Through Controlled Experiments", 23 *rev. of Black Pol. Econ.* 25, 31 (1994).

61 *Id.* at 32.

62 *Id.* at 35.

63 Jenny Bussey and John Trasvina, *Racial Preferences: The Treatment of White and African American Job Applicants by Temporary Employment Agencies in California*, Discrimination Research Center 2003.

placement by temporary employment agencies. Over one hundred tests were conducted, with some agencies tested multiple times by different pairs of testers. The tests revealed that temporary agencies in San Francisco preferred white applicants over black applicants by a 3-1 ratio in 1999, and by a 4-1 ratio in Los Angeles and 2-1 ratio in San Francisco in 2003[64]. The case stories included in the Center's report illustrate these dramatic differences. In one case, a white tester was quickly offered a $13/hour position doing relevance testing for an internet search engine, while the black tester, two weeks later, was offered an $11/hour job distributing mail and providing general office support[65]. In another case, the black tester, despite frequent calls to the agency, was never interviewed, while the white tester was offered a permanent position with a cruise company paying over $35,000/year and a free annual cruise[66].

In sum, these controlled experiments suggest that employment discrimination against black Americans remains pervasive forty years after the passage of Title VII.

Social Science Studies Attempting to Measure Employment Discrimination

Two recent studies by social scientists attempt to measure quantitatively the frequency of racial discrimination in employment in the United States today. Laura Beth Neilsen and Robert L. Nelson examined social science survey data and made an estimate, which they described as "conservative", that some 3,415,160 African Americans perceived that they were the targets of workplace discrimination in 2000[67]. Another study, by Professors Alfred W. Blumrosen and Ruth G. Blumrosen, analyzed EEOC reports from large and medium sized employers and concluded that there were roughly two million workers affected by intentional race or sex discrimination in 1999, including nearly 600,000 black workers[68].

Litigation Data on Employment Discrimination Claims

Given the data described above, which suggest that there are at least hundreds of thousand of potential valid claims of race discrimination in employment each year, if the Congress made a good choice in emphasizing private litigation as the

64 *Id.* at 1, 8-12.

65 *Id.* at 12-13.

66 *Id.* at 13-14.

67 Laura Beth Neilsen and Robert L. Nelson, "Scaling the Pyramid of Employment Discrimination: A Sociological Model of Employment Discrimination", in Laura Beth Neilsen and Robert L. Nelson, eds., *Rights and Realities, Legal and Social Scientific Approaches to Anti-Discrimination Law*, (forthcoming, Kluwer Academic, 2004).

68 Alfred W. Blumrosen and Ruth G. Blumrosen, *The Reality of Intentional Job Discrimination in Metropolitan America,* 1999, www.eeo1.com (2002).

main mechanism for enforcing the Civil Rights Act, we should expect to see substantial numbers of claims being filed and taken to settlement or trial each year. The litigation studies examining this question are all, in one degree or another, incomplete. Nonetheless, the picture that emerges is that there are relatively few discrimination claims filed in court, and very few pursued to settlement or judgment. Further, they demonstrate that plaintiffs taking race discrimination cases to trial are rarely successful. These data may suggest that private litigation has not been a particularly effective method of addressing racial discrimination in employment.

Neilsen and Nelson report that in 2000 nearly 29,000 individuals, most of whom were minority group members, complained to the EEOC that they had been discriminated against based on their race in violation of Title VII (Although complaints to the EEOC are not a prerequisite to suit in race discrimination cases, it is believed that most individuals file with the EEOC before filing in a State or Federal court[69]). The data they rely on don't separate race discrimination claims from other discrimination claims, but by extrapolating from the available data they estimate that a far smaller 7,600 filed a civil action in federal court. Of those actions, they estimate that approximately 3,200 settle, and that fewer than 300 go to trial, resulting in approximately 110 plaintiff verdicts, with a median award of approximately $130,000[70]. Thus, hundreds of thousands (perhaps millions) of potential complaints lead to just over 100 trial victories, and another 3,200 litigation settlements.

Neilsen and Nelson don't attempt to quantify the number of private actions brought in State courts. But outside of a few States with plaintiff-friendly damages provisions, it is unlikely that there are more State court discrimination cases than federal court discrimination cases. Even if there were, say, twice as many State cases as federal cases, there would, using their calculations, be fewer than 1,000 verdicts annually in racial discrimination in employment cases, along with perhaps 10,000 litigation settlements.

I have recently published the results of a study I conducted examining employment discrimination verdicts in State and Federal courts in California, covering the years 1998 and 1999[71]. The study is limited to reported verdicts, which is less than the full universe of cases, and is probably somewhat biased in favor of plaintiff verdicts. Nonetheless, there is good reason to believe that over half of all verdicts are reported, and the results are revealing on the question of race

---

69 Persons intending to file an action in State court frequently first file an administrative complaint with a State agency that cooperates with the federal EEOC. In most cases, these filings are deemed co-filed with the EEOC, and included in the data they report.

70 Laura Beth Neilsen and Robert L. Nelson, *Scaling the Pyramid of Employment Discrimination*, *supra* n. 67 at 42. See also, Bureau of Justice Statistics, *Civil Rights Complaints in U.S. District Courts*, 2000 (July 2002).

71 David Benjamin Oppenheimer, "Verdicts Matter: An Empirical Study of California Employment Discrimination and Wrongful Discharge Jury Verdicts Reveals Low Success Rates for Women and Minorities", 37 *L. U.C. Davis Rev.* 511 (2003).

discrimination outcomes. I found there were 272 reported employment discrimination verdicts during the two year period, of which plaintiffs won 136 (50%), with a median verdict of $200,000. Of the 272, 51 were race discrimination cases, including 47 where the plaintiff was non-white, and 4 where the plaintiff was white (such cases are sometimes described as "reverse discrimination" cases, and are permitted under U.S. law)[72]. In the cases brought by white plaintiffs, the plaintiffs won all 4 cases. Of the 47 cases brought by non-white plaintiffs, the plaintiffs won 17 (36%), with a median verdict of $105,000. Of the 51 cases, 11 were tried in federal court, 40 in State court[73].

Other studies confirm that there are thousands, but not tens of thousands, of employment discrimination cases tried annually in United States courts, and that plaintiffs generally do not fare well at trial[74].

Can we conclude from this that the selection of private litigation as the enforcement mechanism has been a failure? In my view, we cannot reach that conclusion until we address two more questions. First, are there preferable alternatives? Second, are there benefits from the private litigation of employment discrimination claims that have not been quantified?

EEOC Enforcement as an Alternative to Private Litigation

Recall that at the time Title VII was enacted, there were two alternate enforcement mechanisms considered. One was a moderately strong EEOC, with the power to bring cases in the U.S. District Courts. The other was a strong EEOC, with enforcement powers similar to the National Labor Relations Board (NLRB), which regulates union/management relations.

In 1972, a few years after Title VII was enacted, it was amended to provide the EEOC with the power to prosecute cases in the District Courts[75]. Claimants were permitted to elect either private litigation or EEOC enforcement. As numerous commentators have noted in the years that followed, the agency's enforcement activities have been disappointing[76].

---

72 *McDonald v. Santa Fe Trail Transportation Co.*, 427 U.S. 273 (1976).

73 California probably attracts more employment discrimination cases to the State courts than most states, because it has long permitted unlimited legal damages. See, *Commodore Home Systems v. Superior Court*, 32 Cal. 3d 211 (1982).

74 See Michael Selmi, "Why Are Employment Discrimination Cases So Hard to Win ?", 61 *La. L. Rev.* 555 (2001); *Civil Rights Complaints in U.S. District Courts*, 1990-1998, Bureau of Justice Statistics (2000); Theodore Eisenberg, "Litigation Models and Trial Outcomes in Civil Rights and Prisoner Cases", 77 *Geo. L.J.* 1567 (1989); John J. Donohue & Peter Siegelman, "The Changing Nature of Employment Discrimination Litigation", 43 *Stan. L. Rev.* 983 (1991).

75 Equal Employment Opportunity Act of 1972, Pub. L. No. 92-261, 86 Stat. 103.

76 See, e.g., Michael Selmi, "The Value of The EEOC: Reexamining The Agency's Role in Employment Discrimination Law", 57 *Ohio St.L.J.* 1 (1996).

For example, in 2002 the EEOC received 29,910 race discrimination complaints, and resolved 33,199[77]. Of the resolutions, 3,059 were by settlement (9.2%), and another 1,200 (3.6%) were withdrawn by the complainant with some kind of employment benefit. Some 580 (1.7%) were successfully conciliated. In total, the agency calculated that 6,303 (19%) were resolved with an outcome favorable to the claimant. Those claimants received an average of $12,851. In the 23,897 cases where the agency made a factual finding, 91% of the time it was a finding of "no cause".

The agency rarely uses its power to prosecute. In 2002, it filed only 244 Title VII actions in District Courts. These included race, sex and religious discrimination charges[78]. It resolved, by trial or post civil complaint settlement, 247 Title VII cases, with an average monetary benefit of $117,409.

Michael Selmi argues that the EEOC should either be eliminated or substantially reformed[79]. In its current mode, it concentrates on small cases which are significant only to the parties, while serving as a bureaucratic barrier to many meritorious cases. He concludes: "Whatever the EEOC's original mission, and whatever the original hope, today the agency is clearly a failure, serving in some instances as little more than an administrative obstacle to resolution of claims on the merits. The EEOC resolves too few claims favorably for employees; it handles cases that would otherwise be pursued by private attorneys, and its cumbersome procedures result in a large number of potentially meritorious cases being dismissed for failure to comply with those procedures. The failures of the EEOC are particularly glaring in that they involve an issue of great national importance - the elimination and remediation of unlawful discrimination"[80].

If the political moderates' favored option in 1964 – an EEOC with the power to prosecute cases in District Court – has now been revealed as ineffective, the liberal choice would likely have been even less successful. Liberals in 1964 wanted an EEOC modeled on the NLRB, which has the exclusive right to enforce the laws promoting union organizing and regulating union/management relations. In 1964 the NLRB was feared by business interests as a powerful foe of management. But as power shifted from Democrats to Republicans, the power of the agency shifted as well. It is now widely viewed as ineffective at helping workers organize, and as a highly politicized agency.

---

77 The U.S. Equal Employment Opportunity Commission, Race-Based Charges FY 1992-2002, available at http://www.eeoc.gov/stats/race.html (last visited 2/15/04).

78 *Id.* at http://www.eeoc.gov/stats/litigation.html (Last visited 2/15/04). Race charges are not listed separately.

79 Michael Selmi, "The Value of the EEOC", *supra* n. 76.

80 *Id.* at 64.

Under the watchful eye of the NLRB, union membership in the United States has dropped from 18,117,000 in 1960 to 16,258,2000 in 2000, while the civilian work force has more than doubled, from 69,628,000, to 140,863,000[81].

Another illustration of the risk of ineffective enforcement of civil rights inherent in a powerful EEOC is the politicization of affirmative action policy in the 1980s. In 1965, President Johnson issued an Executive Order requiring all federal contractors to adopt affirmative action programs to increase their use of minority employees and minority owned sub-contractors[82]. In the late 1970s President Carter pushed for vigorous enforcement of the Executive Order. Jonathan Leonard found that during this period employment of black men grew faster than employment of white men in firms that had contracts with the federal government ; he attributes this to Carter's actions[83]. By 1980 black male employment among federal contractors had grown by 17%, compared to a 12% increase in white male employment. But Ronald Reagan ran for President on a platform hostile to civil rights enforcement[84]. Once he took office, employment growth among federal contractors for blacks was no greater than for Whites, and the already significant gap between white and Black wages widened by 2.5%[85].

In sum, while the choice of private litigation as the major mechanism for enforcing the Civil Rights Act's prohibition of race discrimination in employment has not achieved the goal of racial equality, the two choices rejected in 1964 would probably have been even less successful.

Are Other Alternatives to Litigation Better Suited for Civil Rights Enforcement?

If neither litigation nor administrative prosecution by a strong (or moderately strong) EEOC appears to be a successful mechanism for enforcing the employment rights of racial minorities, are there other mechanisms that deserve further consideration? Several alternatives deserve further consideration, and I hope to address them in further research. Briefly, they are private arbitration of discrimination claims, mandatory mediation of all discrimination claims, or

---

81 U.S. Bureau of the Census, *Statistical Abstract of the United States*:1982-1983 (one hundred and third edition). Table 680, page 408 and U.S. Bureau of the Census, *Statistical Abstract of the United States*:2002 (one hundred and twenty second edition). Tables 628 and 560, pages 411 and 367.

82 Jonathan S. Leonard, "The Impact of Affirmative Action Regulation and Equal Employment Law on Black Employment", 4 *The Journal of Economic Perspectives* 61 (1990).

83 *Id.* at 50, 51; Jonathan S. Leonard, "Antidiscrimination or Reverse Discrimination: The Impact of Changing Demographics, Title VII, and Affirmative Action on Productivity," 2 *Journal of Human Resources* 145, 151 (1984).

84 See Neil Devins, Reagan Redux, "Civil Rights Under Bush", 68 *Notre Dame L. Rev*. 955, 958 (1993); Kimberle Williams Crenshaw, "Race, Reform, and Retrenchment: Transformation and Legitimation in Anti-Discrimination Law", 101 *Harv. L. rev.* 1331, 1337 (1988).

85 Michael Brown, et. al., *Whitewashing Race, supra* n. 25, at 167.

abrogation of "at will" employment by a publicly mandated "cause" requirement for termination, as already exists in the EU[86].

But in the absence of persuasive evidence of a preferable process, we should be reluctant to abandon our admittedly imperfect system. Private enforcement of Title VII has helped contribute to significant (if insufficient) improvement in income, wealth, and employment opportunities for African Americans and other members of racial minority groups. It has helped create a cadre of thousands of lawyers who devote their professional lives to civil rights enforcement, bringing ten of thousands of complaints each year, and bringing hundreds (perhaps thousands) of race discrimination cases to trial in State and federal courts. Media coverage of civil rights filings and verdicts is extensive, and is believed to weigh heavily on public opinion[87]; Large verdicts or settlements in well publicized cases are believed to have affected employer behavior, providing an incentive for voluntary compliance.

In short, private litigation as an enforcement tool may be like Sir Winston Churchill's famous description of democracy as "the worst form of government except all those other forms that have been tried"[88].

Abstract : The primary mechanism for addressing employment discrimination in the United States is complaint-based, through private law suits seeking tort-like damages awards. No other nation relies so heavily on a private bar of employment discrimination lawyers, relying on fee-shifting statutes and contingent fees, to enforce its civil rights policies. This paper relies on US census data and empirical studies of discrimination litigation to argue that the mechanism is ineffective in addressing the problem of racial discrimination in employment.

Key-words: affirmative action, Civil Rights Act of 1964, discrimination, employment discrimination, evidence of discrimination, race discrimination, U.S. Census.

---

86 See Jack Steiber, "Protection Against Unfair Dismissal: A Comparative View," 3 *Comp. Lab. L.* 229 (1990); Janice R. Bellace, "A Right of Fair Dismissal Enforcing Statutory Guarantee," 16 *U. Mich. J. L. Ref.* 207 (1983).

87 See Laura Beth Neilsen & Aaron Beim, Media Misrepresentation: Title VII, Print Media, and Public Perceptions of Discrimination Litigation, *Stan. L. Rev.* (forthcoming 2004).

88 Sir Winston Churchill, 1947. See *The Oxford Dictionary of Quotations* 202 (Anglea Partington ed., 4th ed. 1992).

Daniel Borrillo

La lutte contre les discriminations fondées sur l'orientation sexuelle en droit européen et français

Les instruments juridiques et politiques de lutte contre les discriminations fondées sur le genre et l'orientation sexuelle peuvent être analysés de manière parallèle. Si les premiers ont existé pratiquement depuis la naissance de la communauté européenne, ceux relatifs à l'orientation sexuelle constituent la dernière étape du processus politique européen de lutte contre les discriminations. La nouveauté de ces derniers ainsi que la filiation par rapport au genre me mènent à les analyser d'une manière plus approfondie. Pour moi, il n'y pas de politique de l'orientation sexuelle sans politique du genre. La dissociation entre sexualité et reproduction produite par le mouvement féministe a permis de considérer comme légitimes d'autres formes de sexualité non reproductive et tout particulièrement l'homosexualité. Le Genre est donc un préalable à l'orientation sexuelle. A la différence de ce qui a été décidé par la Cour européenne des droits de l'homme (Strasbourg), la Cour de justice de l'Union européenne (Luxembourg) a estimé que la notion de sexe ne protège pas contre les discriminations fondées sur l'orientation sexuelle. Cette interprétation, comme nous allons le voir, a ouvert la voie à une discussion politique qui a débouché sur la mise en place d'un dispositif juridique et d'une politique spécifique pour l'orientation sexuelle.

Dans la perspective générale des garanties politiques données aux minorités en Europe, la question de l'orientation sexuelle, en tant que forme spécifique de protection des homosexuel/les, constitue un élément nouveau dans l'action publique antidiscriminatoire. Depuis la première requête auprès de la Commission des droits de l'homme en 1955, jusqu'à l'élaboration de l'article 13 du Traité de Rome (modifié en 1997 par le Traité d'Amsterdam) et de la directive communautaire relative à l'égalité d'orientations sexuelles en matière d'emploi (2000), plusieurs protagonistes politiques – acteurs publics, organisations non-gouvernementales, plaignants, consommateurs, intellectuels, etc. – ont fait de la « question homosexuelle » un véritable enjeu public dans la construction de l'Europe des citoyens.

C'est après le traitement des problèmes plus classiques tels que le racisme, l'antisémitisme ou la xénophobie que les discriminations fondées sur le sexe, et plus tard celles fondées sur l'orientation sexuelle, deviennent un problème susceptible d'être traité par les instruments juridiques traditionnels de protection des droits de l'homme et des libertés fondamentales.

A une première étape d'action judiciaire – organisée principalement à partir des requêtes individuelles auprès des organes d'application de la Convention européenne des droits de l'homme – succède une phase déclarative, caractérisée par l'énonciation de principes provenant d'autorités politiques telles que le Conseil de l'Europe et le Parlement européen. Ce n'est que très récemment qu'un véritable programme d'action politique, s'inscrivant pleinement dans l'agenda de la Commission européenne, a succédé aux déclarations de principes.

De l'émergence du problème jusqu'à la prise en compte par les politiques institutionnelles, en passant par sa rationalisation juridique (effectuée tout au long d'un processus d'interaction individuelle, associative et judiciaire), la construction socio-politique de la notion d'orientation sexuelle apparaît comme un révélateur des transformations profondes de matrices paradigmatiques relatives à la liberté individuelle. Considérée comme une infraction par l'ensemble des codes pénaux européens jusqu'aux années 1980 (allant de la contravention au crime), l'homosexualité est aujourd'hui non seulement tolérée mais, en tant que manifestation du pluralisme sexuel, elle est progressivement protégée contre toute intervention discriminatoire de la part des États et/ou des individus. Ce profond bouleversement ainsi que les conséquences politiques qu'il a entraîné dessinent les perspectives des actions publiques européennes contre les discriminations envers les lesbiennes, les bisexuel/les et les gays.

En vingt ans nous avons passé en Europe de la pénalisation de l'homosexualité à la pénalisation de l'homophobie.

Évolution

Les premières mesures antidiscriminatoires envisagées par les États concernaient principalement la liberté religieuse et la protection des minorités.

Après les actions spécifiques en faveur des minorités religieuses, ethniques et linguistiques, la question des femmes devient l'objet principal des politiques antidiscriminatoires au niveau international. La signature de la *Convention sur l'élimination de toutes les formes des discriminations à l'égard des femmes* (1979) constitue une étape fondamentale dans le long processus politique d'égalité des sexes.

C'est dans la continuité du mouvement pour l'égalité des femmes que le débat et l'action politique de protection des homosexuel/les s'inscrit. Toutefois, à la différence des politiques antidiscriminatoires plus classiques, au moment de l'élaboration d'une stratégie internationale de sauvegarde des libertés fondamentales, aucune disposition ne fut consacrée à la protection contre les discriminations fondées sur l'orientation sexuelle. Après la deuxième guerre mondiale et malgré le fait que les homosexuels comptaient parmi les victimes de la violence nazie, aucune disposition protectrice ne fut adoptée.

En raison de la pratique jurisprudentielle, les dispositions juridiques générales ont été pendant longtemps insuffisantes, voire complètement stériles. Ce n'est qu'au cours des vingt dernières années qu'une tentative de protection contre les discriminations fondées sur l'orientation sexuelle s'ébauche. Par la voie indirecte du recours aux notions classiques de « vie privée », de « non-discrimination » ou de « liberté d'expression », par les appels à l'application du principe d'égalité ou encore par l'introduction spécifique de la notion d'orientation sexuelle dans un nouveau traité de l'Union européenne, aussi bien la grande Europe (celle de quarante six membres du Conseil de l'Europe) que l'Union européenne, s'engagent aujourd'hui dans la construction d'un domaine juridique de protection de l'orientation sexuelle.

En très peu de temps un changement radical s'est opéré : d'une infraction pénale, l'homosexualité est devenue non seulement un comportement licite mais désormais toute attitude d'hostilité à l'égard des gays ou des lesbiennes est sanctionnée par le droit européen. Si jusqu'au début des années 1980 la Cour européenne de droits de l'homme (CEDH) continuait à justifier la pénalisation totale des rapports homosexuels entre adultes consentants, actuellement cette même Cour condamne une telle criminalisation (en tant qu'ingérence non justifiée de l'État dans la sphère de la vie privée) et qui plus est, l'homophobie est en passe de devenir un comportement susceptible d'une sanction pénale. Nous sommes donc face à un processus progressif : d'abord justification de la pénalisation totale de l'homosexualité entre adultes consentants en privé ; ensuite, dépénalisation de cette situation en accentuant néanmoins l'idée que tolérer ne signifie nullement approuver ou reconnaître l'homosexualité ; puis condamnation des traitements différenciés et enfin esquisse de reconnaissance de la « vie familiale ».

Afin d'analyser cette évolution (allant de la pénalisation de l'homosexualité à la pénalisation de l'homophobie, en passant par la dépénalisation partielle des actes homosexuels et par la reconnaissance embryonnaire d'une vie familiale pour les couples de même sexe), nous avons regroupé l'ensemble des mesures en quatre parties : a) *Hard law* : sources obligatoires du droit européen (Grande Europe : *Convention européenne de droits de l'homme*, jurisprudence de **l'ancienne** Commission et de la Cour européenne de droits de l'homme, CEDH) ; b) Sources contraignantes du droit communautaire (Europe des **vingt cinq** membres : Traités constitutifs de l'Union, jurisprudence de la Cour de Justice des communautés européennes, CJCE) ; c) *Soft law* : déclarations de principe du Conseil de l'Europe (Recommandations, avis...). Enfin, d) Résolutions du Parlement européen.

Enfin nous évoquerons la question de la protection des discriminations au niveau national.

Hard Law

La première étape d'une évolution lente et inachevée vers l'égalité de droits a consisté en la dépénalisation des conduites homosexuelles. Bien que la Révolution française ait écarté le crime de sodomie du Code pénal de 1791, plusieurs pays européens continuèrent à punir les actes homosexuels entre adultes consentants. Ainsi, entre 1955 et 1977, la jurisprudence européenne a considéré que, si la vie sexuelle relevait du domaine de la « vie privée » au sens de l'article 8 de la Convention européenne des droits de l'homme, la pénalisation totale de l'homosexualité entre adultes consentants ne constituait pas une violation de la vie privée car elle était justifiée pour des motifs tenant à la « protection de la santé et la morale » ou à la « protection des droits des tiers et à la protection sociale ». En effet, la Commission déclarait que « la convention permet à un État contractant de punir l'homosexualité, le droit au respect de la vie privée pouvant faire l'objet, dans une société démocratique, d'une ingérence prévue par la loi pour la protection de la santé et de la morale ».

Pour la première fois, vingt-six ans après le rejet de la première requête soumise à la Commission, le 22 octobre 1981 la Cour considéra que la loi pénale de l'Irlande du Nord condamnant les relations entre personnes de même sexe, constituait une violation de l'article 8 relatif au respect de la vie privé[1]. Suite à la décision de la Cour, l'Irlande du Nord dépénalisa les actes homosexuels entre adultes consentants majeurs de 21 ans. Toutefois, comme le rappelle la Cour, « dépénaliser ne veut pas dire approuver mais éliminer les aspects injustifiables de la législation pénale ». Le 26 octobre 1988, dans l'arrêt *Norris c/ Irlande* ainsi que dans l'affaire *Modinos c/ Chypre* du 22 avril 1993, la Cour confirma la violation de l'article 8 et condamna respectivement l'Irlande et Chypre en les obligeant à abroger leur législation répressive.

Bien que la pénalisation des actes homosexuels entre adultes soit considérée comme une ingérence injustifiée, les juges européens ont considéré pendant longtemps que le maintien de la différence d'âge du consentement entre homosexuels et hétérosexuels était justifié. Cependant, dans une décision non-contraignante[2], la Commission a estimé pour la première fois que la différence d'âge entre rapports hétérosexuels et homosexuels n'est plus justifiée dans une société démocratique. Cette interprétation a été confirmée par la cour en 2003 dans deux décisions (*L V c. Autriche* et *SL c. Autriche*).

Dans la situation actuelle du droit positif européen, (grande Europe) la dépénalisation des comportements homosexuels entre adultes consentants semble acquise. En ce sens, tout pays signataire de la Convention européenne des droits de

1 Arrêt *Dudgeon c/ Royaume Uni et Irlande du Nord*, Série A n°45.

2 *Sutherland c/ Royaume-Uni*, 1 juillet 1997.

l'homme doit procéder à la dépénalisation de l'homosexualité pour pouvoir intégrer le Conseil de l'Europe[3].

Une évolution jurisprudentielle favorable à l'égalité des sexualités semble se profiler : alors que depuis 1997 la Commission estime que le maintien d'un âge différent pour le consentement aux relations homosexuelles n'est plus justifié par aucun motif « objectif et raisonnable »[4] (doctrine confirmée par les arrêts contre l'Autriche en 2003), d'autres décisions dans des domaines très sensibles, tels que l'armée et la famille, laissent entrevoir une volonté de protection plus accrue à l'égard des homosexuel/les. En effet, si pendant longtemps la pénalisation des actes homosexuels commis par des militaires a été justifiée par la jurisprudence[5], dans une décision de 1999 la Cour[6] stipule que « ni les investigations menées sur les préférences sexuelles des requérants (militaires) ni la révocation de ceux-ci en raison de leur homosexualité conformément à la politique du ministère de la Défense (britannique) ne se justifiaient pas au regard de l'article 8 de la Convention. Partant il y a eu violation de l'article 8 ».

De même, l'affaire *Salgueiro da Silva Mouta c. Portugal* du 21 décembre 1999, marque un nouveau tournant dans l'évolution de la jurisprudence européenne. Pour la première fois dans une requête concernant directement la « vie familiale », la Cour considère qu'il y a discrimination basée sur l'orientation sexuelle[7] dans l'attribution de l'autorité parentale à la mère au détriment du père au motif que celui-ci était homosexuel et vivait avec un autre homme.

En décidant qu'il y a en même temps violation de la vie familiale et discrimination, la Cour institue une double protection : contrairement à sa doctrine précédente, un homosexuel pourrait être désormais protégé dans sa « vie familiale » et aucun argument autour de l'orientation sexuelle articulé *in abstracto* ne sera entendu par la Cour (y compris dans les affaires familiales). Si le lien de filiation entre une personne et son père homosexuel est ainsi protégé par la Convention, pour ce qui concerne la création d'un lien de filiation *ex-nihilo* par adoption, la Cour demeure réticente. En effet, dans l'affaire *Fretté c. France* (2002), les juges strasbourgeois donnent raison au Conseil d'Etat français lorsque celui-ci confirme le

---

3 Avis n° 176 1993 de l'Assemblée Parlementaire relatif à la demande d'adhésion de la Roumanie au Conseil de l'Europe.

4 L'affaire *Sutherland* marque un tournant dans la jurisprudence européenne, en ce sens que pour la première fois la question homosexuelle est présentée sous l'angle de l'égalité et non plus sur celui de la privacité.

5 Dans sa décision du 12 octobre 1983 la Commission estime que, si la répression pénale d'actes homosexuels commis en privé entre hommes consentants constitue une « ingérence » dans l'exercice du droit à la vie privée, s'agissant de militaires, même âgés de plus de 21 ans, cette ingérence peut être considéré comme « nécessaire à la protection de la morale et de la défense de l'ordre ».

6 *Smith et Grady c Royaume-Uni*. Dans l'affaire *Lustig-Frean et Beckett c. Royaume-Uni*, du 27 septembre 1999, la Cour arrive aux mêmes conclusions.

7 La Cour affirme : « notion qui est couverte à ne pas en douter par l'article 14 de la Convention ».

refus d'agrément à l'adoption plénière par un individu homosexuel, malgré les qualités matérielles et morales du requérant.

Le 24 juillet 2003, la Cour opère un changement révolutionnaire dans sa jurisprudence en condamnant l'Autriche à cause de l'interprétation de la notion de « vie commune » faite par la Cour suprême afin de refuser le transfert du bail dans le cas de décès du compagnon de même sexe. Les juges de Strasbourg considèrent que le refus du transfert du bail constitue une violation au respect de la vie privée (art. 8) et un traitement discriminatoire (art. 14). Cette condamnation constitue une avancée capitale car il ne s'agit plus de protéger l'individu homosexuel dans sa sphère intime mais d'élargir cette protection à sa vie de couple.

Sources contraignantes du droit communautaire

Pendant longtemps le droit communautaire s'est désintéressé du sort des gays et des lesbiennes, ce type d'affaires étant **traitées** traditionnellement par la Cour de Strasbourg. Le 30 avril 1996 la situation change sensiblement lorsqu'une femme transsexuelle réussie à convaincre la Cour de justice des communautés européennes (CJCE)[8] que son licenciement constituait une discrimination fondée sur son sexe[9]. Si la notion de discrimination fondée sur le sexe protège les transsexuels, on aurait pu imaginer qu'une telle protection puisse être élargie aux gays, lesbiennes et bisexuel/les. Ce fut l'argument développé par l'avocat de Lisa Grant, une femme lesbienne qui décida de saisir la CJCE en invoquant l'article 119 du traité de Rome sur l'égalité de traitement des sexes[10].

L'avocat général de la CJCE, suivant les arguments de l'avocat de la demanderesse, a considéré que la notion de discrimination fondée sur le sexe pouvait également comprendre la discrimination fondée sur l'orientation sexuelle. Ainsi, en comparant la situation de Lisa Grant à celle d'un homme hétérosexuel, l'avocat général a conclu que c'est le sexe de Mme Grant qui est à l'origine de la discrimination et non pas le fait qu'elle soit lesbienne. Effectivement, si la requérante avait été un homme et non pas une femme, elle aurait pu bénéficier des avantages découlant de sa vie de couple avec une femme. Partant de là, il s'agit d'une discrimination fondée sur le sexe entrant dans le domaine de compétence de la CJCE. Bien que la CJCE suive généralement l'opinion de son avocat, dans l'affaire Grant la cour s'en est éloignée en reprenant l'analyse traditionnelle selon laquelle il n'y aurait pas de discrimination fondée sur le sexe mais sur l'orientation sexuelle, écartant ainsi sa juridiction. Cette interprétation de la CJCE a révélé la nécessité d'instruments spécifiques de protection contre les discriminations fondées sur

---

8 Affaire *P. c/S. Cornwall Country Council.*

9 Et donc une violation de la directive 76/207 relative à l'égalité dans le milieu du travail.

10 Un argument similaire fut utilisé par l'avocat d'un employé gay de la Royal Marine Britannique lorsqu'il invoque une discrimination fondée sur le sexe et demande l'application de l'article 5 de la directive 76/207/CEE (concernant les discriminations relatives aux conditions de licenciement).

l'orientation sexuelle en droit communautaire. C'est la voie empruntée par le traité d'Amsterdam du 20 octobre 1997 lorsqu'il introduit un nouvel article 13 ainsi rédigé : « Sans préjudice des autres compétences qui sont conférées à la Communauté, le Conseil, statuant à l'unanimité sur proposition de la Commission et après consultation du Parlement européen, peut prendre toute action appropriée pour combattre la discrimination fondée sur le sexe, l'origine raciale ou ethnique, la religion ou les croyances, le handicap, l'âge ou l'orientation sexuelle ». Ce principe a vu son application dans une directive communautaire[11] relative à la discrimination en matière d'emploi qui interdit tout forme de différentiation arbitraire fondée sur l'orientation sexuelle de l'employeur.

Déclarations de principe du Conseil de l'Europe

Si au niveau de l'Union européenne ce n'est que très récemment que la protection contre les discriminations fondées sur l'orientation sexuelle est formellement instituée, le Conseil de l'Europe est, quant à lui depuis longtemps à l'origine de plusieurs déclarations de principe et recommandations. Le 8 juillet 1981, le conseil présente un rapport invitant l'OMS à supprimer l'homosexualité de sa classification des maladies mentales. La perspective libérale du document tendait à « l'égalité des êtres humains et la défense de droits de l'homme » en respectant dans l'individu ses préférences sexuelles. Par la suite, une recommandation 924 (1981) et une résolution relative à la discrimination à l'égard des homosexuels reprirent en partie les propositions avancées dans le rapport, mettant l'accent sur la dépénalisation et la démédicalisation de l'homosexualité.

Le 26 janvier 2000, l'Assemblée parlementaire du Conseil de l'Europe a émis un avis selon lequel il serait souhaitable d'ajouter l'orientation sexuelle à la liste des formes de discriminations « particulièrement odieuses » visées par la Convention[12]. La même année une recommandation voit le jour et dénonce les discriminations donc sont encore victimes les homosexuels et invite les Etats, entre autres à adopter une législation prévoyant le partenariat enregistré[13].

Résolutions du Parlement européen

Au niveau de la petite Europe, c'est le Parlement européen qui a davantage traité la question. Ainsi, le 13 mars 1984 il vota une résolution concernant les

11 Directive 2000/78/CE du 27 novembre 2000. La directive complète le dispositif juridique français. Les principales mesures exigées par la directive ont été adoptées dans la loi n° 2001-1066 du 16 novembre 2001 relative à la lutte contre les discriminations mais aussi par la loi n° 2002-73 du 17 janvier 2002 introduisant l'interdiction du harcèlement moral. Ces deux lois sont intégrées dans les codes (principalement le Code du travail et dans une moindre mesure dans le Code pénal).

12 Avis n° 216 (2000) Projet de protocole n°12 à la Convention Européenne des droits de l'homme.

13 Recommandation 1474 (2000) sur la Situation des lesbiennes et des gays dans les Etats membres du Conseil de l'Europe.

discriminations sexuelles sur le lieu de travail[14]. Le terme « sexe » est utilisé dans un sens large, car il s'agit explicitement de veiller à la non-discrimination des homosexuel/les. Deux ans plus tard, le 13 mars 1986, il adopta une résolution invitant les États membres à abolir, dans leur législation nationale, toutes les lois discriminatoires à l'égard des homosexuels et d'instaurer des législations antidiscriminatoires. Le 11 juin 1986, le Parlement demanda que le principe d'égalité des statuts civils et des préférences sexuelles soit clairement énoncé par les lois nationales.

Le 8 février 1994, une résolution sur l'égalité des droits des homosexuels et des lesbiennes dans la Communauté européenne est approuvée par le Parlement[15]. Elle invite les États membres à établir les mêmes limites d'âge pour les comportements homosexuels et hétérosexuels, à protéger les gays et les lesbiennes contre toute forme de discriminations et à encourager et soutenir financièrement les associations homosexuelles. La résolution propose également de « mettre un terme notamment à l'interdiction faite aux couples homosexuels de se marier ou de bénéficier de dispositions juridiques équivalentes, ainsi qu'à toute restriction au droit des lesbiennes et des homosexuels d'être parents ou bien d'adopter ou d'élever des enfants ».

Depuis, nombreuses sont les recommandations et les résolutions[16] demandant aux États européens et à la Commission de Bruxelles d'abroger sans délais toute disposition législative violant les droits de l'homme des gays et des lesbiennes, en particulier celles qui prévoient des différences d'âge pour les rapports homosexuels, ainsi qu'à tenir compte du respect de droits des homosexuels lors des négociations relatives à l'adhésion des pays candidats.

Le traitement de l'orientation sexuelle en tant que motif prohibé de différentiation semble clore une première étape judiciaire et politique caractérisée par l'action de la CEDH dans le processus de dépénalisation de l'homosexualité ainsi que par les déclarations de principe du Conseil de l'Europe.

La question demeure de savoir quelles seront les attributions futures de l'Union en matière de discriminations. Si, en ce qui concerne l'emploi, sa compétence est clairement établie, dans les autres matières (services, éducation, famille, santé, logement...) l'Union la partage avec les États membres.

En fonction de l'évolution des législations nationales et par l'interaction entre l'ensemble des organisations européennes étatiques ou non-gouvernementales, un corpus juridique et une action politique restent donc à construire. La nouvelle constitution de l'Union européenne adoptée en juin 2004 reprend les dispositifs

---

14 *J.O.* n° C 104 du 16-4-84, p. 46.

15 A3-0028/94, *JOCE* du 28 février 1994.

16 *JOC* 320 du 28/10/1996, p. 36 ; *JOC* 320 du 28/10/1996 p. 197 ; *JOC* 132 du 24/4/1997, p. 31 ; *JOC* du 16/3/1998 et Résolution B4-824 et 0852/98 du 17 décembre 1998 sur l'égalité du droit pour les homosexuels et les lesbiennes dans l'Union Européenne.

protecteurs des traités constitutifs de l'Union et de la Charte des droits fondamentaux.

Enfin, si historiquement la grande Europe a influencé la petite Europe, cette dernière pourrait dorénavant devenir le moteur d'une véritable action politique non seulement pour ses vingt-cinq membres mais également pour l'ensemble du continent européen.

La situation française

La France fut le premier pays au monde à faire sortir de la loi pénale le crime de sodomie. Comme dans l'ensemble des pays occidentaux, avant la Révolution Française plusieurs normes condamnaient l'homosexualité avec la plus grande fermeté. Inspiré par la Philosophie des Lumières, le premier Code pénal révolutionnaire de 1791 ainsi que le Code napoléonien de 1810 cessent d'incriminer les 'mœurs contre nature'. Le libéralisme politique et la laïcisation de l'Ordre public prônaient l'abstention de l'Etat dans la sphère de la vie privée des individus majeurs et consentants. Le libéralisme français tant célébré nécessite néanmoins d'être nuancé. En effet, comme le démontre Jean Danet[17], le silence des Codes pénaux est accompagné pendant cette période d'une jurisprudence particulièrement répressive à l'égard des homosexuels et d'un appareil médico-psychiatrique extrêmement violent.

Un siècle et demi plus tard, le 6 août 1942, quelques mois après la promulgation de la loi sur le statut des Juifs, la France réintroduit dans la loi criminelle une disposition pénalisant l'homosexualité. En effet, le maréchal Philippe Pétain modifiera le Code pénal en insérant le délit d'« actes impudiques et contre nature avec un mineur de 21 ans ayant le même sexe que l'auteur »[18], alors que pour les actes hétérosexuels la majorité était établie à 13 ans. A la libération en 1945, le Général De Gaulle, maintiendra cette incrimination en la replaçant dans le chapitre des « attentats aux mœurs » (art. 331 al. 2 Code pénal). De plus, en 1946 un article de loi, qui fera partie ultérieurement du statut général des fonctionnaires, stipulait : « nul ne peut-être nommé à un emploi public s'il n'est de bonne moralité » justifiant ainsi des discriminations. Un article du Code du travail établissait : « le maître doit se conduire envers l'apprenti en bon père de famille, surveiller sa conduite et ses mœurs, soit dans la maison soit au dehors, et avertir ses parents [...] des penchants vicieux qu'il pourrait manifester », permettant donc de légitimer les licenciements

---

17 J. Danet, *Discours juridique et perversion sexuelle*, Ed. Centre Recherches Politiques, vol 6, Univ. de Nantes, 1977.

18 Art. 334 de l'ancien Code pénal : 'Sera puni d'emprisonnement de 6 mois à 3 ans et d'une amende de 2000F à 6000F : 1° Quiconque aura soit pour satisfaire les passions d'autrui, excité, favorisé ou facilité habituellement la débauche ou la corruption de la jeunesse de l'un ou de l'autre sexe au dessous de 21 ans, soit pour satisfaire ses propres passions, commis un ou plusieurs actes impudiques ou contre nature avec un mineur de son sexe âgé de moins de 21 ans.' (Loi n° 742, *Journal Officiel* 27 août 1942, p. 2923).

pour mauvaise moralité. Le 1er février 1949, le Préfet de Police de Paris prend une ordonnance : « dans tous les bals [...] il est interdit aux hommes de danser entre eux ».

Plus tard, dans le cadre de la lutte contre certains fléaux sociaux, une loi du 30 juin 1960 place l'homosexualité au même niveau que le proxénétisme ou l'alcoolisme notamment. Une ordonnance du 25 novembre de la même année complète le panorama en ajoutant à l'article 331 une circonstance aggravante d'outrage publique à la pudeur lorsque l'acte est accompli par des individus de même sexe. En 1968, la France adopte la classification de l'Organisation Mondiale de la Santé (datant de 1965) concernant les maladies mentales dans laquelle figure l'homosexualité au même titre que le fétichisme, l'exhibitionnisme, la nécrophilie...

Une loi du 23 décembre 1980 modifiant les dispositifs pénaux relatifs au viol maintient l'incrimination fondée sur la différence d'âge selon que les rapports soient entre personnes du même sexe ou de sexe opposé. Le Conseil constitutionnel considéra que la loi était conforme à la Constitution (décision 80-125 du 19 décembre 1980)[19].

Suite aux mobilisations du mouvement homosexuel, le 11 juin 1981 le ministère de l'Intérieur adresse une circulaire à la hiérarchie policière interdisant « le fichage des homosexuels, les discriminations et à plus forte raison, les suspicions anti-homosexuelles ». Le lendemain, le ministère de la Santé n'accepte plus de prendre en compte l'homosexualité dans la liste des maladies mentales de l'Organisation Mondiale de la Santé. Le 22 juin 1982 voit le jour la loi Quilliot (relative au logement) qui supprime l'obligation pour les homosexuels de disposer de leurs appartements « en bon pères de famille ». Le 4 août 1982 la majorité socialiste de l'époque vote la loi n° 82-683 mettant ainsi fin à la différence d'âge entre les rapports hétérosexuels (15 ans) et homosexuels (18 ans). Enfin, le 13 juillet 1983, une nouvelle loi abroge l'article 40 du Code de la fonction publique qui stipulait qu'un fonctionnaire « doit être de bonne moralité ». Depuis ces premières mesures, plusieurs dispositifs juridiques sont venus protéger les gays et les lesbiennes des discriminations à leur égard aussi bien au niveau civil que pénal[20].

Au-delà de la dépénalisation : les mesures protectrices

Aucune disposition française de nature constitutionnelle ne prévoit explicitement la prohibition des discriminations fondées sur l'orientation sexuelle. Les termes généraux et le caractère non exhaustif de la liste des situations discriminatoires prohibées[21] établie par l'article 1er de la Constitution ainsi que les

---

19 80-125, *RJC* I-88.

20 D. Borrillo (dir), *Homosexualités et Droit*, PUF, 1988.

21 En ce sens, Mélin-Soucramanian (1997, 92) considère que si « on admet que la liste des discriminations n'est pas close, alors on est forcé de reconnaître également que le juge constitutionnel, comme n'importe quel autre juge, peut en vertu de son pouvoir normal d'interprétation ajouter de nouveaux cas à l'énumération constitutionnelle ».

rapports officiels qui considèrent que 'le constituant n'a pas entendu énumérer de manière exhaustive les discriminations....'[22], n'ont jamais conduit les juges à appliquer ces dispositifs en faveur de l'orientation sexuelle (sans pour autant le rejeter explicitement).

Le principe d'égalité de nature constitutionnelle, évoqué dans le point précédent, est complété par un principe anti-discriminatoire consacré par l'article **225-1** du Code pénal[23]. Il faut signaler que ce principe général ne permet pas de sanctionner tout acte discriminatoire mais uniquement les situations énumérées par l'article **225-2** du même code[24].

Au niveau pénal sont sanctionnées, depuis 1985, les discriminations consistant à :

* refuser d'embaucher ;

* sanctionner ou licencier une personne ;

* subordonner une offre d'emploi à une condition fondée sur l'un des éléments visés à l'article 225-1[25].

Aussi, dès lors que celui qui discrimine est une autorité publique, sont sanctionnées les discriminations consistant à :

* refuser le bénéfice d'un droit accordé par la loi et/ou à

* entraver l'exercice normal d'une activité économique quelconque[26].

Au-delà de la protection pénale prévue pour les cas de discrimination dans le travail et dans l'emploi (embauche, sanction, licenciement et subordination d'une

---

22 « Le principe d'égalité dans la jurisprudence des cours constitutionnelles ayant en partage l'usage du français ». *Rapport de la délégation française*, Paris 10 avril 1997, *RFDA*, 1997, p. 228.

23 Art. 225-1 du Code pénal : « Constitue une discrimination toute distinction opérée entre les personnes physiques à raison de leur origine, de leur sexe, de leur situation de famille, de leur apparence physique, de leur patronyme, de leur état de santé, de leur handicap, de leurs caractéristiques génétiques, de leurs moeurs, de leur orientation sexuelle, de leur âge, de leurs opinions politiques, de leurs activités syndicales, de leur appartenance ou de leur non-appartenance, vraie ou supposée, à une ethnie, une nation, une race ou une religion déterminée. Constitue également une discrimination toute distinction opérée entre les personnes morales à raison de l'origine, du sexe, de la situation de famille, de l'apparence physique, du patronyme, de l'état de santé, du handicap, des caractéristiques génétiques, des moeurs, de l'orientation sexuelle, de l'âge, des opinions politiques, des activités syndicales, de l'appartenance ou de la non-appartenance, vraie ou supposée, à une ethnie, une nation, une race ou une religion déterminée des membres ou de certains membres de ces personnes morales ».

24 Art. 225-2 du Code pénal: « La discrimination définie à l'article 225-1, commise à l'égard d'une personne physique ou morale, est punie de deux ans d'emprisonnement et de 30000 euros d'amende lorsqu'elle consiste : 1° A refuser la fourniture d'un bien ou d'un service ; 2° A entraver l'exercice normal d'une activité économique quelconque ; 3° A refuser d'embaucher, à sanctionner ou à licencier une personne ; 4° A subordonner la fourniture d'un bien ou d'un service à une condition fondée sur l'un des éléments visés à l'article 225-1 ; 5° A subordonner une offre d'emploi, une demande de stage ou une période de formation en entreprise à une condition fondée sur l'un des éléments visés à l'article 225-1 ; 6° A refuser d'accepter une personne à l'un des stages visés par le 2° de l'article L. 412-8 du Code de la sécurité sociale ».

25 Art. 225-2 par. 3 et 5 du Code pénal.

26 Art. 432-7 du Code pénal.

offre), il existe de nombreuses dispositions spécifiques au droit du travail (règlement intérieur, rémunération, qualification, mutation, carrière…)[27].

Pour les emplois publics, la norme applicable est l'article 6 de loi n° 83-634 du 13 juillet 1983 (modifié par la loi 2001-1066 du 16 novembre 2001 relative à la lutte contre les discriminations[28]). Enfin, le dispositif est complété par l'article 432-7 du Code pénal[29].

Les dispositifs protecteurs de lutte contre les discriminations s'appliquent non seulement aux salariés et à l'emploi temporaire mais aussi aux postes de stagiaires ordinaires.

Une seule décision a été rendue au plus haut niveau de la juridiction nationale[30]. En effet, dans un arrêt du 17 avril 1991 – '*P... c. Association Fraternité Saint-Pie X*' – la Chambre sociale de la Cour de cassation a décidé que le licenciement d'un sacristain d'une congrégation religieuse en raison de son homosexualité pourrait constituer une rupture abusive du contrat de travail, et partant une discrimination, si l'employeur n'apporte pas la preuve du fait que « compte tenu de la nature de ses fonctions et de la finalité propre de l'entreprise (…) le comportement du salarié » cause au sein de celle-ci « un trouble caractérisé ». D'après la Cour de cassation, il n'est pas légitime d'invoquer l'homosexualité du salarié comme étant contraire à la tradition catholique (comme l'avait souligné la Cour d'appel de Paris dans l'arrêt cassé). Toutefois, si les « mœurs » du salarié produisent un trouble dans l'entreprise, un tel licenciement ne

27 Art. L. 122-35 du Code du travail : « Le règlement intérieur (...) ne peut comporter de dispositions lésant les salariés dans leur emploi ou leur travail, en raison de leur sexe, de leurs moeurs, de leur orientation sexuelle… ». De même, l'article L. 122-45 du Code du travail dispose : « Aucune personne ne peut être écartée d'une procédure de recrutement ou de l'accès à un stage ou à une période de formation en entreprise, aucun salarié ne peut être sanctionné, licencié ou faire l'objet d'une mesure discriminatoire, directe ou indirecte, notamment en matière de rémunération, de formation, de reclassement, d'affectation, de qualification, de classification, de promotion professionnelle, de mutation ou de renouvellement de contrat en raison de son origine, de son sexe, de ses moeurs, de son orientation sexuelle (...). Aucun salarié ne peut être sanctionné, licencié ou faire l'objet d'une mesure discriminatoire visée à l'alinéa précédent en raison de l'exercice normal du droit de grève. Aucun salarié ne peut être sanctionné, licencié ou faire l'objet d'une mesure discriminatoire pour avoir témoigné des agissements définis aux alinéas précédents ou pour les avoir relatés ».

28 Art. 6 de loi n° 83-634 du 13 juillet 1983 (modifié par la loi 2001-1066 du 16 novembre 2001): « Aucune distinction, directe ou indirecte, ne peut être faite entre les fonctionnaires en raison de leurs opinions politiques, syndicales, philosophiques ou religieuses, de leur origine, de leur orientation sexuelle, de leur âge, de leur patronyme, de leur état de santé, de leur apparence physique, de leur handicap ou de leur appartenance ou de leur non-appartenance, vraie ou supposée, à une ethnie ou une race ».

29 Art. 432-7 Code pénal : « La discrimination définie à l'article 225-1, commise à l'égard d'une personne physique ou morale par une personne dépositaire de l'autorité publique ou chargée d'une mission de service public, dans l'exercice ou à l'occasion de l'exercice de ses fonctions ou de sa mission, est punie de trois ans d'emprisonnement et de 45000 euros d'amende lorsqu'elle consiste : 1° A refuser le bénéfice d'un droit accordé par la loi ; 2° A entraver l'exercice normal d'une activité économique quelconque. 225-2 par. 3 et 5 ».

30 Il existe plusieurs décisions de la jurisprudence en matière d'homosexualité mais elles concernent d'avantage la famille (divorce pour faute, garde des enfants, régime de visites, aliments…), le respect de la vie privée, et le droit à l'image et non pas le travail ou l'emploi.

serait pas abusif. La Cour d'appel chargée de réexaminer l'arrêt cassé a bien intégré l'objection en décidant dans le cas en question que « le licenciement de ce salarié fondé sur son homosexualité et sa séropositivité procède d'un motif tiré uniquement de sa vie privée et ne saurait constituer une cause réelle et sérieuse de rupture du contrat de travail dès lors que les agissements du salarié en dehors de l'entreprise, qui relèvent de l'exercice de ses libertés, ne sauraient justifier un licenciement indépendamment du trouble caractérisé qu'un tel comportement est susceptible de provoquer au sein de la collectivité qu'elle forme, l'adhésion sans réserve du salarié à la foi catholique ne faisant d'autre part l'objet d'aucune discussion »[31].

Dans d'autres circonstances, la jurisprudence a considéré justifié le licenciement d'un homosexuel. Ainsi, dans une décision du 28 janvier 1993 la Cour d'appel de Montpellier s'est prononcée en ce sens dans une affaire où l'employeur reprochait au salarié « d'avoir travaillé pour le compte d'une entreprise concurrente et de s'être livré à des actes provocants contraires aux bonnes mœurs, à savoir des actes d'homosexualité sur la personne d'un handicapé également employé de la société ».

Par ailleurs, la plupart des décisions des tribunaux et des cours d'appel se réfèrent à des avantages professionnels liés à la vie de couple. Avant le vote de la loi sur le Pacs, les décisions étaient majoritairement défavorables à l'élargissement de tels avantages aux partenaires de même sexe[32].

Dans une décision du 20 janvier 2003, le Conseil de prud'hommes de Martigues a condamné une entreprise à payer une somme de 130000 Euros à titre de dommages-intérêts du fait de la discrimination fondée sur l'orientation sexuelle et du harcèlement moral envers un employé homosexuel[33].

L'influence de la directive

Bien que depuis 1985 il existe en France une protection contre les discriminations envers les homosexuels (mœurs), l'apport de la directive semble capital sur plusieurs plans. Tout d'abord l'addition de la notion d'orientation sexuelle à côté de celle plus ambiguë de « mœurs », toutefois cette dernière complète les dispositifs en ce sens qu'elle permettra aux juges de sanctionner d'autres discriminations telles que celles fondées sur les pratiques sexuelles : sadomasochisme, échangisme, libertinage…

Cependant, sur le plan pénal, la directive a eu peu d'incidence ; outre la question terminologique elle a permis simplement d'introduire une sanction aux discriminations effectuées pendant les stages et/ou les formations professionnelles.

---

31 Cour d'appel de Paris, 4 novembre 1992, Dalloz, *Informations rapides du recueil Dalloz*, p. 125.

32 Refus de la qualité de concubins aux couples de même sexe : Cour de cassation, ch. sociale, 11 juillet 1989 et Cour de cassation, ch. civile 17 décembre 1997.

33 Conseil de Prud'hommes de Martigues, audience du 20 janvier 2003, '*Philippe Boutin c. TNT Jet Sud Est*', inédit.

C'est surtout au niveau du droit du travail que la directive a le plus influencé le droit français. En effet, grâce à la directive, la loi nationale a introduit la notion de discrimination indirecte (sans pour autant la définir) et aménagé la charge de la preuve. Aussi, le harcèlement moral est désormais sanctionné en France ainsi que la possibilité pour les associations de se substituer aux victimes dans l'exercice de l'action en justice.

La discrimination des couples de même sexe

La discrimination entre les couples de même sexe et ceux de sexe différent découle principalement de l'impossibilité pour les premiers d'accéder aux droits professionnels liés au mariage, ceux-ci étant réservés aux couples hétérosexuels. En ce sens et par rapport aux droits découlant du mariage nous pouvons parler d'une discrimination indirecte à l'égard des lesbiennes et des gays.

Depuis l'entrée en vigueur de la loi du 15 novembre 1999, (et sauf pour l'accès aux techniques de procréation assistée), il n'existe aucune discrimination entre concubins de même sexe et concubins de sexe opposé[34]. Les couples non mariés vivant en concubinage (homosexuels ou hétérosexuels) se trouvent dans une situation juridique moins favorable que les couples mariés. Il faut néanmoins souligner que les concubins ont beaucoup moins d'obligations réciproques et le principe de liberté de la rupture justifie cette situation d'infériorité (moins d'obligations = moins de droits). S'agissant des couples hétérosexuels, le traitement différentiel n'est donc pas discriminatoire. En revanche, la discrimination existe pour les unions homosexuelles du fait qu'elles ne peuvent pas accéder au mariage. Cette situation pourrait constituer une discrimination indirecte mais aucun juge ne s'est pas encore prononcé.

Indépendamment de la question de l'accès au mariage pour les couples de même sexe, une discrimination indirecte existe entre les couples dès lors qu'il s'agit de bénéficier d'une réduction du délai de deux ans de vie commune pour prétendre à une rente viagère suite au décès du salarié dans les cas où le couple aurait eu un ou plusieurs enfants. En effet, puisqu'il n'existe aucun droit de filiation pour les couples homosexuels, ils ne pourront en aucun cas bénéficier d'une telle réduction.

L'ensemble de ces situations constitue de mon point de vue une discrimination indirecte fondée sur l'orientation sexuelle, donc contraire à l'article 16 de la directive.

---

34 Art. 515-8 du Code civil : « Le concubinage est une union de fait, caractérisée par une vie commune présentant un caractère de stabilité et de continuité, entre deux personnes, de sexe différent ou de même sexe, qui vivent en couple ».

Conclusion pour la France

Malgré l'existence d'outils juridiques susceptibles de protéger les victimes des discriminations, la réalité jurisprudentielle n'est pas en accord avec le vécu professionnel des nombreuses personnes lesbiennes, gays, bisexuelles et/ou hétérosexuelles.

Bien que les indicateurs sociaux démontrent l'existence d'une réalité discriminante au niveau de l'emploi, rares sont les affaires qui arrivent en justice[35]. Les rapports des associations de lutte contre le sida, les informations provenant du Centre gay et lesbien de Paris et le témoignage d'associations de province dévoilent l'existence très répandue des discriminations au travail et à l'emploi.

L'association *SOS Homophobie* a recensé 108 appels concernant des problèmes de discriminations, de menaces et d'insultes dans le lieu de travail aussi bien dans le secteur public que privé[36].

Une enquête récente sur l'homophobie au travail auprès de 322 personnes[37] montre que presque 57% des enquêté(e)s ont ressenti de l'homophobie sur leurs lieux de travail, non seulement vis-à-vis d'un supérieur hiérarchique (25%) mais surtout par rapport aux collègues (45,3%). Malgré les stratégies d'occultation de l'homosexualité mises en marche par les lesbiennes et les gays, ils/elles sont nombreux à parler de « rumeurs, de non-dit, de propos dans le dos… ».

Pour 44,5% des personnes, cette homophobie a entraîné de l'angoisse, du stress, une perte de confiance, une démotivation allant même parfois à la dépression et au sentiment de culpabilité.

Malheureusement, il n'existe pas en France d'études sociologiques sur la manière dont les associations se servent du droit pour protéger les usagers et pour faire avancer leur cause. Vu le faible nombre de plaintes et l'inexistence de procès dans la matière, il semblerait que l'arsenal juridique n'est pas encore suffisamment mobilisé[38].

A la différence de la lutte contre le racisme, la xénophobie et l'exclusion des femmes, la lutte contre l'homophobie et la discrimination des LGTB (lesbiennes, gays, transsexuels, bisexuels) n'a pas fait l'objet des campagnes officielles. Bien au contraire, les autorités publiques françaises, mais aussi une majorité d'intellectuels, ont tenu publiquement des propos ouvertement hétérosexistes[39]. De même, les

---

35 Une seule affaire est arrivée à la Cassation depuis qu'il existe en France un dispositif contre les discriminations à l'emploi.

36 Rapport 2001 SOS Homophobie : www.france.qrd.org/assocs/sos/

37 Christophe Falcoz, Crepa-Université de Paris Dauphine, 2003.

38 Plusieurs associations GLTB liées à l'emploi (Air France, Canal +, Mairie de Paris, SNCF, RATP…) ont crée un inter-associatif, 'Homoboulot' ayant pour but entre autres la lutte contre les discriminations à l'emploi. Une telle structure permettra sans doute une meilleure appropriation de l'outil juridique dans l'action égalitaire.

39 Voir, Borrillo et Fassin (dir), *Au-delà du Pacs*, PUF, 2001.
D. Borrillo et P. Lascoumes, (voir surtout le chapitre « Best of Homophobe »). *Amours égales ? Le PACS, les homosexuels et la gauche*, La Découverte, 2002.

organismes chargés d'affirmer l'égalité s'occupent exclusivement de la question raciale. Seuls le handicap et la condition féminine comptent avec un ministère ou un secrétariat d'Etat consacré aux discriminations dont sont victimes les femmes ou les handicapés. Cependant, malgré l'existence de tous ces outils la situation demeure précaire pour les minorités ethniques, les femmes ou les handicapés[40].

Aucune campagne d'information sensibilisant sur les discriminations fondées sur l'orientation sexuelle (affichage, démarchage...) n'a jamais été envisagée en France. Malgré les rencontres entre les associations LGTB et les pouvoirs politiques, il n'existe pas un dialogue débouchant sur des propositions concrètes tendant à permettre une meilleure information et une appropriation de l'outil juridique. Tout récemment, un ensemble d'associations LGTB, entre autres, se sont réunies pour proposer la création d'une autorité administrative indépendante de lutte contre les discriminations.

Avec un système judiciaire qui a du mal à lire les discriminations (particulièrement les discriminations indirectes), une société civile qui ne s'approprie pas les lois protectrices et un gouvernement qui, non seulement refuse de s'engager dans le combat contre les discriminations, mais qui compte parmi ses membres des hommes politiques ouvertement hostiles à l'égalité des droits pour les lesbiennes et les gays, les sanctions établies par la loi semblent loin de constituer une menace crédible contre les employeurs. S'il s'agit plutôt de combattre un système discriminatoire qu'une volonté subjective discriminante, la tâche est encore plus difficile puisque nous sommes confrontés à une culture au sein de laquelle il y a peu de place pour la pluralité des sexualités.

La publicité, la télévision, les livres pour enfants ou les manuels scolaires, dans le meilleur des cas ignorent l'homosexualité, au pire continuent de la traiter comme une perversion. Si l'on considère qu'il existe 10% de la population française ayant une orientation sexuelle homosexuelle, ce pourcentage est loin d'être représenté dans les champs sociaux. Il ne s'agit pas de mettre en place une politique d'*affirmative action* (ceci impliquerait d'obliger les individus de se déclarer homosexuels) mais d'instaurer une ouverture contraignant tous les décideurs à tenir compte de la réalité homosexuelle et de la présenter au moins une fois sur dix dès lors qu'il s'agit de mettre en scène la sexualité (art, pub, cinéma, spots de la ville, office de tourisme, séminaires....).

La nouvelle autorité indépendante de lutte contre les discriminations (loi 2004-1486 du 30 décembre 2004) ainsi que le renforcement du dispositif de protection contre les propos discriminatoires à caractère sexiste ou homophobe mis en place par cette même loi, jettent les bases d'une véritable politique publique anti-

---

40 En 2000 il y a eu seulement 15 condamnations pénales pour le délit de discrimination raciale. Le chômage est plus élevé chez les femmes et leurs salaires sont inférieurs à ceux des hommes. Si la loi française impose depuis 1987 aux entreprises d'employer 6% de travailleurs handicapés, le taux d'emploi stagne autour de 4%.

discriminatoire. Cependant, les moyens affectés à une telle entreprise et la frilosité des autorités en la matière ne nous permettent pas d'afficher un grand optimisme.

Résumé : Depuis 1999, l'article 13 du Traité constitutive de l'Union Européenne permet l'adoption de règles juridiques appropriées afin de lutter contre les discriminations dans un certain nombre de situations y compris celles fondées sur l'orientation sexuelle. A partir d'une étude historique sur l'évolution de la protection des différentes minorités, l'auteur analyse l'inclusion de l'orientation sexuelle dans le champ d'interdiction des traitements discriminatoires. Les règles permettant la mise en place effective du principe d'égalité indépendamment du sexe et de l'orientation sexuelle des personnes ne constituent que le prolongement du dispositif plus général de la garantie universelle des droits de l'homme.
Toutefois, la perspective critique choisie par l'auteur montre clairement les limites du droit français et européen en matière de protection des homosexuels.

Mots-clés : Droits de l'homme, homosexualité, égalité, orientation sexuelle, discrimination, droit européen, droit français, droit du travail, droit de la famille, Union européenne.

Sophie Robin-Olivier & Charles Baron

Fédéralisme et dialogue sur l'égalité : Une comparaison des droits des Etats-Unis et de l'Union européenne

Confronter la question de l'égalité et celle du fédéralisme est peu commun. Dans le « nouveau monde », les débats, souvent passionnés, que suscite l'idée d'égalité impliquent rarement les problématiques du fédéralisme. Dans la vieille Europe, il est plus naturel encore que le fédéralisme et l'égalité ne se rencontrent pas : le fédéralisme européen n'est encore qu'un projet et l'idée d'une Europe fédérale est loin d'être consensuelle. Pourtant, de manière quelque peu paradoxale, le lien entre égalité et, disons, certaines questions propres aux systèmes fédéraux, l'articulation des systèmes juridiques en présence, la répartition des compétences en particulier, est plus spontanée pour un juriste européen. La question de l'égalité n'est pas étrangère au débat sur la Constitution de l'Union, qu'il s'agisse des valeurs que celle-ci doit porter ou de la répartition des pouvoirs entre les Etats et l'Union. Le débat sur la Constitution de l'Europe a fait ressortir l'un des plus grands défis auxquels l'Union se trouve confrontée : trouver un point d'équilibre, ou tout au moins les conditions de l'équilibre, entre l'unité de l'Union et la diversité de ses composantes. Or la question de l'égalité met en jeu cet équilibre. Les conceptions de l'égalité que retiennent les Etats ne peuvent diverger au point que la diversité devienne synonyme de division. L'unité, lorsqu'elle prend la forme de l'uniformité, ne saurait être imposée sans raison valable si les différences ne nuisent pas à l'Union. La question de l'égalité est bien de celles qui font sentir les tensions liées à l'établissement d'une Union d'Etats dans un cadre, qui, s'il ne peut être qualifié de fédéral, présente certains caractères du fédéralisme[1].

Pourtant, l'Union européenne n'est pas considérée comme un acteur important lorsque l'égalité est en cause. Un constitutionnaliste américain évoque plus spontanément la Cour européenne des droits de l'homme, interprétant la

1 Sur la discussion des caractères fédéraux de l'Union européenne, v. E. Zoller, « Aspects internationaux de droit constitutionnel, Contribution à la théorie de la fédération d'Etats », *RCADI*, 2002, tome 294, p. 49 et la critique d'O. Beaud, « La place des Etats dans une fédération, Contribution à une étude sur les rapports juridiques entre les Etats membres d'une fédération », conférence à l'Université de Paris X-Nanterre, 15 mars 2004. V. aussi sur ces questions, *L'Europe en voie de Constitution*, pour un bilan critique des travaux de la Convention européenne, sous la direction de O. Beaud, A. Lechevalier, I. Pernice et S. Strudel, Bruylant, Bruxelles, à paraître, 2004.

Convention européenne de sauvegarde des droits de l'homme et des libertés fondamentales, et les Cours, les droits et, tout spécialement, les Constitutions nationales lorsqu'il s'interroge sur la conception européenne de l'égalité. Une telle analyse n'est pas erronée. Le rôle du droit de l'Union dans le domaine des droits fondamentaux et de la lutte contre les discriminations, en particulier, demeure limité bien qu'il soit en perpétuelle expansion. Il pâtit d'une vision purement économique de l'Union européenne, héritée de la Communauté Economique Européenne, dont le dépassement est encore, pour beaucoup et non sans raison, imperceptible. Cette question de la compétence du droit de l'Union en matière d'égalité est précisément au cœur de notre perspective : le dialogue sur l'égalité dans l'Union européenne est, pour partie, un dialogue sur la compétence, incertaine, de l'Union. Il faut admettre, également, la complexité indéniable du droit européen des droits fondamentaux : dans cette matière, les droits nationaux se combinent, non seulement avec le droit de l'Union, mais avec le droit issu de la Convention européenne des droits de l'homme. Pour éviter les discordances, l'établissement d'un dialogue entre les différentes parties prenantes apparaît particulièrement nécessaire.

Si l'on se tourne vers le droit des Etats-Unis, l'observateur étranger voit tout naturellement dans la Cour suprême des Etats-Unis le principal auteur de la conception américaine de l'égalité. Pourtant, à y regarder d'un peu plus près, quelques grands arrêts récents rendus par les Cours suprêmes des Etats, s'agissant notamment du mariage des couples de même sexe, font sentir l'importance des Constitutions et des Cours suprêmes des Etats. Dans le même temps, ces arrêts illustrent les interactions entre les Cours et les échanges d'arguments qui font progressivement évoluer la conception de l'égalité aux Etats-Unis.

L'objet de notre essai de comparaison est d'examiner la relation qui se noue entre les acteurs du système juridique aux différents niveaux (celui des Etats, celui de la fédération ou de l'Union), de saisir le dialogue qui s'établit et modifie les conceptions de l'égalité. L'analyse prend appui sur la question des discriminations fondées sur l'orientation sexuelle, sujet brûlant de part et d'autre de l'Atlantique. Le dialogue sur l'égalité dans le fédéralisme américain, servira de référence pour l'approche, comparée, de la situation européenne.

Le dialogue américain : un « laboratoire » du droit

Aux Etats-Unis, cinquante et une Cours suprêmes ont le pouvoir développer cinquante et une doctrine constitutionnelles sur le fondement de cinquante et une Constitutions. Sans nul doute, la Cour suprême des Etats-Unis est l'institution la plus prestigieuse de toutes, celle dont la jurisprudence couramment citée dépasse les frontières des Etats-Unis. Les Cours supérieures des cinquante Etats sont, en revanche, moins connues. En vertu d'une longue tradition et en application du droit fédéral, les décisions rendues par ces Cours sont définitives et les principes constitutionnels qu'elles élaborent ne sont pas contestables[2]. La Cour suprême des Etats-Unis n'a pas compétence, sauf dans certains cas extrêmement rares[3], pour remettre en cause une interprétation de la Constitution d'un Etat donnée par la Cour suprême de cet Etat. Elle peut, cependant, indiquer à la Cour suprême d'un Etat que son interprétation a pour conséquence de mettre la Constitution de l'Etat en contradiction avec la Constitution des Etats-Unis. Or la clause de suprématie inscrite dans la Constitution des Etats-Unis[4] indique que « cette Constitution… est la loi suprême du pays et lie les juges de tous les Etats, nonobstant toute disposition contraire dans la Constitution ou les lois des Etats ».

Il se peut, par exemple, que la Cour suprême d'un Etat interprète une clause relative à la liberté de la presse inscrite dans sa Constitution de telle sorte qu'elle exige un allègement de la réglementation de ce secteur au-delà de ce qu'exigent les premier et quatorzième amendements de la Constitution des Etats-Unis, tels qu'interprétés par la Cour suprême des Etats-Unis. Dans une telle situation, la Cour suprême des Etats-Unis ne peut remettre en cause une solution qui confère, en application de la Constitution d'un Etat, une portée plus large à la liberté de la presse que les premier et quatorzième amendements de la Constitution des Etats-Unis. La Cour suprême de l'Etat est seule compétente pour fixer les contours de la protection assurée sur le fondement de sa propre Constitution.

En revanche, si la Constitution de l'Etat avait été interprétée de telle manière qu'elle offre une moindre protection à la liberté de la presse que la Constitution des Etats-Unis, l'interprétation aurait été en conflit avec la norme supérieure que constitue la Constitution des Etats-Unis et cette dernière aurait prévalu, en application de la « clause de suprématie » (« supremacy clause »). Il arrive également qu'une tension existe entre plusieurs droits de valeur constitutionnelle. Tel serait le cas, par exemple, si le niveau de protection donné à la presse en vertu de la Constitution d'un Etat était en contradiction avec le droit à un procès équitable issu de la Constitution fédérale. Dans certains cas, l'absence d'encadrement de la liberté de la presse pourrait, par exemple, rendre impossible la constitution d'un jury impartial. Dans de telles circonstances, la Cour suprême des Etats-Unis pourrait soutenir que la disposition sur la liberté de la presse de la Constitution de l'Etat concerné, telle qu'interprétée, viole la Constitution des Etats-Unis en portant atteinte au droit à être jugé par un jury impartial[5]. Cependant, en dehors de ces cas

---

2 V. notamment *Michigan* v. *Long*, 463 *U.S.* 1032, (1983).

3 Pour une illustration de ces cas exceptionnels, v. *Bouie* v. *City of Columbia*, 378 *U.S.* 347, (1964) et *NAACP* v. *Alabama ex rel. Patterson*, 357 *U.S.* 449, (1958).

4 U.S. Const., art. 6, cl. 2.

5 Droit garanti par le sixième amendement de la Constitution des Etats-Unis.

particuliers, aucun conflit n'existe, en règle générale, lorsque la protection est améliorée et non réduite[6].

Parmi les dispositions des Constitutions des Etats que les Cours suprêmes peuvent interpréter différemment des dispositions analogues de la Constitution des Etats-Unis figurent les clauses relatives à l'égalité. Des différences dans l'interprétation de ces clauses ont récemment été mises en lumière à l'occasion d'un certain nombre d'affaires dans lesquelles les Cours ont dû déterminer si les discriminations fondées sur l'orientation sexuelle violaient le principe d'égalité.

La Cour suprême des Etats-Unis n'a que tardivement accepté de protéger les personnes victimes de discriminations fondées sur leur orientation sexuelle. Par le récent et fameux arrêt *Lawrence* v. *Texas*[7], la Cour a jugé inconstitutionnelles les lois incriminant les actes de sodomie. Ce faisant, elle s'est toutefois refusée à se fonder sur la clause d'égalité du quatorzième amendement[8], préférant juger que le choix d'une conduite sexuelle relevant de l'intimité de la personne devait, en raison de son importance, bénéficier de la protection offerte par la clause de « due process » du quatorzième amendement[9].

Parallèlement, dans la période récente, plusieurs Cours suprêmes de différents Etats se firent remarquer par des décisions fort controversées dans lesquelles elles exigeaient, au nom du principe d'égalité de leurs propres Constitutions, que les couples de même sexe soient traités de la même manière que les couples de sexes opposés, s'agissant des avantages résultant du mariage. En 1993, la Cour suprême de l'Etat d'Hawaï jugeait, dans l'arrêt *Baehr* v. *Lewin*[10], que l'Etat ne pouvait, sans violer la Constitution, refuser de donner aux couples de même sexe la possibilité de se marier dans des conditions d'égalité avec les couples de sexes différents. Cette décision, bien que remise en cause un peu plus tard par un amendement de la Constitution[11], était promise à une certaine postérité. En 1999, la Cour suprême du Vermont décidait, dans l'arrêt *Baker* v. *State*[12] que la Constitution de l'Etat exigeait que les couples homosexuels accèdent, non au mariage lui-même, mais à tous les droits et avantages résultant du mariage. Le législateur répondit à cette injonction en

---

6 Pour un exemple d'affaire présentée sans succès devant la Cour suprême des Etats-Unis (tension entre le droit de propriété et la liberté d'expression), v. *Robins* v. *Pruneyard Shopping Center*, 447 *U.S.* 74, (1980).

7 123 S.Ct. 2472, 2003.

8 Un Etat ne peut...refuser à un individu sous sa juridiction l'égale protection de la loi (« No state shall ... deny to any person within its jurisdiction the equal protection of the laws »).

9 Aucun Etat ne saurait ...priver quiconque de sa vie, de sa liberté ou de ses biens sans que soit respecté le due process of law... (« No state shall ... deprive any person of life, liberty, or property, without due process of law ... . »).

10 74 Haw. 530, 852 P.2d 44, 1993.

11 En novembre 1998, le corps électoral de l'Etat d'Hawaï décida d'insérer, à l'article I de la Constitution de l'Etat, une section 23 selon laquelle le législateur peut réserver le mariage aux couples de sexes opposés. L'exclusion du mariage homosexuel fut inscrite peu après dans la loi de l'Etat.

12 170 Vt. 194, 744 A.2d 864, 1999.

créant une « union civile » destinée aux couples homosexuels et se substituant au mariage. Enfin, à l'automne 2003, la Cour suprême du Massachusetts jugeait, dans l'arrêt *Goodridge* v. *Massachusetts Department of Public Health*[13], que la Constitution du Massachusetts imposait la délivrance des autorisations nécessaires au mariage aux couples de même sexe, dans les mêmes conditions que celles offertes aux couples de sexes différents.

Les décisions rendues dans ces affaires ainsi que les décisions de la Cour suprême des Etats-Unis au sujet des discriminations fondées sur l'orientation sexuelle, font sentir la richesse d'un droit américain nourri des différentes approches de ses Cours suprêmes. L'intérêt vient aussi de certaines similitudes, signe de l'autorité qui s'exerce, mais aussi, ce qui nous intéresse davantage, des jeux d'influence et des échanges qui se produisent au sein du système juridique. Le dialogue qui s'institue entre les Cours est l'un des processus par lesquels les cinquante et une Cours coopèrent au développement et à l'affinement d'un « Common Law constitutionnel » en matière d'égalité.

Au premier abord, on s'attend, bien sûr, à ce que les conceptions de l'égalité développées par les Cours diffèrent à la mesure des différences dans les textes constitutionnels. La Constitution du Massachusetts, qui date de 1780, et la première Constitution du Vermont, ratifiée en 1777, comportent des dispositions relatives à l'égalité qui sont le reflet de leur adoption au cours de la guerre d'indépendance. Elles contiennent des clauses presqu'identiques selon lesquelles le gouvernement est dédié à la promotion du bien commun[14] (de l'intérêt commun dans la Constitution du Vermont[15]) plutôt qu'au profit, à l'honneur ou à l'intérêt privé d'un individu, d'une famille ou d'une classe. Les deux Constitutions expriment l'engagement de protéger les intérêts de la majorité contre l'exploitation par une aristocratie héréditaire minoritaire, en réaction contre la monarchie anglaise. Par comparaison, la clause relative à l'égalité de traitement du quatorzième amendement[16] qui n'a été introduite dans la Constitution des Etats-Unis qu'en 1868, suite à la guerre de sécession, a été conçue pour protéger les minorités des discriminations

---

13 *Goodridge* v. *Department of Pub. Health*, 440 Mass. 309, 798 N.E.2d 941, 2003.

14 Mass. Const. pt. 1, art. 7. Le gouvernement est institué pour le bien commun, la protection, la sécurité, la prospérité et le bien-être du peuple et non pour le profit, l'honneur ou l'intérêt privé d'un homme, d'une famille ou d'une catégorie sociale (« Government is instituted for the common good, for the protection, safety, prosperity and happiness of the people; and not for the profit, honor, or private interest of any one man, family, or class of men… »).

15 Constitution du Vermont, ch. 1, art. 7 : ce gouvernement est ou doit être institué dans l'intérêt de tous, pour la protection et la sécurité du peuple, de la nation, de la communauté, et non pour l'avantage ou le profit particulier d'un homme, d'une famille ou d'un groupe d'individus qui ne sont qu'une partie de la communauté…(« That government is, or ought to be, instituted for the common benefit, protection, and security of the people, nation or community; and not for the particular emolument or advantage of any singleman, family or set of men, who are a part only of that community… »).

16 V. *supra*.

préjudiciables pratiquées à leur encontre par la majorité[17]. Enfin, la Constitution de l'Etat d'Hawaï contient une clause d'égalité similaire à celle du quatorzième amendement mais renforcée par une mention faisant expressément référence aux discriminations fondées sur le sexe. Cette formule a été ajoutée en 1978 en raison de l'impossibilité d'obtenir la ratification par un nombre suffisant d'Etats de l'amendement sur l'égalité des droits, qui serait devenu le vingt-septième amendement de la Constitution fédérale[18]. La Constitution de l'Etat d'Hawaï prévoit que nul ne peut se voir refuser la jouissance des droits civiques ou subir de discrimination dans l'exercice de ces droits en raison de sa race, de sa religion, de son sexe ou de ses ascendances familiales[19].

Il y a donc bien des différences sensibles dans le texte des différentes Constitutions. Pourtant, en dépit de ces différences, les conceptions de l'égalité retenues par les cinquante et une Cours se caractérisent davantage par leurs similarités que par leurs divergences. Certains principes fondamentaux de la doctrine de l'égalité constituent, semble-t-il, le fond commun d'un droit constitutionnel américain de l'égalité qui n'exclut pas, pour autant, l'existence de quelques variations autour des thèmes principaux, dans le sein de chacune des juridictions. Les principes fondamentaux de la doctrine américaine moderne en matière d'égalité, auxquels toutes les Cours se réfèrent aujourd'hui, ont été, pour l'essentiel, élaborés par la Cour suprême des Etats-Unis dans les deux derniers tiers du siècle précédent. En réaction au contrôle constitutionnel jugé excessivement lâche du XIXe siècle et de la première partie du XXe siècle, la Cour suprême des Etats-Unis a développé différentes catégories, désormais familières, de contrôle de constitutionnalité (« levels of scrutiny ») des actes du gouvernement. Le contrôle le plus strict a été réservé aux distinctions fondées sur un critère auquel s'attache des

---

17 Cf. la Constitution des Etats-Unis, amendement 14, sec. 1 selon lequel : Toute personne née aux Etats-Unis ou naturalisée et soumis à la juridiction de ce pays est un citoyen des Etats-Unis et de l'Etat dans lequel elle réside. Un Etat ne saurait prendre ou appliquer une loi qui porterait atteinte aux privilèges et immunités des citoyens des Etats-Unis ; aucun Etat ne peut non plus priver un individu de sa vie, de sa liberté ou de ses biens sans le respect du « due process of law » ou priver un individu sous sa juridiction de l'égale protection de la loi (« All persons born or naturalized in the United States, and subject to the jurisdiction thereof, are citizens of the United States and of the state wherein they reside. No state shall make or enforce any law which shall abridge the privileges or immunities of citizens of the United States; nor shall any state deprive any person of life, liberty, or property without due process of law; nor deny to any person within its jurisdiction the equal protection of the laws »).

18 Le texte de l'amendement proposé (couramment désigné comme l'amendement sur l'égalité des droits, « Equal Rights Amendment ») est ainsi formulé : l'égalité des droits devant la loi ne saurait être refusée ou limitée par les Etats-Unis ou par un Etat quelconque en considération du sexe (« Equality of rights under the law shall not be denied or abridged by the United States or by any State on account of sex »).

19 Constitution de l'Etat d'Hawaï, art. 1, sec. 5 : nul ne saurait être privé de sa vie, de sa liberté ou de ses biens sans le respect du « due process of law » ou se voir refuser l'égale protection de la loi ou la jouissance de ses droits civiques sans discrimination en raison de sa race, de sa religion, de son sexe ou de ses ascendances familiales (« No person shall be deprived of life, liberty, or property without due process of law, nor be denied the equal protection of the laws, nor be denied the enjoyment of the person's civil rights or be discriminated against in the exercise thereof because of race, religion, sex, or ancestry »).

préjugés défavorables. La Cour suprême subodore que de telles distinctions ne sont pas mises en oeuvre dans le souci du bien commun, mais manifestent l'existence d'un préjugé défavorable ou d'une animosité à l'encontre d'un groupe. En revanche, lorsqu'il n'existe pas de distinction suspecte (« suspect classification »), la Cour suprême se montre extrêmement indulgente et exerce un contrôle très restreint qui la conduit à ne condamner une mesure sur le fondement du principe d'égalité que dans le cas où le gouvernement ne peut justifier d'aucun fondement rationnel à l'utilisation de la classification en cause.

A partir de décisions telles que l'arrêt *Brown* v. *Board of Education*[20], la Cour suprême des Etats-Unis a appliqué avec constance, à partir du milieu du XXe siècle, le contrôle le plus strict (« strict scrutiny test ») dans les cas où la discrimination visait à défavoriser un groupe particulier. La rigueur de ce contrôle, mené sur le fondement du quatorzième amendement, conjugué avec le contrôle, devenu également plus rigoureux, effectué sur le fondement d'autres dispositions de la Constitution a éclipsé, pendant un temps, la mise en œuvre des dispositions des Constitutions des Etats par les Cours de ces Etats. Celles-ci, compétentes pour appliquer le droit fédéral comme le droit des Etats, en vertu de la clause de primauté de la Constitution fédérale, se sont reposées sur le premier, en plein épanouissement, sans ressentir le besoin d'aller au-delà en prenant appui sur les dispositions de leurs propres Constitutions[21].

Cette attitude ne correspond plus, cependant, à la situation actuelle. Depuis que la Cour suprême des Etats-Unis, présidée successivement par les juges Burger et Rehnquist, a restreint la protection accordée sur le fondement du quatorzième amendement, les Cours suprêmes des Etats se sont tournées vers les Constitutions de ces Etats afin d'assurer la garantie de droits qui ne sont plus suffisamment protégés par le texte fédéral. Ce faisant, elles ont clairement indiqué que leur interprétation n'était pas liée par les décisions précédemment rendues au niveau fédéral sur le fondement de la Constitution des Etats-Unis. Dans le même temps, elles ont néanmoins continué à tenir compte des décisions fédérales qu'elles avaient longtemps suivies du temps où leurs décisions se fondaient sur la Constitution fédérale. Ces décisions de la Cour suprême des Etats-Unis, bien que non contraignantes, exercent une influence sur le développement des conceptions de l'égalité élaborées sur le fondement des Constitutions des Etats. En contrepoint, les Cours suprêmes des Etats ont eu de plus en plus souvent recours à la jurisprudence développée par les Cours suprêmes d'autres Etats pour renforcer leurs

20 347 *U.S.* 483, (1954).

21 En réalité, la clause de primauté (« Supremacy Clause ») a été interprétée comme exigeant des Cours des Etats l'application du droit fédéral, lorsque celui-ci est applicable. L'article 6, paragraphe 2 de la Constitution fédérale des Etats-Unis prévoit que : « les juges de tous les Etats sont liés par la Constitution fédérale, nonobstant toute disposition contraire dans le droit ou la Constitution des Etats » (« the judges in every state shall be bound [by federal law], any thing in the constitution or laws of any state to the contrary notwithstanding. »). V., sur cette interprétation, la décision *Testa* v. *Katt*, 330 *U.S.* 386, (1947).

argumentations. Ce procédé, consistant à développer des principes constitutionnels à partir de la Constitution d'un Etat, tout en tenant compte de la jurisprudence des Cours des autres Etats et des Cours fédérales, trouve une bonne illustration dans l'opinion rendue par la Cour suprême du Massachusetts dans l'affaire *Goodridge* v. *Massachusetts Department of Public Health*[22]. Quelques brèves remarques peuvent être faites au sujet de cette décision. Tout d'abord, la Cour du Massachusetts comme la Cour suprême des Etats-Unis et dans son sillage, limite l'application du contrôle le plus rigoureux fondé sur la clause d'égalité (*strict scrutiny*) aux actes qui opèrent des discriminations sur le fondement d'un critère « suspect » (*suspect classification*). De même que la Cour suprême des Etats-Unis, la Cour du Massachusetts n'a jamais considéré que l'orientation sexuelle était un critère suspect. Dans un deuxième temps, la Cour indique cependant, que, dans les décisions dans lesquelles son contrôle est limité à l'existence d'une justification raisonnable, ce contrôle est néanmoins plus rigoureux que celui réalisé par la Cour suprême des Etats-Unis. Dans la jurisprudence du Massachusetts, la rigueur du contrôle effectué semble augmenter en fonction de deux paramètres : l'importance du droit affecté par la mesure prise par l'Etat et le caractère plus ou moins « suspect » du critère qui conduit à défavoriser un groupe d'individus particulier. La Cour s'appuie ensuite sur les arrêts *Baehr* v. *Lewin*[23], rendu par la Cour suprême d'Hawaï, et *Baker* v. *State*[24], rendu par la Cour suprême du Vermont, afin de faire admettre que le droit au mariage constitue un droit individuel d'une importance particulière. Elle cite aussi, en renfort, deux décisions déclarant anti-constitutionnelles les lois interdisant les mariages interraciaux : une décision de la Cour suprême de Californie (*Perez* v. *Sharp*[25]) de 1948 et une décision de la Cour suprême des Etats-Unis dans l'affaire *Loving* v. *Virginia*[26] de 1967. Enfin, la Cour considère les raisons que le législateur du Massachusetts a fait valoir à l'appui du refus d'autoriser le mariage des couples de même sexe et juge que ces raisons ne sont pas suffisamment reliées rationnellement à des intérêts importants de l'Etat pour justifier le refus du droit de se marier à cette catégorie de personnes.

Cet arrêt très important de la Cour suprême du Massachusetts ne doit pas masquer le fait que les Cours suprêmes des Etats ne sont pas toujours à l'origine du dialogue qui s'instaure entre elles et avec la Cour suprême des Etats-Unis. Cette dernière participe pleinement à ce processus, non seulement parce qu'elle rend des décisions qui servent ensuite d'argument dans les décisions rendues à l'échelle des Etats, mais aussi, et surtout, parce qu'elle utilise les décisions des Cours suprêmes

---

22 Cité précédemment.

23 Cité préc.

24 Cité préc.

25 32 Cal.2d 711, 198 P.2d 17, (1948).

26 388 *U.S.* 1, (1967).

des Etats pour développer de nouveaux principes de droit constitutionnel fédéral sur le fondement de la Constitution des Etats-Unis.

Ainsi, en 1986, dans l'arrêt *Batson* v. *Kentucky*[27], la Cour suprême s'est appuyée sur des décisions rendues dans le Massachusetts[28] et en Californie[29] pour soutenir l'existence d'une violation de la clause d'égalité du quatorzième amendement lorsque le procureur utilise son droit de révoquer discrétionnairement certains membres du jury pour évincer certains d'entre eux selon des critères raciaux. Une autre illustration est fournie par la décision de la Cour suprême des Etats-Unis dans l'affaire *Cruzan* v. *Director, Missouri Department of Health*[30], rendue en 1990. Par cette décision, la Cour a mis une dernière pierre à la construction juridique élaborée par les Cours suprêmes des Etats en reconnaissant à un individu le droit, en vertu de la clause de « due process » posée par le quatorzième amendement, de refuser un traitement permettant de le maintenir en état de survie à l'aide d'une alimentation et d'une hydratation artificielles. Plus récemment, dans la décision *Lawrence* v. *Texas*[31], rendue en 2003, qui a renversé la jurisprudence *Bowers* c. *Hardwick*[32] de 1986, la Cour a cité plusieurs décisions rendues par les Cours suprêmes des Etats qui, contre l'arrêt *Bowers*, avaient soutenu que les lois anti-sodomie étaient contraires au principe d'égalité, au droit au respect de la vie privée ou au droit au « due process » posés par les Constitutions de ces Etats[33]. La décision rendue dans l'affaire *Lawrence* v. *Texas*, comme toutes celles rendues par la Cour suprême des Etats-Unis sur le fondement du quatorzième amendement, a, bien évidemment, une importance particulière que n'ont pas les décisions des Cours suprêmes des Etats : elle détermine la loi suprême qui s'impose à toutes les juridictions, en vertu de la suprématie du droit fédéral posée par la Constitution. Elle définit la norme en deçà de laquelle les Etats ne peuvent aller sans priver leurs décisions d'efficacité. Cette importance de la jurisprudence fédérale explique que la Cour suprême des Etats-Unis attende souvent que le droit constitutionnel soit développé et expérimenté par les Cours suprêmes des Etats avant de le hisser au rang de droit constitutionnel des Etats-Unis. Il y a là un exemple de ce que le juge Brandeis décrivait comme une des vertus du fédéralisme américain :

---

27 476 *U.S.* 79, (1986).

28 *Commonwealth* v. *Soares*, 377 Mass. 461, 387 N.E.2d 499, (1979).

29 *People* v. *Wheeler*, 22 Cal.3d 258, 583 P.2d 748, (1978).

30 457 *U.S.* 261, (1990).

31 Citée *supra*.

32 478 *U.S.* 186, (1986).

33 V. par exemple, *Jegley* v. *Picado*, 349 Ark. 600, 80 S. W. 3d 332 (2002); *Powell* v. *State*, 270 Ga. 327, 510 S. E. 2d 18, 24, 1998 ; *Gryczan* v. *State*, 283 Mont. 433, 942 P. 2d 112, 1997 ; *Campbell* v. *Sundquist*, 926 S. W. 2d 250 (Tenn. App. 1996); *Commonwealth* v. *Wasson*, 842 S. W. 2d 487 (Ky. 1992).

le rôle joué par les Etats comme « laboratoires du droit »[34]. Dans ces laboratoires, les juges des Cours suprêmes des Etats sont à l'oeuvre, non loin, intellectuellement, de ceux qui officient dans le laboratoire fédéral.

Le dialogue européen : une expérience de construction coopérative du droit

Si ce n'est le fédéralisme américain, du moins ses vertus ont-elles quelque chance de se retrouver en Europe ? Indéniablement, l'existence et même, la possibilité, d'une Constitution européenne sont très controversées, de même que celles d'une fédération. Cependant, comme nous l'avons annoncé en commençant, il n'est pas question ici de débattre de l'existence d'une fédération européenne mais simplement de considérer, au regard de la situation américaine, les relations qui s'établissent entre les différents systèmes juridiques en présence au sein de l'Union européenne sur une question, comme celle de l'égalité, qui peut relever de la compétence commune des Etats et de l'Union. Dans les pays de l'Union, le principe d'égalité est protégé par un ensemble entremêlé de sources et d'institutions destinées à faire assurer, chacune à leur niveau, le respect des droits nationaux, du droit de l'Union européenne et de la protection conventionnelle des droits de l'homme découlant de la Convention européenne de sauvegarde des droits de l'homme et des libertés fondamentales. En conséquence, bien qu'il n'y ait pas de Constitution fédérale ou de Cour suprême fédérale, s'ajoutant aux Constitutions et Cours nationales, les conditions sont néanmoins réunies pour que s'instaure un dialogue sur l'égalité entre les institutions et, surtout, les Cours, nationales et européennes.

Pouvons-nous dire, en suivant le modèle américain précédemment décrit, que l'Union européenne compte vingt-six Cours suprêmes qui ont compétence pour développer vingt-six doctrines constitutionnelles découlant de vingt-six Constitutions ? Le rapprochement est sans doute excessivement audacieux. Tout d'abord, il est difficile d'identifier une Cour et une doctrine européenne puisque la protection du principe d'égalité relève de deux Cours : la Cour de Justice, pour l'Union européenne, et la Cour des droits de l'homme pour l'application de la Convention européenne des droits de l'homme. Ces deux Cours sont susceptibles d'élaborer des doctrines différentes, dans le cadre d'organisations internationales distinctes bien qu'étroitement liées[35]. Il est également périlleux de qualifier les

---

34 *New State Ice Co.* v. *Liebmann*, 285 U.S. 262, 386-387, (1932) (Brandeis, J., dissenting) : l'un des heureux effet du système fédéral tient à ce qu'un des Etats peut aller de l'avant, si ses citoyens le souhaitent, et servir de laboratoire pour expérimenter une nouvelle politique sociale et économique, sans engager l'ensemble du pays (« It is one of the happy incidents of the federal system that a single courageous state may, if its citizens choose, serve as a laboratory; and try novel social and economic experiments without risk to the rest of the country »).

35 Sur les liens entre les deux Cours et leurs doctrines, v. notamment, I. Omarjee, S. Robin-Olivier et L. Sinopoli, « La légende de Romulus et Remus revisitée : droit communautaire et Convention européenne des droits de l'homme, in *Chronique de droit communautaire*, LPA, 26 juillet 2002, p. 12 et s. V. aussi G. Cohen-Jonathan, *Jurisclasseur Europe*, Fasc. 6500 à 6510.

textes sur lesquels ces Cours s'appuient de « Constitutions » : ce sont des traités internationaux, l'un d'entre eux étant doublé d'une « charte constitutionnelle »[36] qui peine à se transformer en véritable Constitution[37]. Quant aux « Cours suprêmes » des Etats, elles sont beaucoup plus difficiles à identifier en Europe qu'aux Etats-Unis car la relative homogénéité de l'organisation américaine ne se retrouve pas dans l'ensemble constitué par les Etats membres de l'Union. A s'en tenir simplement à l'exemple français, la triade composée par le Conseil constitutionnel, la Cour de cassation et le Conseil d'Etat résiste à l'idée d'unité de la Cour suprême.

Ces obstacles ne doivent pas, cependant, être exagérés. Quant aux Cours suprêmes des Etats, ce qui importe, pour notre comparaison, tient moins à la structure institutionnelle (une Cour ou plusieurs) qu'à la fonction de « Cour suprême » qui peut fort bien être partagée entre plusieurs institutions, selon les questions de droit concernées. Quant à la Cour suprême de l'Union, on peut, laissant de côté la Cour européenne des droits de l'homme qui ne fait pas partie des institutions de l'Union européenne, considérer que la Cour de Justice s'apparente, par ses fonctions, à la Cour suprême des Etats-Unis[38]. La Cour de Luxembourg a pour mission, notamment, de donner du droit de l'Union et de sa charte constitutive l'interprétation qui doit prévaloir de façon uniforme sur tout le territoire de l'Union[39]. Certes, la primauté du droit de l'Union ne relève pas, dans l'attente de la ratification du traité établissant une Constitution pour l'Europe[40], d'une clause constitutionnelle comme aux Etats-Unis mais elle a été affirmée, dès 1964, dans un des plus grands arrêts de la Cour de Justice[41]. Certains objecteront que la reconnaissance de la suprématie du droit de l'Union n'est acquise que du point de vue de l'Union car les Cours suprêmes nationales ne se sont pas complètement rangées au principe de primauté[42]. La tension est à son comble s'agissant de la

---

36 Terminologie utilisée par la Cour de Justice dans sa jurisprudence, v. notamment l'arrêt *Parti écologistes « Les Verts »*, aff. 294/83.

37 L'entrée en vigueur du traité établissant une Constitution pour l'Europe (disponible sur le site www.europa.eu.int), tel qu'adopté par les Etats membres en juin 2004 et signé le 29 octobre 2004, demeure subordonnée à sa ratification par les Etats membres.

38 En dépit des particularités inévitables liées au système politique *sui generis* que constitue l'Union européenne. Sur cette idée, v. H. Schepel et E. Blankenburg, « Mobilizing the European Court of Justice », in *The European Court of Justice*, sous la direction de G. de Burca et J. Weiler, Oxford, 2001, p. 12.

39 Selon l'article 220 du traité instituant la Communauté européenne, la Cour doit assurer le respect du droit dans l'interprétation et l'application du traité. La procédure des questions préjudicielles (article 234 du traité) donne à la Cour de Justice la possibilité d'assurer une interprétation uniforme du droit communautaire.

40 Le traité constitutionnel comporte un article I-6 consacrant la primauté du droit de l'Union européenne sur le droit des Etats. Le traité est accessible sur le site de l'Union : www.europa.eu.int.

41 CJCE, *Costa/ENEL*, aff. 6/64.

42 Sur la réception du droit communautaire par les Cours nationales, v. notamment G. Isaac et M. Blanquet, *Droit communautaire général*, Armand Colin, 8ème éd, 2001, p. 208-222 ; G. Berman et alii, *European Union Law*, West Group, 2ème éd, 2002, p. 282-351 ; D. Simon, *Le système juridique communautaire*, PUF, 3ème éd., 2001, p. 461-463 (pour la France) et p. 466-469 (autres Etats membres).

primauté du droit de l'Union sur les Constitutions nationales. De fait, si l'on conçoit les traités fondateurs de l'Union européenne comme des traités internationaux classiques, l'articulation entre les droits nationaux et le droit de l'Union relève tout naturellement des doctrines constitutionnelles nationales relatives à l'application des traités. La persistance d'une résistance ou tout au moins d'une réticence de certaines Cours nationales à accepter la primauté du droit de l'Union pose problème, indéniablement. Outre le refus, bien connu, de certaines Cours constitutionnelles à se plier sans condition à la primauté du droit communautaire[43], l'attitude de certaines Cours suprêmes nationales, dans la période récente[44], est de nature à renforcer l'incertitude sur l'effectivité du principe de primauté, tel que conçu par la Cour de Justice. Pourtant, le seul fait que les Etats membres n'aient pas remis en cause, à l'occasion d'un des multiples amendements des traités, la doctrine de la Cour de Justice laisse penser que cette doctrine n'est pas fondamentalement contestée[45]. Dans l'actuel projet de Constitution, l'article I-6 indique que « la Constitution et le droit adopté par les institutions de l'Union dans l'exercice des compétences qui lui sont attribuées ont la primauté sur le droit des Etats membres ». La formule ne comporte aucune limitation au principe de primauté posé par la Cour de Justice : si la primauté s'impose au « droit des Etats membres », elle devrait s'appliquer aussi au droit constitutionnel.

Dans ce contexte de tension persistante, les sources de conflits n'épargnent pas, loin s'en faut, le principe d'égalité. La question des discriminations positives est un exemple. Que se passe-t-il, en effet, lorsqu'un Etat membre institue un système de discriminations positives en faveur des femmes ou des minorités ethniques qui, selon la Cour de Justice, viole le droit de l'Union ? Pour la Cour, la réponse est simple et sans détour : le droit national doit être modifié conformément aux exigences du droit de l'Union. Cet impératif sera-t-il cependant bien compris dans les Etats membres lorsque, après débats, délibérations et décision au sein des

---

43 V. notamment la décision de la Cour constitutionnelle allemande, *Solange I*, Ord. du 29 mai 1974, EuR, 1975, 150 et celle de la Cour constitutionnelle italienne, *Frontini*, 27 déc. 1973, *RTDE*, 1974, p. 148. Pour une synthèse de la jurisprudence postérieure de ces deux cours, v. B. Genevois, *RFDA*, juill août 2004, p. 654.

44 V. en particulier les arrêts *Sarran* et *Levacher* du CE français (Ass., 30 oct. 1998, *RFDA* 1998, 1081, note Alland) et *Fraisse* de la Cour de cassation (Ass. Plén., 2 juin 2000, Europe août-sept. 2000, chron A. Rigaux et D. Symon ; *RTDciv.* 2000, p. 672, obs. R. Libchaber ; B. Ancel et Y. Lequette, *Les Grands arrêts de droit international privé*, Dalloz, n° 86, p. 762). V. cependant, pour une approche plus nuancée la série de décisions du Conseil constitutionnel français : DC 2004-496 du 10 juin 2004, 2004-497 du 1er juillet 2004 et 2004-498 du 29 juillet 2004. V. aussi l'arrêt de la Cour suprême administrative autrichienne dans l'affaire *Köbler*, aff. C-224/01, jugée le 30 sept. 2003 par la Cour de Justice, qui, sans rejeter explicitement la primauté du droit communautaire, témoigne d'une volonté de préserver le droit national des effets de la suprématie de ce droit.

45 En ce sens aussi, la série d'arrêt du Conseil constitutionnel français, précitée note 43. Parmi les nombreux commentaires, v. nt J. Arrighi de Casanova, *AJDA*, 26 juill 2004, p. 1535 ; B. Genevoix, *loc. cit.*, p. 650 et les analyses de H. Oberdorff, J.P. Camby, A. Levade et J. Roux, *Rev du droit public*, n° 4, 2004, p 869 et s..

instances nationales, la solution aura été acceptée et jugée constitutionnelle[46] ? On peut en douter et craindre qu'une attitude de défiance vis-à-vis du droit de l'Union ne s'épanouisse dans les Etats membres. Cela explique peut-être le souci de la Cour de Justice d'éviter les conflits, peu armée qu'elle est pour faire respecter le principe de primauté. La Cour européenne s'efforce de rallier à sa cause les Cours nationales tant l'intégration européenne doit son progrès à leur volonté d'appliquer et de faire appliquer le droit communautaire[47].

Nulle raison, pour autant, de condamner l'entreprise de comparaison. Le fédéralisme américain n'a pas toujours connu cet état d'apaisement que nous lui prêtons aujourd'hui. La relation entre les Etats et la fédération n'a pas été immédiatement clarifiée. Dans les jeunes années du fédéralisme américain, il est arrivé que certaines juridictions des Etats refusent d'appliquer la doctrine de la Cour suprême des Etats-Unis[48]. La résolution de cette tension a été l'œuvre de grands juges de la Cour suprême et le résultat de leurs opinions particulièrement convaincantes[49]. Sans doute cette histoire-là n'a-t-elle guère de chance de se reproduire au sein de l'Union européenne. Les décisions de la Cour de Justice n'ont pas la force de celles de la Cour suprême. Cela tient moins au caractère collectif de la décision, dans laquelle l'autorité de grands juges respectés ne peut se faire sentir, qu'à l'insuffisante volonté de convaincre, cette volonté qui explique la richesse de l'argumentation que l'on trouve dans certains des grands arrêts de la Cour suprême des Etats-Unis. Très souvent, la minceur du raisonnement qui figure dans les arrêts rendus par la Cour de Justice déconcerte le lecteur américain. Y a-t-il là une influence des systèmes de droit romano-germaniques et, en particulier, du droit français sur la fonction reconnue au juge communautaire, ce qui expliquerait la relative sécheresse dans la justification des décisions ? Le résultat, en tout cas, est que des divergences de vue perdurent, selon que l'on se place à l'échelle européenne ou à l'échelle nationale, depuis cet arrêt *Costa/ENEL* dans lequel la justification de la primauté du droit communautaire trouve si peu d'arguments. Toutefois, l'existence d'une tension quant à l'articulation des compétences de l'Union avec

---

46 Situation illustrée par l'affaire *Kalanke*, CJCE, aff. C-450/93 : la Cour de Justice juge contraire au principe d'égalité entre hommes et femmes la réglementation du Land de Brême selon laquelle en cas de promotion, une femme qui a les mêmes qualifications qu'un homme doit lui être préférée lorsque les femmes sont sous-représentées. La réglementation en cause avait été adoptée par les parlements régional et fédéral et jugée conforme à la Constitution allemande. Sur cette tension entre les conceptions nationale et européenne de l'égalité en matière d'actions positives, v. J. Shaw, *Gender and the Court of Justice*, in *The European Court of Justice*, sous la direction de G. de Burca et J. Weiler, Oxford, 2001, p. 127-130 et D. Caruso, « Limits of the Classic Method: Positive Action in the European Union After the New Equality Directives » 44 *Harvard International Law Journal* 331, 2003.

47 En ce sens, H. Schepel et E. Blankenburg, *loc. cit.*, p. 34 selon lesquels le développement de la coopération judiciaire dépend de la confiance que les Cours nationales placent dans la Cour de Justice.

48 V. *Martin* v. *Hunter's Lessee*, 14 *U.S.* (1 Wheat.) 304, (1816), concernant l'opposition à la Cour suprême de la Court of Appeal de l'Etat de Virginie quant à l'étendue de la compétence de la Cour suprême des Etats-Unis.

49 Cf. l'opinion du juge Story dans l'affaire *Martin* v. *Hunter's Lessee*, précitée ou celle du juge Marshall dans l'affaire *Cohens* v. *Virginia*, 19 *U.S.* (6 Wheat.) 264, (1821).

celles des Etats et au jeu de la primauté peut apparaître, à la lumière de l'histoire des Etats-Unis, comme un trait du fédéralisme, non le reflet de son absence.

Dans ce contexte, un dialogue sur l'égalité est de nature à se nouer, tout particulièrement, entre la Cour de Justice et les Cours nationales. S'agissant des discriminations fondées sur l'orientation sexuelle, l'une des premières questions fut celle de la compétence de l'Union européenne en ce domaine. L'échange, sur la scène judiciaire, a porté sur la notion d'égalité et l'éventuelle inclusion des discriminations fondées sur l'orientation sexuelle dans le champ des discriminations à raison du sexe. Parallèlement, les différences entre les droits des Etats membres quant au traitement des couples homosexuels sont devenues une source d'interrogation en relation avec l'impératif de libre circulation. La mise en relation des systèmes juridiques, dans leur diversité, conséquence de la libre circulation dont bénéficient les personnes, a fait de la question du traitement des couples de même sexe une question européenne, une question relevant du dialogue européen sur l'égalité.

S'agissant de l'interprétation du principe d'égalité aux fins d'une éventuelle condamnation des discriminations fondées sur l'orientation sexuelle, il est assez banal pour les juristes européens, sans doute un peu moins pour les juristes américains, de souligner que le dialogue sur le sens du principe d'égalité et plus exactement sur la portée du principe d'interdiction des discriminations fondées sur le sexe, s'est essentiellement développé dans le cadre de la procédure des questions préjudicielles[50]. Dans cette procédure, un juge national interroge la Cour de Justice sur l'interprétation du droit de l'Union afin de trancher le litige dont il est saisi conformément à ce droit. Cette procédure a été décrite par la Cour de Justice elle-même comme « un dialogue judiciaire coopératif »[51]. C'est dire qu'il ne s'agit pas seulement un processus à sens unique dans lequel la Cour délivre la bonne interprétation du droit de l'Union[52]. Le processus est interactif. Dans le domaine des droits fondamentaux où des notions aussi équivoques que l'égalité sont en jeu, la Cour de Justice ne peut se contenter d'une décision unilatérale qui ne tiendrait pas compte des conceptions nationales ou supranationales (celles de la Cour européenne des droits de l'homme, en particulier) sans prendre le risque d'une résistance des Cours nationales. La procédure des questions préjudicielles est le cadre d'un dialogue, et d'un dialogue ouvert, sur le sens et la portée du principe d'égalité ou de non-discrimination, dont quelques exemples permettent de prendre la mesure.

---

50 Sur cette procédure, qualifiée de coopération juridictionnelle ou judiciaire, v. notamment D. Simon, *op. cit.*, p. 661-706 ; G. Isaac et M. Blanquet, *op. cit.*, p. 326-345.

51 CJCE, *Michele Ferrer Laderer*, aff. C-147/91 et *Enderby*, aff. C-127/92.

52 Sur l'existence d'un dialogue dans le cadre de la procédure préjudicielle, v. S. Simitis, « The Complexity of living with an Interpretation Prerogative, Some Observations on an Imperfect Dialogue », in *Labour Law in the Courts, National judges and the European Court of Justice*, sous la direction de S. Sciarra, Hart Publishing, 2001, p. 294.

Dans une affaire *Grant*, tranchée par la Cour de Justice en 1998[53], le tribunal industriel de Southampton interrogeait la Cour de Justice sur le point de savoir si le refus d'un employeur d'octroyer certains avantages aux couples homosexuels, distinction fondée sur l'orientation sexuelle du salarié, constituait une « discrimination fondée sur le sexe » au sens du droit communautaire. Observant que d'autres juridictions britanniques n'avaient pas jugé que tel était le cas, le petit tribunal de Southampton considérait néanmoins qu'une précédente et, à vrai dire, très importante décision de la Cour de Justice, l'arrêt *P.* c. *S.*[54], penchait en faveur d'une conception large des discrimination fondées sur le sexe, incluant les discriminations en raison de l'orientation sexuelle. La situation était néanmoins assez différente : le licenciement d'un salarié décidé en raison de son changement de sexe, et non de son orientation sexuelle, avait été rangé parmi les discriminations fondées sur le sexe. Dans l'arrêt *Grant*, la Cour de Justice n'a pas suivi l'analyse du tribunal anglais, refusant de poursuivre l'œuvre, que l'on avait crue en cours, d'élargissement de la portée du principe de discrimination fondé sur le sexe. Il est vrai que cette solution a perdu beaucoup de son intérêt depuis l'adoption de la directive sur l'interdiction des discriminations dans l'emploi[55], qui prohibe, notamment, les discriminations fondées sur l'orientation sexuelle. Toutefois, la solution de l'arrêt est sans grande importance pour notre propos. L'essentiel, à nos yeux, tient dans la procédure par laquelle le juge national entame un dialogue avec la Cour de Justice qui, à ce stade, est un dialogue direct et non un échange médiatisé par des décisions antérieures servant de précédent ou ayant une valeur argumentative. Ce dialogue « direct » que permet la procédure des questions préjudicielles correspond parfois à une stratégie des juges nationaux, insatisfaits de l'état du droit national. Lorsqu'une Cour inférieure comme le tribunal industriel de Southampton décide de saisir la Cour de Justice alors qu'elle n'est jamais tenue de le faire, elle élève volontairement le débat à l'échelle européenne, afin de faire évoluer le droit national, en l'occurrence, la conception du principe de non-discrimination en raison du sexe. Ce faisant, le juge d'un Etat engage un processus de transformation des droits de l'ensemble des autres Etats membres : le droit de l'Union, tel qu'interprété par la Cour de Justice à l'occasion d'une question soulevée dans le cadre d'un système juridique national particulier, est la loi de tous et s'impose sur le territoire de tous les Etats membres. Cette diffusion de la solution dans l'ensemble des Etats membres est la raison pour laquelle tous les Etats sont invités à faire entendre leur voix, en donnant leur avis sur l'interprétation qui devrait, selon eux, prévaloir[56]. Direct, le dialogue qui s'instaure est aussi un dialogue largement ouvert.

53 CJCE, aff. C-249/96.

54 CJCE, aff. C-13/94.

55 Directive 2000/78/CE du Conseil, 27 novembre 2000 portant création d'un cadre général en faveur de l'égalité de traitement en matière d'emploi et de travail, *JOCE* n° L 303 du 2 déc. 2000, p. 16-22.

56 L'article 23 du Statut de la Cour prévoit que les Etats peuvent présenter leurs observations dans les deux mois de la notification des questions préjudicielles.

Parallèlement, la procédure préjudicielle favorise une forme de dialogue plus classique entre les Cours, semblable à celui évoqué au sujet du droit des Etats-Unis. Il ne s'agit plus d'un dialogue « direct » mais de l'influence mutuelle des décisions des Cours aux différents niveaux. En particulier, la Cour de Justice se doit, dans l'élaboration de ses conceptions relatives aux droits fondamentaux, de tenir compte des « traditions constitutionnelles communes des Etats membres »[57]. En conséquence, la conception de l'égalité dans le droit de l'Union s'inspire des conceptions nationales. Dans le même temps, elle intègre les finalités de la construction européenne, dans une alchimie assez subtile. S'y ajoute l'indispensable référence à la Convention européenne des droits de l'homme. Cette référence est particulièrement importante pour la Cour de Justice, non seulement en raison de la force argumentative des décisions de la Cour des droits de l'homme mais aussi parce que le traité sur l'Union européenne contient l'engagement de respecter la Convention[58]. De surcroît, dans la mesure où tous les Etats membres sont liés par la Convention, la Cour de Justice ne peut l'ignorer sans risquer d'imposer aux Etats des obligations en contradiction avec celles auxquelles ils sont tenus en vertu de la Convention. La situation qui en résulte peut surprendre. La Charte constitutionnelle de l'Union européenne est interprétée à la lumière de décisions d'une Cour qui n'appartient pas à l'Union. En échange, cependant, la Cour des droits de l'homme tient compte du droit de l'Union[59] : il y a là aussi un dialogue. Si l'on reprend l'exemple de l'arrêt *Grant*[60], le raisonnement de la Cour de Justice est l'illustration d'un mode de construction du droit qui repose sur la prise en compte d'autres droits et l'attention donnée aux solutions retenues par d'autres Cours. Dans certaines lois nationales, note la Cour de Justice, la cohabitation entre deux personnes de même sexe est considérée comme équivalente au mariage, avec tout de même certaines différences. Mais, dans la plupart des droits nationaux, cette cohabitation est, soit assimilée à une relation hétérosexuelle stable hors du mariage pour l'octroi d'un nombre limité de droits, soit non reconnue de façon spécifique. La Commission européenne des droits de l'homme considère, pour sa part, qu'en dépit de l'évolution des mentalités en ce qui concerne l'homosexualité, les relations homosexuelles stables ne relèvent pas du droit au respect de la vie familiale et les droits nationaux qui, pour protéger la famille, accordent un traitement plus favorable

---

57 Cf. en premier lieu, CJCE, *Internationale Handelsgesellschaft*, aff. C-11/70 (la protection des droits fondamentaux doit s'inspirer des traditions constitutionnelles communes des Etats membres) et depuis le traité de Maastricht, l'article 6 paragraphe 2 du traité sur l'Union européenne, reprenant la jurisprudence de la Cour.

58 Cf. son article 6 paragraphe 2.

59 V. par exemple l'arrêt *Goodwin* c. *Royaume-Uni*, Cour EDH, 11 juill. 2002, n° 28457/95 dont il est fait mention ultérieurement dans le texte.

60 Cité précédemment.

aux couples mariés ou hétérosexuels vivant ensemble comme mari et femme ne violent pas le principe d'interdiction des discriminations fondées sur le sexe »[61].

La Cour de Justice déduit de ce regard porté sur les droits nationaux et le droit issu de la Convention européenne des droits de l'homme que les relations stables entre deux personnes de même sexe ne peuvent être assimilées ni au mariage, ni aux relations stables hors mariage entre personnes de sexe différent et elle en conclut qu'il n'existe aucune discrimination fondée sur le sexe au sens du droit communautaire lorsque les couples homosexuels font l'objet d'un traitement moins favorable. Un autre exemple de dialogue entre les Cours européennes est fourni par le très récent arrêt *K. B*[62]. Dans cette affaire, la question préjudicielle naît du refus d'accorder au partenaire non marié, transsexuel mais de même sexe biologique, la pension de réversion en cas de veuvage que le droit national réserve aux couples mariés. Pour trancher, la Cour prend appui sur le récent arrêt *Goodwin* rendu par la Cour des droits de l'homme[63]. Elle déduit sa propre solution du fait que la législation britannique contestée viole la Convention européenne des droits de l'homme en n'accordant pas le droit au mariage après le changement de sexe de l'un des partenaires. Ce faisant, la Cour de Justice ne se contente pas de tenir compte de la jurisprudence de la Cour des droits de l'homme, elle coopère avec cette Cour pour faire assurer le respect des droits fondamentaux. L'arrêt *K. B.* est l'illustration d'une action commune du juge national, auteur de la question préjudicielle, de la Cour de Justice et de la Cour des droits de l'homme pour garantir le respect des droits fondamentaux : le dialogue s'est mué en concert. L'impression est d'autant plus forte que la Cour des droits de l'homme, dans l'arrêt *Goodwin*, appuie son raisonnement sur la charte des droits fondamentaux de l'Union européenne en soulignant que celle-ci a délibérément omis de mentionner que le droit au mariage était réservé aux unions entre un homme et une femme, indiquant ainsi une évolution « européenne » dans la conception du mariage. Indéniablement, le dialogue entre les Cours européennes est de nature à faire évoluer la conception de l'égalité.

Cette évolution pourrait bien trouver une nouvelle assise dans le débat qui s'instaure à l'occasion de la rencontre entre liberté de circulation et unions entre partenaires de même sexe. Le traitement des unions ou partenariats entre personnes de même sexe dans les Etats membres n'est pas sans influence sur la liberté de circulation. Dès 1986, les relations entre personnes de même sexe furent traitées par la Cour de Justice sous l'angle de la liberté de circulation et plus précisément du droit au regroupement familial pour le partenaire de même sexe[64]. Cette question a refait surface depuis que le mariage a été ouvert aux personnes de même sexe dans

---

61 Arrêt *Grant*, précité, points 32 et 33.

62 CJCE, aff. C-117/01.

63 V. *supra*.

64 CJCE, *Reed*, aff. 59/85.

deux Etats de l'Union[65] et que cette même évolution est discutée dans plusieurs autres[66]. La Commission européenne, en préparant la nouvelle directive relative à la libre circulation[67], a demandé au réseau européen d'experts indépendants en matière de droits fondamentaux d'envisager comment le droit de la libre circulation devait prendre en compte l'existence des couples de personnes de même sexe afin d'éviter que le texte nouveau heurte les droits fondamentaux garantis par le droit de l'Union. Le dialogue a donc trouvé un cadre dans les analyses de ce réseau d'experts nationaux et de spécialistes du droit de l'Union européenne[68]. Le groupe d'experts amorce le débat par une analyse et une comparaison des situations dans les Etats membres et dans l'Union européenne elle-même. S'agissant de la libre circulation, des couples homosexuels et de l'égalité, les interrogations naissent de la tension provoquée par les éventuelles incidences de la libre circulation dans un domaine, le droit de la famille, relevant de la compétence des droits nationaux. D'un côté, la liberté de circulation inclut explicitement, depuis 1968[69], le droit d'entrer et de résider sur le territoire d'un autre Etat membre pour le conjoint du bénéficiaire de la liberté[70]. Ce conjoint doit également bénéficier, en tant que membre de la famille, du droit à l'égalité de traitement avec les nationaux de l'Etat d'accueil[71]. D'un autre côté, l'Union européenne n'a pas compétence pour réglementer le mariage et les Etats membres demeurent libres de définir cette institution à leur gré, pour autant toutefois qu'ils respectent le droit européen des droits de l'homme et le droit de l'Union, c'est-à-dire, en particulier le droit à la liberté de circulation.

Le débat porte donc, tout d'abord, sur la notion de conjoint dans le cadre de la liberté de circulation. Inclut-elle ou non le conjoint de même sexe ? Telle n'est pas, cependant, la question la plus difficile. Le champ de la controverse s'ouvre véritablement sur la question de savoir si l'absence de droits reconnus au partenaire de même sexe et même, au couple composé de personnes de même sexe, dans l'Etat dans lequel le couple souhaite s'installer, peut constituer une entrave à la liberté de circulation. On peut le penser. La Cour de Justice a récemment rappelé que « l'exercice des libertés de circulation ne doit pas entraîner la perte de la possibilité

---

65 Aux Pays-Bas, la réforme résulte de la loi du 21 déc. 2000, Staatsblad 2001, nr 9 et, en Belgique, de la loi du 13 févr. 2003, art 5 paragraphe 1 de la loi sur les conflits de lois en matière de mariage, 1989, amendée en 2001, M. B., 28 févr. 2003.

66 En Espagne et au Danemark, en particulier. Pour une étude de droit comparé sur les conceptions du mariage, v. www.assemblee-nationale.fr/europe/comparaisons/etudemariage.asp.

67 Directive 2004/38 du 29 nov. 2004 sur le droit des citoyens des l'Union et des membres de leur famille de circuler et de résider librement sur le territoire des Etats members, *J.O.U.E.* L 158, 30/04/2004, p. 77.

68 Le réseau d'experts indépendants, mis en place par la Commission européenne, est conçu un cadre d'échange et de réflexion sur la protection des droits fondamentaux dans le droit de l'Union européenne.

69 Cf. le règlement 1612/68 du 15 oct. 1968 relatif à la libre circulation des travailleurs, *J.O.C.E.*, n° L 257 du 19 oct. 1968.

70 Cf. le titre III du règlement.

71 V. notamment pour une interprétation extensive, au profit du conjoint, de l'exigence de non-discrimination figurant dans le règlement 1612/68 : CJCE, *Cristini*, aff. 32/75 et *Castelli*, aff. 261/83.

de vivre ensemble » pour les membres d'un couple[72]. En outre, la liberté de circulation comporte une obligation de reconnaissance mutuelle[73], qui, en dépit de sa portée incertaine, exige des Etats membres la reconnaissance de faits ou de situations juridiques qui se sont réalisés dans un autre Etat membre. Il n'en reste pas moins que la liberté de circulation ne s'impose pas de manière absolue. Les Etats peuvent justifier des restrictions pour autant qu'ils démontrent qu'un intérêt suffisamment important est en jeu et que la mesure est proportionnée à l'objectif poursuivi. La protection de la famille traditionnelle pourrait-elle constituer une telle justification ? La réponse requiert argumentations et débats, dont, au-delà du groupe d'experts indépendants sur les droits fondamentaux, les Cours nationales et la Cour de Justice seront le théâtre. D'ores et déjà, la Cour des droits de l'homme a fait savoir quelle serait son attitude vis-à-vis d'un argument tiré de la protection de la famille traditionnelle : un contrôle très strict des distinctions fondées sur l'orientation sexuelle considérées par les Etats comme nécessaires à la protection de la conception traditionnelle de la famille[74].

S'il s'avérait que cette justification par la protection de la famille traditionnelle n'autorise pas la restriction à la libre circulation constituée par un refus d'entrée, de résidence ou d'égalité de traitement, le droit de la libre circulation pourrait bien être un facteur d'évolution du traitement des couples de même sexe dans les différents pays de l'Union. Ces couples auraient en effet la possibilité d'exercer leur droit à la libre circulation pour s'établir dans un Etat membre autorisant le mariage homosexuel afin de s'y marier[75]. Ils pourraient ensuite revenir dans leur pays d'origine et invoquer le droit de l'Union pour bénéficier des mêmes droits que les couples mariés hétérosexuels[76]. De telles pratiques pourraient avoir pour effet de provoquer des transformations dans les droits nationaux mis à l'épreuve d'intégrer des solutions qui leur sont étrangères. Les droits nationaux, mis en relation par l'exercice des libertés de circulation, s'interpellent et se transforment mutuellement : la liberté de circulation est la source d'un côtoiement subversif.

Dans l'Union européenne comme aux Etats-Unis, la conception de l'égalité se construit progressivement dans le cadre d'un dialogue entre les juges et entre les

---

72 Arrêt *Akrich*, aff. C-109/01.

73 Sur l'exigence de reconnaissance mutuelle, v. nt A. Bernel, *Le principe d'équivalence ou de « reconnaissance mutuelle » en droit communautaire*, Thèse, Lausanne, SPV, 1995 et Sophie Robin-Olivier, *Le principe d'égalité en droit communautaire, Etude à partir des libertés économiques*, PUAM, 1999, p. 233-250.

74 CEDH, *Karner* c. *Autriche*, n° 40016/98, 24 juillet 2003.

75 Telle n'est pas cependant, la solution retenue par la directive du 29 nov. 2004, précitée. Rien n'exclut cependant que celle-ci soit contestée sur le fondement des libertés de circulation consacrées par le traité.

76 Sur l'application du droit communautaire lors du retour dans l'Etat membre d'origine, v. les arrêts *Singh*, CJCE, aff. C-370/90 et *Akrich*, cité préc..

droits aux différents niveaux de l'Union ou de la fédération. Une des particularités du contexte européen tient au fait que le débat sur l'égalité est, bien souvent, étroitement lié à la liberté de circulation des personnes à l'intérieur de l'Union que les divergences des législations nationales relatives au mariage pourraient mettre en péril. A cet égard, il est intéressant de noter que la création du groupe d'experts sur les droits fondamentaux est fondée sur l'idée qu'en matière de droits fondamentaux, l'harmonisation est nécessaire quand des divergences trop importantes apparaissent entre les Etats au détriment de l'unité du marché intérieur et, depuis peu, de la constitution d'un espace de liberté, de justice et de sécurité. La prééminence des exigences de la libre circulation et le souci d'harmonisation qui l'accompagne sont moins présents aux Etats-Unis. La notion d'égalité évolue par l'action conjointe des Cours des Etats et des Cours fédérales mais la nécessité de l'harmonisation ne se fait pas sentir. Lorsque le président des Etats-Unis évoque un possible amendement de la Constitution pour interdire les mariages homosexuels, il entend prendre la défense de la conception traditionnelle du mariage et non promouvoir une harmonisation du droit nécessaire à l'existence ou à la survie de la fédération. Sans doute l'existence d'un peuple américain suffit-elle à l'unité de la fédération tandis que celle de l'Union européenne se construit par le droit, le marché intérieur, les libertés et, peut-être, une certaine idée de l'égalité.

Résumé : L'article analyse le dialogue entre les juges et les droits au sein d'une fédération (les Etats-Unis) et d'une union d'Etats qui présente certains traits du système fédéral (l'Union européenne). Il examine la manière dont cet échange fait évoluer la conception du principe d'égalité ou de non-discrimination, en s'appuyant sur l'exemple des discriminations fondées sur l'orientation sexuelle. Aux Etats-Unis, au-delà de l'importance des décisions de la Cour suprême des Etats-Unis, les Cours suprêmes des Etats sont à l'origine d'un dialogue qui s'instaure entre elles et avec la Cour suprême des Etats-Unis. La Cour suprême des Etats-Unis participe pleinement à ce « dialogue sur l'égalité » en utilisant les décisions des Cours suprêmes des Etats pour développer de nouveaux principes de droit constitutionnel fédéral, illustrant ainsi le rôle joué par les Etats comme « laboratoires du droit ». Au sein de l'Union européenne, l'analyse est rendue plus complexe par la pluralité des cours européennes assurant la protection de l'égalité (la Cour de Justice et la Cour européenne des droits de l'homme) et l'hétérogénéité des systèmes juridiques et judicaires nationaux. Néanmoins, il apparaît que les droits nationaux et le droit communautaire communiquent dans un dialogue très direct dans le cadre de la procédure des questions préjudicielles posées par les cours nationales à la Cour de Justice. Comme aux Etats-Unis, les cours nationales et européennes s'observent et se répondent, contribuant ensemble à l'évolution de la conception de l'égalité. Plus qu'aux Etats-Unis, ces échanges sont favorisés par la mise en relations des systèmes juridiques qu'implique la liberté de circulation des personnes à l'intérieur de l'Union. Au terme de l'analyse, le dialogue sur l'égalité donne à voir ce qui fait la richesse du fédéralisme américain, la singularité de l'Union européenne et la part d'invisible de chacun des systèmes qui ne vient au jour que par la comparaison.

Mots-clés : fédéralisme, égalité, droit américain, Union européenne.

Etude

Elise Ralser

Pluralisme juridique et pluralisme culturel dans la société réunionnaise

> *« Le génie de tous les Réunionnais, c'est d'avoir permis l'émergence d'une culture plurielle qui appartient à tous, sans que soit reniée l'identité de personne. [...] J'affirme avec fierté que la Réunion est le modèle le plus achevé au monde d'intégration d'hommes de couleurs, de cultures et de croyances différentes dans la République »*
>
> M. René-Paul Victoria[1].

Culture. Cultures. Culturel. Pluralisme. Droit

Pluralisme signifie pluriel. L'expression fait référence à la diversité, la différence, la multiplicité, les particularismes, la prise en compte des identités.... Par définition, les manifestations du pluralisme sont diverses et on en trouve les traces aussi bien dans le droit au respect de la différence que dans les institutions[2]. Le pluralisme peut ainsi revêtir plusieurs sens et être appliqué dans diverses disciplines. On parle en effet souvent de pluralisme « social », « religieux », « politique », « culturel »... « juridique ».

Le pluralisme *juridique*, c'est la prise en considération d'une pluralité d'ordonnancements juridiques différents, desquels relèvent des groupes différents[3]. À cette diversité correspond, *en amont*, une pluralité de sources ; des méthodes précises (telles que la pyramide des normes de Kelsen) permettent de les agencer entre elles. *En aval*, le droit à la différence repose sur un pluralisme des règles, notamment dans les domaines essentiels où l'identité des personnes doit être préservée. Identité et culture étant indissociables, le pluralisme rencontre ici la culture.

---

1 M. René-Paul Victoria, député de la Réunion, intervention lors de la discussion à l'Assemblée nationale du projet de loi sur les signes religieux à l'école, séance du 3 février 2004, *J.O.* AN, 4 février 2004, 1311.

2 J.-P. Bizeau, « Pluralisme et démocratie », *RDP* 1993, 513.

3 *Dictionnaire encyclopédique de théorie et de sociologie du droit*, 2e éd., LGDJ, 1993, cité par J. Moret-Bailly, « Ambitions et ambiguïtés des pluralismes juridiques », *Droits*, 2002 (35), 195 ; Bonte-Izard, *Dictionnaire de l'ethnologie et de l'anthropologie*, PUF, Quadrige, citant E.B. Tylor : « ensemble complexe incluant les savoirs, les croyances, l'art, les mœurs, le droit, les coutumes, ainsi que toute disposition ou usage acquis par l'homme vivant en société ».

Le pluralisme *culturel*, c'est la prise en considération, au sein d'un même groupe social, d'une pluralité d'identités, de laquelle émerge une culture à la fois commune et plurielle. Le pluralisme est synonyme de diversité. La « culture », en ethnologie, est synonyme de civilisation. Or, ce mot doit aussi apparaître au pluriel, tant on sait qu'il n'y a pas qu'une seule civilisation, ni donc une seule culture. La culture peut être définie comme l'« ensemble des usages, des coutumes, des manifestations artistiques, religieuses, intellectuelles qui définissent et distinguent un groupe, une société » ou encore comme un « ensemble de convictions partagées, de manières de voir et de faire »[4]. Ce qui est « culturel » est alors « relatif à la culture d'une société ou d'un individu, à son développement ». Hormis la référence à l'ensemble des connaissances acquises dans un ou plusieurs domaines, par un individu, la culture est donc liée au *groupe*. La culture est ainsi nécessairement pluraliste et le pluralisme culturel n'est qu'une manifestation du pluralisme.

À la diversité culturelle peut aussi correspondre une diversité juridique… ou inversement : étudier « la dimension *juridique* du pluralisme *culturel* de la société réunionnaise » revient, sous un autre angle, à aborder la « dimension *culturelle* du pluralisme *juridique* dans la société réunionnaise ».

La dimension juridique du pluralisme culturel dans la société réunionnaise

Si le pluralisme juridique insiste sur le fait qu'à la pluralité des groupes sociaux correspondent des systèmes juridiques multiples[5], plusieurs questions se posent si l'on envisage la dimension juridique du pluralisme culturel : la société réunionnaise correspond-elle à un « groupe social » déterminé, ou bien est-elle composée d'une « pluralité de groupes sociaux » et, enfin, cette diversité se traduit-elle par l'existence de « systèmes juridiques multiples » ?

Si l'on peut répondre *a priori* positivement aux deux premières questions (la société réunionnaise présente des spécificités certaines ; dans toute société, quelle qu'elle soit, coexistent divers groupes sociaux), ce qui permet de dégager l'existence d'un pluralisme culturel à la Réunion, la réponse à la troisième doit être négative : on ne peut parler de *systèmes* juridiques multiples, le sujet se situant dans le cadre du

---

4 *Dictionnaire Larousse*. Plus techniquement, en sociologie, la culture est un : « a) ensemble des représentations et des comportements acquis par l'homme en tant qu'être social ; b) ensemble historiquement et géographiquement défini des institutions caractéristiques d'une société donnée, qui désigne « non seulement les traditions artistiques, scientifiques, religieuses et philosophiques d'une société, mais encore ses techniques propres, ses coutumes politiques et les mille usages qui caractérisent la vie quotidienne » ; c) par suite, désigne le processus dynamique de socialisation par lequel tous ces faits de culture se transmettent et s'imposent dans une société particulière par l'imitation et l'éducation ; en ce sens, la culture est le mode de vie d'une population, c'est-à-dire l'ensemble des règles et comportements par lesquels les institutions prennent un sens pour les agents et s'incarnent dans des conduites plus ou moins codifiées » (L.-M. Morfaux, *Vocabulaire de la philosophie et des sciences humaines*, Armand Colin, 1980).

5 N. Rouland, *L'anthropologie juridique*, PUF, que sais-je ? n°2528, 2e éd., 1995, p. 39.

seul système juridique français. La société réunionnaise est en effet enfermée dans un cadre constitutionnel très précis : tout en étant plurielle, elle est, constitutionnellement, une société d'outre-mer.

Une société plurielle : le pluralisme culturel dans la société réunionnaise

« Il est presque rituel, lorsqu'on parle des îles de l'Océan indien [...] de prononcer quelques formules sur la « diversité », « le côtoiement de races et cultures les plus diverses », de se référer au « communalisme », au « pluralisme » et d'une façon générale d'insister sur ce qui marque les contrastes internes, les différences entre groupes, religions, ethnies »[6]. Cette remarque résume à elle seule la particularité réunionnaise, déterminante pour l'émergence d'une identité culturelle propre. Mais si cette identité réunionnaise est assurément le fruit de l'histoire, elle est aussi l'objet de revendications politiques[7].

L'identité culturelle réunionnaise : une revendication politique

« L'identité est ce qui fait que l'on se reconnaît membre d'un groupe. Elle renvoie à la communauté, dont elle est constitutive. Elle fonctionne par différenciation, l'identité étant ce qui permet de se reconnaître membre d'une communauté et de se distinguer des autres communautés. En somme l'identité culturelle est l'affirmation ou la revendication d'une spécificité qui est de nature culturelle »[8]. On mesure alors la dimension politique de la chose.

L'identité réunionnaise est une revendication qui a d'abord été développée au moment de la décolonisation[9]. Quatrième « vieille colonie », la Réunion a été départementalisée en 1946 : au lieu de faire accéder la colonie à la souveraineté internationale, le législateur l'a intégrée dans la République en lui étendant les institutions politiques et sociales de la métropole[10]. S'en est suivie une politique systématique d'*assimilation culturelle*. En réaction contre cette politique d'assimilation, dans les années 1970, on assista à des crises d'identité chez les Réunionnais et à un processus de « réinventions culturelles ». « Si la société insulaire a été, dès son origine, sujette à la volonté métropolitaine de faire assimiler les modèles culturels et sociaux français, les différentes composantes ethniques de

---

6 J. Benoist, « Propos d'un 'passeur culturel' mauricien », in *Droit et anthropologie de la complexité*, Mélanges dédiés à Jean Mas, Economica, 1996, p. 47.

7 Cet aspect du sujet fera aussi l'objet d'une étude plus approfondie : *La dimension politique du pluralisme culturel dans la société réunionnaise*, par D. Deschamps (inédit).

8 J.-M. Pontier, « Les données juridiques de l'identité culturelle », *RDP* 2000 (5), p. 1271 ; D. Gutmann, *Le sentiment d'identité. Etude de droit des personnes et de la famille*, LGDJ, 2000, n°21.

9 L.-O. Dindar, « Politique et offre culturelle de la région et du département de La Réunion », *APOI* 1995-1996 (XIV), p. 247.

10 J. Houbert, « Décolonisation et dépendance : Maurice et La Réunion », *APOI* 1981 (VIII), p. 103.

l'île ont, en dépit de cette pression acculturatrice, à travers leurs interactions, opéré des adaptations, des ajustements, des reformulations et des résistances »[11].

La Réunion, comme l'île Maurice, n'a pourtant connu que la colonisation européenne, sans superposition à une histoire autochtone[12]. Mais ces sociétés créoles issues du système de plantation esclavagiste sous la domination coloniale, n'ont jamais été des sociétés homogènes. Leur « décolonisation » a donc tout de même remis en cause leurs structures internes[13]. C'est sans doute pourquoi l'Etat s'est trouvé confronté au réveil identitaire de la Réunion[14], auquel on a remédié par la recherche d'une identité culturelle réunionnaise. En effet, « parmi les réponses apportées aux émeutes de l'île Bourbon[15], la *culture* [a été] nettement posée comme un vecteur de retour à la paix civile [...]. À la différence de la métropole, la culture [a été] un enjeu capital des politiques publiques »[16].

---

11 C. Ghasarian, « La Réunion : acculturation, créolisation et réinventions culturelles », *Ethnologie française*, 2002-4, p. 663.

12 R. Verdier, « De la *terra nullius* du colonisateur à la *tellus mater* de l'autochtone : les territoires ultra-marins de la République », *Les autochtones de l'outre-mer français, Droit et Cultures*, 1999/1, p. 7. Actuellement, en France, trois populations, selon cet auteur (v. p. 11) revendiquent la qualité d'autochtones : les Mahorais des Comores, les Kanaks de Nouvelle-Calédonie, les Amérindiens de Guyane. En 1981, la sous-commission des Nations unies contre la discrimination à l'encontre des peuples autochtones a précisé les deux critères essentiels permettant de distinguer les peuples autochtones : situation de dépendance maintenue depuis le temps de la conquête et préservation des institutions traditionnelles et des coutumes juridiques. La population réunionnaise ne peut assurément pas entrer dans cette définition. Voir aussi : N. Belkacemi, « Les autochtones français : populations ou peuples ? », *Les autochtones de l'outre-mer français, Droit et Cultures*, 1999/1, p. 25.

13 J. Houbert, *op. cit.*, note 10.

14 R. Lafargue, « Le réveil de l'identité réunionnaise à l'heure de l'Accord de Nouméa », in *Les autochtones de l'outre-mer français, Droit et Cultures*, 1999/1, p. 203 : « l'Accord de Nouméa marque un tournant pour tout l'outre-mer français. Les schémas assimilationnistes souvent décriés le sont moins qu'ailleurs à la Réunion où pourtant une réalité sociale et culturelle demeure profondément rétive à toute forme d'acculturation. En témoignent les mouvements revendicatifs pour le respect de la langue, de la culture. Par ailleurs, en dépit de la multiplicité de ses communautés, la Réunion voit s'affirmer la volonté de réhabiliter tout ce qui touche à la « culture de l'esclave » par opposition à la « culture du maître », tout ce qui touche aux racines afro-malgaches par opposition aux racines européennes, en faisant passer au second plan l'apport culturel des autres communautés au risque de réduire la dimension multiculturelle de la société réunionnaise à un simple dualisme culturel. La revendication est palpable partout, notamment dans la musique et la danse : le maloya (musique des esclaves révoltés) et le moringue (danse afro-malgache) ».

15 Les problèmes économiques et les inégalités sociales (le département connaissait l'un des plus forts taux de chômage) ont entraîné le mécontentement de la population et le développement d'un courant autonomiste qui anima des mouvements d'émeutes anti-gouvernementales en 1991.

16 F. Constant, « Les paradoxes de la gestion publique des identités territoriales : à propos des politiques culturelles d'outremer », *RFAP*, 1993, n°65, p. 89. En prévoyant dans l'article 59, al. 3, de la loi du 2 mars 1982 que, parmi les collectivités territoriales, ce serait aux régions de préserver l'identité culturelle, le législateur ouvrait la possibilité aux élus locaux d'agir en vue d'un renforcement des spécificités culturelles régionales (Loi n°82-213 du 2 mars 1982 relative aux droits et libertés des communes, des départements et des régions, *J.O.* 3 mars 1982, p. 730 et 779. L'article 59 a été abrogé par la loi n°96-142 du 21 février 1996 (article 12), *J.O.* 24 février 1996). Toutefois, le Mouvement pour le respect de l'identité culturelle réunionnaise, présidé par Mickaël Crochet, dénonce l'instrumentalisation de la question identitaire par les politiques (*Le Quotidien*, 7/03/02, p. 10).

La politique culturelle de la région s'est notamment manifestée par la volonté de rappeler à la Réunion son histoire. L'identité réunionnaise dépend, il est vrai, largement du passé.

L'identité culturelle réunionnaise : le fruit d'une histoire

L'identité réunionnaise est liée à l'histoire de son peuplement. Dès la colonisation de l'île par la Compagnie des Indes au XVIIe siècle, la Réunion a connu un spectaculaire brassage de populations. Les premiers colons français arrivèrent à Bourbon en provenance des régions du nord-ouest de l'hexagone (Bretagne, Normandie, Ile-de-France, Orléanais, Anjou, Poitou, Picardie...). La mise en valeur des terres et l'essor de la culture des épices, entraînèrent l'arrivée d'esclaves africains (en majorité du Mozambique) et malgaches dès le début du XVIIIe siècle. L'apport africain fut complété par une population d'immigrants recrutés dans les comptoirs français de l'Inde. D'autres travailleurs libres, les « engagés », vinrent plus tard de Chine, des Comores, de la Somalie et du Yémen. Enfin, à la fin du XIXe, des commerçants chinois et des indo-musulmans complétèrent les groupes culturels. Dans l'histoire de la Réunion, on a donc très tôt des populations déportées, privées de leurs repères culturels avec les processus de désocialisation et de déshumanisation de l'esclavage[17].

Pour survivre, les populations immigrées durent se grouper, laissant de côté leur individualité. C'est ainsi que peu à peu, des coutumes devinrent communes et qu'une culture spécifique à l'île apparut sous l'influence de la religion catholique[18]. Les engagés de religion hindoue, par exemple, connurent des bouleversements sociologiques et une dépossession culturelle certaine. Leurs activités religieuses avaient fait l'objet d'un accord selon lequel ils pourraient pratiquer leur culte sur un terrain mis à disposition par leurs employeurs. Toutefois, la vie des camps allait les contraindre à s'ajuster à divers aspects de la culture créole ; de plus, le nombre de femmes originaires de l'Inde étant nettement inférieur à celui des hommes, le métissage fut inévitable[19].

S'est ainsi forgé peu à peu un peuple réunionnais qui est le résultat, sur de nombreuses générations, d'un important métissage à la fois physique et culturel. Lors du premier recensement de 1686, déjà plus de la moitié des familles résultait de mariages mixtes entre Français et Malgaches et entre Français et métis indo-portugais. La Réunion porte alors bien son nom et c'est à tort que l'on présente

---

17 C. Ghasarian, *op. cit.*, note 11 ; J. Poirier, « Culture créole, hétéroculture réunionnaise », in *La recherche anthropologique à la Réunion*, sous la dir. de B. Cherubini, L'Harmattan, 1999, p. 125.

18 L'administration politique et l'Eglise tout d'abord, puis l'école, ont véhiculé et représenté les principales significations et les modes d'être de la société française. Un exemple de dédain colonial envers la différence religieuse fut l'interdiction puis le long discrédit des pratiques hindoues. Les Indiens sous contrat durent aller à l'Eglise catholique, se faire baptiser, etc. Seuls les derniers arrivants conservèrent leur culture propre (communautés chinoise et indo-musulmane).

19 J. Benoist, *op. cit.*, note 6.

parfois sa population comme une mosaïque d'ethnies différentes. « L'harmonie de la société réunionnaise est le résultat précisément de cette alchimie des différences, non pas celles qui sont juxtaposées, cultivées, revendiquées, mais celles qui enrichissent, renforcent ou font progresser. Le particularisme culturel de la Réunion ne peut pas sérieusement être nié »[20].

Ainsi, l'histoire du peuplement de la Réunion a contribué au développement d'une culture spécifique, développement favorisé également par la configuration géographique de la région : une île qu'on ne pouvait atteindre qu'en bateau, située très loin de la métropole et au relief accidenté. Une langue propre, le créole, a également vu le jour. En permettant à des individus de différentes origines culturelles de se comprendre, la langue créole fut un élément unificateur. C'est là l'identité collective de la Réunion, qui a donné naissance à une culture plurielle.

Mais comment l'Etat a-t-il régi cette pluriculturalité ? Les solutions étaient multiples : aménager la coexistence des communautés culturelles ; ou l'ignorer. Dans les deux cas, ces solutions s'inscrivent dans un cadre constitutionnel précis, les sociétés d'outre-mer occupant, dans notre Loi fondamentale, une place à part.

Une société d'outre-mer : le cadre constitutionnel de la société réunionnaise

L'appréhension juridique de l'identité culturelle réunionnaise s'inscrit nécessairement dans un cadre constitutionnel déterminé. La Constitution, en créant des collectivités territoriales d'*outre-mer*, au sein desquelles se trouve le département d'outre-mer (DOM) de la Réunion, organise un pluralisme institutionnel. Ce pluralisme institutionnel est censé permettre un pluralisme des sources : la norme juridique peut émaner d'organes différents. Pierre Lampué écrivait en 1969 que « La République française apparaît comme un Etat unitaire « plurilégislatif », c'est-à-dire un Etat comprenant plusieurs fractions dotées de législations particulières »[21]. Mais en fait, la France est un exemple typique de déchirements : elle est arc-boutée sur le principe fondateur de la République une et indivisible (article 1er de la Constitution), mais elle prévoit à ce principe de telles exceptions qu'elle est en plein bouleversement[22]. Il reste que le cadre constitutionnel de la Réunion a évolué, entre spécialité législative et assimilation. La Constitution ayant par ailleurs été révisée en mars 2003, la situation d'hier ne sera plus tout à fait celle de demain.

Le cadre constitutionnel d'hier

Depuis l'époque de son peuplement, la Réunion a été soumise, constitutionnellement, au principe de *spécialité* législative, tandis que, depuis 1946, le principe inverse d'*assimilation* a été posé.

20 O. Gohin, « La Réunion et la défense de la France dans l'Océan indien », APOI 1986-1989 (XI), 405.

21 P. Lampué, *Droit d'outre-mer et de la coopération*, Dalloz, 1969.

22 P. Deckker & J.-Y. Faberon, *L'Etat pluriculturel et les droits aux différences*, Bruylant, 2003.

L'île Bourbon est occupée depuis 1642. À cette époque, ce sont des compagnies à charte, c'est-à-dire des groupements privés munis d'un privilège conféré par le Gouvernement, qui assuraient l'administration des colonies, garantissaient la sécurité, rendaient la justice. Le Gouvernement se contentait d'exercer ensuite sur la compagnie une direction lointaine et un contrôle souvent peu efficace. À partir de 1664, un seul organisme exerça à la Réunion : la Compagnie des Indes Orientales (fondue dans La Compagnie des Indes en 1719). En 1767, cependant, le Gouvernement royal ressaisit l'autorité qu'il avait concédée aux compagnies, et les colonies des Mascareignes furent replacées sous l'administration directe du roi[23].

Par la suite, et en dépit de la Révolution française, l'outre-mer fut maintenu dans une situation spécifique, l'Assemblée nationale constituante décidant, par la loi des 8-10 mars 1790, de ne pas assujettir les colonies « à des lois qui pourraient être incompatibles avec leurs convenances locales et particulières ». Reprenant le schéma de la Constitution de 1791, par-delà une première tentative de départementalisation (et donc d'*assimilation*) des « vielles colonies » sous le Directoire[24], la Constitution du Consulat (22 Frimaire an VIII – 13 décembre 1799) prévoyait, dans son article 91, que « le régime des colonies françaises est déterminé par des lois spéciales »[25].

Le principe de spécialité signifiait que la législation et la réglementation différaient entre la métropole et les colonies et d'une colonie à l'autre[26]. Aucun texte métropolitain n'était applicable de plein droit dans les colonies, sauf mention expresse dans le texte et promulgation locale. Ce régime restrictif bénéficiait d'un correctif : la compétence de l'exécutif pour traiter de la législation de l'outre-mer colonial. Ainsi, une plus grande part d'intervention fut accordée au pouvoir exécutif. La Charte du 4 juin 1814 disposait que les « colonies seront régies par des lois et des *règlements* particuliers » (art. 73). En l'absence de lois, toutes matières pouvaient être réglées par des ordonnances royales[27]. La mention aux « règlements » fut ensuite abandonnée dans la Charte du 14 août 1830 (Monarchie de Juillet) qui prévoyait que les colonies étaient régies par des *lois* particulières.

---

23 P. Lampué, *op. cit.*, note 21, n°41, 42.

24 La Constitution du 5 fructidor an III disposait que les colonies « sont parties intégrantes de la République et sont soumises à la même loi constitutionnelle » ; P. Lampué, *op. cit.*, note 21, n°48. Les « quatre vieilles colonies » sont la Martinique, la Guadeloupe, la Guyane et la Réunion.

25 O. Gohin, « Egalité et différenciation dans les départements d'Outre-Mer : la notion de situation particulière dans l'article 73 de la Constitution », in A.-M. Le Pourhiet(dir.), *Droit constitutionnel local*, Paris, Economica, PU Aix-Marseille III, 1999, p. 119.

26 La condition des personnes était à l'origine déterminée, en dehors des ordonnances royales, par le droit coutumier de la province dont les premiers colons étaient originaires. Mais le roi ordonna ensuite à tous les juges de se conformer exclusivement à la coutume de la prévôté et vicomté de Paris, pour éviter la diversité. V. P. Lampué, *op. cit.*, note 21, n°45.

27 C'était le « régime des ordonnances ». Les ordonnances établissaient un régime d'unité, d'autorité et de centralisation. Le gouverneur, déclaré « dépositaire de l'autorité royale », détenait des prérogatives et des immunités ressemblant à celles d'un chef d'Etat ; P. Lampué, *op. cit.*, note 21, n°51.

Une loi du 24 avril 1833 posa ensuite les règles gouvernant le régime législatif des colonies. Elle distinguait deux catégories de pays : les quatre vieilles colonies d'un côté et, de l'autre, les autres colonies qualifiées « d'établissements ». Seules les premières étaient dotées d'assemblées représentatives ayant compétence de réglementation. Etait institué dans chacune un conseil colonial qui pouvait prendre des décisions appelées « décrets coloniaux », soumises à la sanction du roi. Certaines matières importantes étaient cependant réservées au Parlement (droits politiques, lois civiles et criminelles, justice, commerce…).

Une loi du 25 juin 1841 vint plus tard réduire les attributions des conseils coloniaux[28]. Le pouvoir exécutif pouvait toutefois traiter de la législation de l'outre-mer colonial (le Roi Charles X a ainsi fixé le régime de la Réunion en 1825), possibilité consacrée par le senatus-consulte du 3 mai 1854, pris en vertu de l'article 27 de la Constitution de 1852 en vue d'harmoniser le droit applicable dans les différentes colonies[29].

Dans cet ensemble, on pouvait toutefois relever deux limites à l'exercice de la spécialité législative et réglementaire[30] :

– l'unité du droit de l'Etat : les textes relatifs aux fonctions de souveraineté de la puissance publique (lois constitutionnelles ou organiques) étaient applicables uniformément, sans distinction entre la métropole et l'outre-mer.

– l'abolition définitive de l'esclavage[31] par le décret-loi du 27 avril 1848 a signifié l'égalité civile dans l'ensemble de l'outre-mer, sous réserve toutefois du maintien de certains statuts personnels non privatifs de liberté. L'empire colonial comprenait en effet deux catégories d'habitants : les nationaux *citoyens*, jouissant de la plénitude des droits ; les nationaux *sujets*, qui conservaient sur le plan civil leur statut personnel, d'origine religieuse ou coutumière, et étaient privés de la majeure partie des libertés publiques et des droits politiques. Le critère juridique du partage n'était pas explicitement l'ethnie, ni la race, mais dans les îles, les droits de citoyen n'appartenaient qu'aux personnes de condition libre, c'est-à-dire aux originaires de métropole, aux affranchis et à leurs descendants[32].

Un tournant majeur fut opéré en 1946. La loi du 19 mars 1946 sur la départementalisation commença par transformer les quatre « vieilles colonies » en

---

28 P. Lampué, *op. cit.*, note 21, n°53.

29 O. Gohin, *op. cit.*, note 25.

30 O. Gohin, *op. cit.*, note 25.

31 La première abolition de l'esclavage remonte à la loi du 16 pluviôse an II (4 février 1794), mais il avait été rétabli par Bonaparte par la loi du 30 Floréal an X (20 mai 1802). Son abolition définitive, à l'initiative de Victor Schœlcher, a été effectuée par le décret-loi du 27 avril 1848. A la Réunion, le texte n'est entré en vigueur que le 20 décembre de cette même année.

32 N. Rouland, S. Pierré-caps, J. Poumarède, *Droit des minorités et des peuples autochtones*, Paris, PUF, 1996, n°246.

départements d'outre-mer[33]. Toutefois, le principe de la spécialité législative fut maintenu : la législation métropolitaine antérieure à 1946 devait être étendue par l'exécutif ; pour l'avenir, l'applicabilité outre-mer des lois postérieures était conditionnée par l'exigence d'une mention expresse[34]. La Constitution du 27 octobre 1946 marqua ensuite une rupture plus grande. Son article 73 était ainsi rédigé : « Le régime législatif des départements d'outre-mer est le même que celui des départements métropolitains, sauf exceptions déterminées par la loi ». Le principe de l'*assimilation* juridique fut alors définitivement adopté : plus de promulgation locale des textes ni de mention expresse pour l'applicabilité des lois ; plus de compétence de l'exécutif pour légiférer. Le principe d'assimilation était toutefois limité, pour le passé, puisque les textes antérieurs à 1946, qui n'étaient pas applicables de plein droit, ne le devinrent pas automatiquement[35]. Pour l'avenir, pour l'application de la législation métropolitaine, le pouvoir réglementaire disposait d'un pouvoir d'*adaptation* permettant de tenir compte des conditions spécifiques à l'outre-mer[36].

L'article 73 de la nouvelle Constitution de 1958 disposait ensuite que : « le régime législatif et l'organisation administrative des départements d'outre-mer peuvent faire l'objet de mesures d'adaptation nécessitées par leur situation particulière ». S'il réaffirmait implicitement le principe de l'assimilation, il mettait explicitement en avant la possibilité d'une adaptation juridique[37]. L'adaptation du droit métropolitain aux départements d'outre-mer n'était cependant que facultative puisque conditionnée par le caractère *nécessaire* de leur situation particulière. La prise en compte des particularismes semblait alors difficile dans les départements d'outre-mer, soumis à une logique d'intégration ; seuls les territoires d'outre-mer bénéficiaient du principe de spécialité législative[38].

---

33 Jusqu'alors, le principe de spécialité législative pouvait donner lieu, à la Réunion, à des conflits de lois interpersonnels : Cour d'appel de la Réunion, 28 juillet 1950, *Peyret-Forcade c./ Dame Gonthier*, *RCDIP* 1951, 298, n. H. Batiffol : « Dans le département de la Réunion, la capacité de la femme mariée est régie en dehors du Code civil, uniquement par les dispositions du 18 février 1938 ; la loi du 22 septembre 1942 et les lois subséquentes qui ont si harmonieusement complété la loi de 1938 ne sont applicables du fait qu'elles n'ont pas été promulguées, conformément au principe de la spécialité de la législation coloniale, lorsque la Réunion était colonie, ni rendues applicables au nouveau département par un décret ministériel ou par une loi. Il s'ensuit que la femme contractuellement séparée de biens n'a pas, à la Réunion, le pouvoir d'aliéner seule un de ses propres ».

34 Il était globalement moins cher d'entretenir la situation particulière de l'outre-mer que d'aligner intégralement le droit de l'outre-mer sur la situation métropolitaine (l'alignement du SMIC et des prestations sociales ne fut réalisé qu'en 1996) : O. Gohin, *op. cit.*, note 25.

35 F. Luchaire, « Quelles sont les lois applicables de plein droit dans la France d'outre-mer ? », *D.* 1950, chron. 136.

36 O. Gohin, *op. cit.*, note 25, spéc. p. 125. Le souci était d'ajuster le droit métropolitain au plus près des conditions de vie des populations.

37 F. Miclo, *Le régime législatif des départements d'outre-mer et l'unité de la République*, Economica, 1982.

38 De même, dans les seuls territoires d'outre-mer, le droit français reconnaît qu'il peut y avoir des statuts personnels différents, ce que permet l'article 75 de notre Constitution : « Les citoyens de la République

Cette rédaction de 1958, si elle a marqué un pas, ne devait plus alors entièrement répondre à certaines revendications ultramarines[39]. Le texte, et plus globalement ceux de la Constitution relatifs aux collectivités territoriales, devaient être révisés, conférant aux départements d'outre-mer et à la Réunion (avec un bémol pour cette dernière), un nouveau cadre constitutionnel.

Le cadre constitutionnel de demain

En 2003, l'histoire constitutionnelle de l'outre-mer a tourné une nouvelle page[40]. La Loi constitutionnelle du 28 mars 2003 relative à l'organisation décentralisée de la République a modifié ou ajouté à notre Constitution les articles 1er, 72, 72-1, 72-2, 72-3, 72-4, 73, 74 et 74-1. La révision remet notamment en cause le binôme DOM-TOM. Elle crée une nouvelle catégorie de collectivité territoriale, les COM, collectivités d'outre-mer, remplaçant les TOM[41], et procède à l'inscription *nominative* dans la Constitution de chacune des collectivités territoriales ultramarines.

Dans les DOM, se superposent, d'une part une possibilité (désormais classique) « d'adaptation » des lois et règlements (art. 73, al. 1 et 2)[42] et, d'autre

---

qui n'ont pas le statut civil de droit commun, seul visé à l'article 34, conservent leur statut personnel tant qu'ils n'y ont pas renoncé ». Cela concerne la Nouvelle-Calédonie, la Polynésie, Mayotte et Wallis-et-Futuna.

39 Dans son discours du 11 mars 2000, à la Réunion, Jacques Chirac avait promis d'obtenir une révision de la Constitution « afin de donner à l'outre-mer les moyens d'exprimer pleinement sa spécificité au sein des institutions de la République ». Dans son allocution du 18 mai 2001, toujours à la Réunion, il déclarait : « le statut constitutionnel de l'outre-mer, l'éloignement des centres de décisions nationaux, la diversité de vos traditions culturelles, les difficultés économiques très spécifiques que vous rencontrez en raison de votre isolement géographique, les particularités de votre environnement international : tous ces facteurs se conjuguent pour justifier, pour exiger que soient dévolus aux collectivités d'outre-mer, des pouvoirs plus larges répondant à leur volonté de prendre leurs responsabilités ».

40 O. Gohin, « L'outre-mer dans la réforme constitutionnelle de la décentralisation », *RFDA* 2003, 678 ; J.-P. Thiellay, « Les outre-mers dans la réforme de la Constitution », *AJDA* 2003, chron., 564 ; A. Oraison, « La révision constitutionnelle du 28 mars 2003 et les incidences de la nouvelle décentralisation dans les départements d'outre-mer. (Le déclin programmé de la notion de DOM en Amérique latine et la regrettable exception de la région monodépartementale de la Réunion dans l'Océan indien) », *RRJ* 2003/3, 2015.

41 F. Sauvageot, *Les catégories de collectivités territoriales de la République. Contribution à l'étude de l'article 72, alinéa 1, de la Constitution française du 4 octobre 1958*, PUAM, 2004, préf. M. Verpeaux, p. 307 et s. ; « La nouvelle catégorie des collectivités d'outre-mer », in *La réforme de la décentralisation : impacts et perspectives*, *RJOI* 2002-2003 (3), p. 119.

42 Constitution, Art. 73. - Dans les départements et les régions d'outre-mer, les lois et règlements sont applicables de plein droit. Ils peuvent faire l'objet d'adaptations tenant aux caractéristiques et contraintes particulières de ces collectivités.
« Ces adaptations peuvent être décidées par ces collectivités dans les matières où s'exercent leurs compétences et si elles y ont été habilitées par la loi.
« Par dérogation au premier alinéa et pour tenir compte de leurs spécificités, les collectivités régies par le présent article peuvent être habilitées par la loi à fixer elles-mêmes les règles applicables sur leur territoire, dans un nombre limité de matières pouvant relever du domaine de la loi.
« Ces règles ne peuvent porter sur la nationalité, les droits civiques, les garanties des libertés publiques, l'état et la capacité des personnes, l'organisation de la justice, le droit pénal, la procédure pénale, la politique étrangère, la défense, la sécurité et l'ordre publics, la monnaie, le crédit et les changes, ainsi que

part, une capacité de fixer eux-mêmes des règles dans certaines matières relevant du domaine de la loi (art. 73, al. 3 t 4). Ces deux alinéas (3 et 4) ne sont cependant pas applicables à la Réunion[43]. Ainsi, pour les départements d'outre-mer, l'identité législative s'impose mais il existe une faculté de prendre en compte des « adaptations tenant aux caractéristiques et contraintes particulières de ces collectivités », soit par le pouvoir législatif et/ou réglementaire, soit par l'autorité réglementaire locale (sauf à la Réunion), dans le domaine de ses compétences et sur habilitation préalable de la loi[44].

La réforme reconnaît également l'existence des « populations d'outre-mer » (art. 72-3). Un amendement de M. René-Paul Victoria a ajouté cet alinéa affirmant la reconnaissance par la République des populations d'outre-mer « dans un idéal commun de liberté, d'égalité et de fraternité ». La décision du Conseil constitutionnel du 9 mai 1991 sur la Corse[45], celle du 4 mai 2000 sur Mayotte[46] et celle du 7 décembre 2000 sur la LOOM (loi d'orientation pour l'outre-mer)[47], avaient semé le doute en distinguant le peuple français des peuples d'outre-mer. Ici, le peuple français est un, mais il est composé de populations dont certaines vivent outre-mer. L'amendement a le mérite de recadrer, en ce qui concerne l'outre-mer, le débat sur la notion de peuple, de populations ou de composante du peuple français[48].

---

le droit électoral. Cette énumération pourra être précisée et complétée par une loi organique.

« La disposition prévue aux deux précédents alinéas n'est pas applicable au département et à la région de La Réunion.

« Les habilitations prévues aux deuxième et troisième alinéas sont décidées, à la demande de la collectivité concernée, dans les conditions et sous les réserves prévues par une loi organique. Elles ne peuvent intervenir lorsque sont en cause les conditions essentielles d'exercice d'une liberté publique ou d'un droit constitutionnellement garanti.

« La création par la loi d'une collectivité se substituant à un département et une région d'outre-mer ou l'institution d'une assemblée délibérante unique pour ces deux collectivités ne peut intervenir sans qu'ait été recueilli, selon les formes prévues au second alinéa de l'article 72-4, le consentement des électeurs inscrits dans le ressort de ces collectivités.

43 Amendement de M. Virapoullé, rejetant les « lois-pays » ; son amendement vise à faire de la Réunion une région de droit commun. Dans les autres collectivités d'outre-mer, le principe de spécialité législative subsiste, qui permet l'application d'un large « droit local » spécifique (art. 74). Le phénomène existait déjà, mais il est ici amplifié et « constitutionnalisé » : D. Truchet, « Les enjeux politiques et juridiques de la réforme », in *La réforme de la décentralisation : impacts et perspectives, RJOI* 2002-2003 (3), p. 7.

44 L. Sermet, « Comparaison des articles 73 et 74 nouveaux de la Constitution », in *La réforme de la décentralisation : impacts et perspectives, RJOI* 2002-2003 (3), p. 79.

45 N°91-290 DC, loi portant statut de la collectivité territoriale de Corse, *J.O.* 14 mai 1991, p. 6350.

46 N°2000-428 DC, loi organisant une consultation de la population de Mayotte, *J.O.* 10 mai 2000, p. 6976.

47 N°2000-435 DC, loi d'orientation pour l'outre-mer, *J.O.* 14 décembre 2000, p. 19830.

48 J.-P. Thiellay, *op. cit.*, note 40 ; « L'application des textes dans les outre-mers français », *AJDA* 2003 (20), 1032. L'Unesco a reconnu certaines caractéristiques au concept de peuple (rapport final et recommandation de la réunion d'experts à Paris, les 27/30 novembre 1989, *RUDH*, vol. 2, n°4, 1990, 176) : 1/ un groupe d'êtres humains qui ont en commun plusieurs ou la totalité des caractéristiques suivantes : une tradition historique commune, une identité raciale ou ethnique, une homogénéité culturelle, une unité linguistique, des affinités religieuses ou idéologiques, des liens territoriaux, une vie économique commune ; 2/ le groupe, sans être considérable, doit être plus qu'une simple association d'individus au sein d'un Etat ; 3/ le groupe, en tant que tel, doit désirer être identifié comme un peuple

Autre singularité issue de la révision, l'article 72-4 impose le consentement des populations d'outre-mer (DOM ou COM) pour toute évolution statutaire. L'institution des départements d'outre-mer n'a donc pas un caractère intangible. La Réunion pourrait, demain, devenir une collectivité d'outre-mer (au sens de l'article 74), avec les conséquences que cela implique sur le plan de la répartition des compétences et des principes d'applicabilité de la loi métropolitaine (spécialité législative au lieu d'identité législative).

Le pluralisme institutionnel que nous venons de décrire met en évidence l'existence de spécificités ultramarines, inscrites dans la Constitution. Dans ce cadre constitutionnel, la Réunion est classée parmi les *départements* d'outre-mer, mais, du point de vue des sources, ses autorités locales auront un pouvoir d'intervention moindre que celles des autres départements d'outre-mer. Cela empêchera-t-il la société réunionnaise d'afficher ses particularités culturelles et son identité ? Certainement pas. Juridiquement, comme nous allons le voir, la dimension culturelle de la société réunionnaise est respectée.

La dimension culturelle du pluralisme juridique dans la société réunionnaise

Si le pluralisme juridique fait généralement référence à une pluralité d'ordonnancements juridiques, et si, en amont, on fait correspondre à la diversité juridique une pluralité de sources, le droit à la différence repose, en aval, sur le pluralisme des règles. Si on ne peut, de toute façon, parler de *systèmes* juridiques multiples, peut-être existe-t-il plus simplement, à l'intérieur de ce système, une pluralité de règles dont certaines seraient propres à la société réunionnaise[49] ?

La dimension culturelle du pluralisme juridique se manifeste en effet essentiellement à travers l'idée de respecter les identités. L'identité résulte de la référence à une même culture, reconnue et partagée. L'identité *nationale* est celle qui est le plus souvent évoquée. Mais l'identité culturelle est aussi *régionale*. Bien que la France soit un Etat unitaire (article 1er de la Constitution), le droit français appréhende la diversité culturelle par l'adoption de règles spécifiques, d'exceptions juridiques, propres à certaines régions. Dans la même lignée, la prise en compte juridique de la diversité régionale se mesure aussi à travers le respect de l'identité linguistique et de l'identité religieuse.

Pluralisme juridique et identité culturelle régionale

L'existence d'identités culturelles régionales suggère le plus souvent la présence de certains usages dits « locaux », d'une multitude de langues ou de dialectes, de rites ou de cultes spécifiques. Le Code civil fait par exemple référence

---

ou avoir conscience d'être un peuple, et, éventuellement, le groupe doit avoir des institutions ou d'autres moyens d'exprimer ses caractéristiques communes et son désir d'identité.

49 N. Rouland, « Le droit français devient-il multiculturel ? », *Droit et Société*, 46-2000, p. 519.

aux « usages locaux » (art. 590, 593, 691, 1159...), ainsi que le Code pénal aux « traditions locales ». L'article 521-1, Code pénal, dispose que les peines prévues pour maltraitance envers les animaux ne sont pas applicables lorsqu'une tradition locale ininterrompue peut être invoquée (tauromachie, combats de coqs...). Le texte admet donc un clivage géographique et tend ainsi vers la prise en considération d'une identité régionale, identité qui doit au sentiment d'appartenance à une communauté. Assurément, c'est reconnaître un pluralisme régional car « la règle vient porter atteinte à l'unité de la règle de droit par morcellement géographique »[50]. A la Réunion, comme dans la plupart des sociétés créoles, ce sont les combats de coqs qui sont légion, la « batay-coqs », tradition importée *a priori* d'Afrique, par les esclaves. Plusieurs gallodromes font l'objet d'une autorisation préfectorale ; l'entrée y est en principe gratuite, les paris autorisés. Si, dans d'autres régions, la tauromachie est le sujet central de certains procès[51], la pratique des combats de coqs ne fait quant à elle, apparemment, l'objet d'aucun contentieux.

Des événements historiques, propres à une région, peuvent aussi donner lieu à des exceptions. Comme on l'a vu, l'abolition de l'esclavage a été décrétée en France le 27 avril 1848. Mais du fait de la spécialité législative alors en vigueur, l'abolition, après enregistrement de la promulgation dudit décret, à l'initiative du commissaire général de la République Sarda Garriga, ne fut proclamée que le 20 décembre dans l'île Bourbon. C'est pourquoi le décret n°83-1003 du 23 novembre 1983 relatif à la commémoration de l'abolition de l'esclavage[52], en fixe la date au 20 décembre à la Réunion, et fait de ce jour un jour férié[53].

Le principe déjà évoqué de spécialité législative, dont bénéficient les collectivités d'outre-mer (au sens de l'article 74), favorise ce pluralisme juridique de dimension culturelle. Mais en fait, *toutes* les régions françaises, même soumises au principe d'identité législative, peuvent se voir reconnaître une particularité. Allant plus loin, certains *départements* connaissent un régime juridique particulier. On en donnera pour exemple l'Alsace-Moselle, la Corse, la Guyane.

Initialement province allemande conquise par la France en 1648 (traité de Westphalie), l'Alsace-Moselle fut annexée par l'Allemagne en 1871, puis réintégrée dans la souveraineté française par le traité de Versailles de 1918. Or, depuis son rattachement à la France en 1648, elle n'a jamais été totalement assimilée aux autres régions françaises. De plus, pendant l'annexion allemande entre 1871 et 1918, les

---

50 N. Molfessis, « La tradition locale et la force de la règle de droit », obs. sous Civ. 2ᵉ, 22 novembre 2001, in *Sources du droit en droit interne*, *R.T.D.Civ.* 2002, 181. L'auteur souligne aussi que la faveur à une tradition culturelle est à placer dans le constat de la dilution actuelle de l'unité nationale au profit de revendications régionalistes.

51 D. Mainguy, J.-B. Seube, F. Vialla, « Droit et tauromachie », in *Mélanges M. Cabrillac*, Litec, 1999, p. 757.

52 Décret pris en application de la loi n°83-550 du 30 juin 1983, *J.O.* 24 novembre 1983, p. 3407. Le décret n°2004-11 du 5 janvier 2004 porte nomination des membres du Comité pour la mémoire de l'esclavage.

53 Cette date est fixée au 27 mai pour la Guadeloupe, au 22 mai pour la Martinique, au 10 juin pour la Guyane et au 27 avril pour Mayotte.

lois allemandes ont été progressivement appliquées[54]. C'est sans doute pourquoi on opta pour le maintien d'une législation spéciale : après réintégration de la province à la France, le législateur introduisit les lois pénales du droit français mais décida de maintenir les textes locaux à titre provisoire, puis adopta des règles de conflit pour déterminer les critères d'application du droit français et du droit local[55]. Le droit français était ainsi introduit, sous réserve des règles locales maintenues. Le droit local fut conservé sauf pendant les quatre années de l'annexion de fait imposée par l'Allemagne entre 1940 et 1944. Ce droit local constitue ainsi un corpus législatif largement plus complexe que les usages et règles locales en vigueur dans d'autres régions[56]. Cela caractérise bien un ordre social alsacien-mosellan qui puise ses racines dans un profond sentiment d'appartenance à une communauté de culture, notamment linguistique. Même si son statut constitutionnel diffère de celui des collectivités d'outre-mer, cet ordre social atteste de l'existence d'un pluralisme juridique de dimension culturelle au sein du système français[57].

La Corse, de son côté, constitue une collectivité territoriale *sui generis*. Son statut[58], directement inspiré des modèles ultramarins et révisé récemment[59], est assorti de dispositions propres à traduire les spécificités de la Corse. L'autonomie des organes de la collectivité est accrue, un large pouvoir réglementaire étant reconnu et les spécificités culturelles corses sont reconnues. L'article L. 4422-16 du Code général des collectivités territoriales prévoit notamment que l'assemblée de Corse est consultée sur les projets et propositions de loi ou de décret comportant des dispositions spécifiques à la Corse. Elle contient aussi des mesures visant le développement de l'enseignement de la langue corse[60]. Là encore, les particularités culturelles d'une région se répercutent sur son statut juridique.

---

54 Les lois d'Empire, les différents codes, les règles locales adoptées par les organes représentatifs du Reichsland d'Alsace-Lorraine.

55 J.-P. Niboyet, *Conflit entre les lois françaises et les lois locales d'Alsace-Moselle et de Lorraine*, Sirey, 1922.

56 *Droit des minorités et des peuples autochtones*, *op. cit.*, note 32, n°157 et s. ; J.-L. Vallens, « Le droit local d'Alsace-Moselle », *D.* 1998, chron. 275. En Alsace-Moselle, le régime des cultes, de l'enseignement public et privé, de la liberté d'association, de la liberté de la presse, restent assujettis à une législation de droit local qui déroge au droit commun (J.-F. Flauss, « Droit local alsacien-mosellan et Constitution », *RDP* 1992, n°6, p. 1640).

57 Le droit local alsacien-mosellan pourrait même constituer un « ordonnancement juridique » à part, au sein de notre système.

58 Loi °91-428 du 13 mai 1991 portant statut de la collectivité territoriale de Corse, *J.O.* 14 mai 1991.

59 Loi n°2002-92 du 22 janvier 2002 relative à la Corse, *J.O.* 23 janvier 2002, p. 1503.

60 L'offre d'enseignement du corse dans toutes les écoles aux heures normales est généralisée, mais sans être rendue obligatoire. V. J.-M. Pontier, « Collectivités territoriales. Petite halte d'été sur quelques grands et petits débats de la rentrée », *Revue Administrative*, 1/7/2001 (322), 395 ; J.-E. Schoettl, « Le Conseil constitutionnel et le statut de la Corse », in *Collectivités territoriales à statut spécial*, *AJDA* 2002 (février), 100 ; P. Ferrari, « La loi du 22 janvier 2002 relative à la Corse », in *Collectivités territoriales à statut spécial*, *AJDA* 2002 (février), 86.

La Guyane, quant à elle, se singularise, surtout, par l'existence de peuples « autochtones »[61]. De fait, les Amérindiens basés sur le territoire protégé de l'Inini ne furent soumis au processus d'assimilation et de francisation que vingt ans après la départementalisation, avec la mise en place de l'état civil et de l'administration communale de droit commun[62]. Ainsi, les institutions administratives de droit commun continuèrent de coexister avec les institutions coutumières. Ces particularismes, toujours vivants, concernent le droit des personnes[63], les droits fonciers[64] et les modes de règlement des litiges, qui sont soumis à l'arbitrage des chefs coutumiers[65]. Une dernière particularité tient au régime des cultes : le clergé catholique est rémunéré par le Conseil général et est soumis à l'autorité civile qui nomme ses membres sur proposition de l'évêque ; ceux-ci deviennent alors agents permanents titulaires du département[66].

---

61 Les groupes autochtones, indigènes ou aborigènes, selon les travaux des Nations-unies, se distinguent des minorités par « leur présence sur une terre depuis des temps immémoriaux », et par le fait qu'ils sont liés « par une continuité historique avec les sociétés antérieures à l'invasion et avec les sociétés précoloniales ». « L'occupation des terres ancestrales, l'ascendance commune avec les premiers occupants » sont parmi les facteurs qui définissent ces populations. Voir I. Arnoux, « Des autochtones dans la région ultra-périphérique de Guyane. Et alors ? », *Les autochtones de l'outre-mer français*, *Droit et Cultures*, 1999/1, p. 71. Il existe trois communautés de base en Guyane : créoles, bushinenge, amérindiens, auxquels on peut ajouter des populations d'origines plus lointaines (Chinois, Javanais, Indiens).

62 R. Verdier, *op. cit.*, note 12 ; N. Rouland, « Les statuts personnels et les droits coutumiers dans le droit constitutionnel français », in A.-M. LE Pourhiet(dir.), *Droit constitutionnel local*, Paris, Economica, PU Aix-Marseille III, 1999, p. 145-226. Le décret n°69-261 du 17 mars 1969 (*J.O.* 26 mars 1969, p. 2995) supprima l'arrondissement de l'Inini et réorganisa l'administration du département.

63 Par exemple, dans les communautés kalina (les Galibi), wayampi et émerillon, le nom de l'enfant est unique et il est choisi par le grand-père ou la grand-mère après avis favorable du shaman ; les Wayampi sont polygames et le mariage est réservé dès la naissance ; le divorce n'existe pas. V. I. Arnoux, *op. cit.*, note 61 ; N. Rouland, S. Pierré-cCaps, J. Poumarède, *op. cit.*, note 32, n° 249, 250 ; J.-P. Martres & J. Larrieu(dir.), *Coutumes et droit en Guyane*, Paris, Economica.

64 Décret n°87-267 du 14 avril 1987 (*J.O.* 16 avril 1987, p. 4316), modifiant le Code du domaine de l'Etat et relatif aux concessions domaniales et autres actes passés par l'Etat en Guyane en vue de l'exploitation ou de la cession de ses immeubles domaniaux ; modifié par le décret n°2000-225 du 10 mars 2000 (*J.O.* 11 mars 2000, p. 3846). Ces textes ont créé en faveur des « populations tribales » de la Guyane des droits d'usage collectifs sur les terres relevant du domaine privé de l'Etat, sans toutefois que leur soit reconnu un droit de propriété.

65 Ceux-ci sont nommés par le président du Conseil général de Guyane, conformément au choix du groupe concerné. Les attributions de ces autorités coutumières sont nombreuses. Outre le rôle de « relais entre l'administration départementale et leur communauté », on leur reconnaît une fonction de police à l'intérieur du groupe dont ils ont la responsabilité. Ils ont également en charge les démarches administratives (pour un décès, demande de pièces d'identité…). Ils sont également les garants de la culture et organisent les cérémonies rituelles et spirituelles. En contrepartie, les chefs coutumiers reçoivent une indemnité qui varie suivant leur grade et qui était, jusqu'à il y a quelques années, prélevée sur le budget du département.

66 En effet, la Guyane a été exclue en 1905 du champ d'application de la loi concernant la séparation des Eglises et de l'Etat. Pareil statut cultuel méconnaît pourtant le principe d'unité législative : J.-F. Flauss, « Le principe constitutionnel de l'unité législative dans le droit des libertés publiques », *PA*, 4/4/97 (41) p. 4.

Ces trois exemples attestent qu'un cadre constitutionnel quasi identique[67], et basé sur le principe d'identité législative, n'empêche pas un pluralisme juridique de dimension culturelle. Il en est de même pour la Réunion dont l'identité culturelle est juridiquement prise en compte, sans pour autant faire de ce département d'outre-mer une collectivité territoriale spécifique. Le respect de l'identité linguistique illustrera en partie cette observation.

Pluralisme juridique et identité linguistique

A l'identité régionale correspond très souvent une identité linguistique. Perçue principalement comme un outil d'identification, la langue accomplit une fonction à la fois d'unification du corps social et de différenciation au sein de ce même corps social[68]. Mais cet outil d'identification se heurte parfois à la primauté dont bénéficie la langue française.

La langue régionale constitue tout d'abord un outil d'identification. Or, l'identité culturelle réunionnaise, nous l'avons vu, est étroitement liée à l'histoire du peuplement de l'île. Le métissage des populations et la nécessité de communiquer ont donné naissance à une langue commune, le créole. Le département de la Réunion reste donc, on s'en doute, sensible aux questions linguistiques et revendique ici son particularisme. L'Etat n'a pas été insensible à cette préoccupation ultramarine. En effet, dans son article 34, la LOOM du 13 décembre 2000 dispose que « les langues régionales en usage dans les départements d'outre-mer font partie du patrimoine linguistique de la Nation. Elles bénéficient du renforcement des politiques en faveur des langues régionales afin d'en faciliter l'usage. La loi n° 51-46 du 11 janvier 1951 relative à l'enseignement des langues et dialectes locaux leur est applicable »[69]. Un conseil académique des langues régionales a également été créé[70].

Ainsi, aux termes de l'article L. 121-1 du Code de l'éducation, « les écoles, les collèges, les lycées et les établissements d'enseignement supérieur sont chargés de transmettre et de faire acquérir connaissances et méthodes de travail. [...] Cette formation peut comprendre un enseignement, à tous les niveaux, de *langues* et *cultures régionales* ». Aux termes de l'article L. 121-3 du même code, « la *langue* de l'enseignement, des examens et des concours [...] est le *français*, sauf exceptions justifiées par les nécessités de l'enseignement des *langues* et *cultures régionales* [...] ». Enfin, selon l'article L. 312-11, « les maîtres sont autorisés à recourir aux

---

67 Ce sont des *départements* ; parmi ces exemples, seule la Corse constitue en même temps une collectivité territoriale spécifique.

68 N. Rouland, S. Pierré-Caps, J. Poumarède, *op. cit.*, note 32, n°168, 169.

69 Loi n°2000-1207 du 13 décembre 2000 d'orientation pour l'outre-mer, *J.O.* 14 décembre 2000, p. 19760.

70 Décret n°2001-733 du 31 juillet 2001 portant création d'un conseil académique des langues régionales, *J.O.* 5 août 2001, p. 12756 ; arrêté du 19 avril 2002 fixant la liste des académies dans lesquelles est créé un conseil académique des langues régionales, *J.O.* 27 avril 2002, p. 7631, parmi lesquelles l'académie de la Réunion.

langues régionales dans les écoles primaires et maternelles chaque fois qu'ils peuvent en tirer profit pour leur enseignement, notamment pour l'étude de la langue française »[71]. Concernant l'enseignement supérieur, on citera l'article L. 123-6, al. 3, qui dispose que : « [Le service public de l'enseignement supérieur] veille à la promotion et à l'enrichissement de la *langue française* et des *langues* et *cultures régionales* [...] ». La Faculté des lettres et des sciences humaines de l'université de la Réunion a d'ailleurs ouvert, en 2002-2003, une licence « langues et cultures régionales, option créole ».

Dépassant le domaine de l'éducation, les particularités culturelles et linguistiques de la Réunion expliquent, de façon notable, le succès remporté par les maisons de justice et du droit, institutionnalisées il y a peu[72]. Les missions des maisons de justice et du droit consistent, entre autres, à assurer une présence judiciaire de proximité et concourir à la prévention de la délinquance, à l'aide aux victimes et à l'accès au droit. Dans leur fonctionnement, elles sont des établissements judiciaires, placés sous l'autorité des chefs du Tribunal de grande instance dans le ressort duquel elles sont situées ; leur activité fait l'objet d'un rapport annuel, transmis au ministère de la Justice[73].

Cette justice de proximité d'avant-garde[74] permet une réduction des distances culturelles, notamment au profit des populations ultramarines[75]. De fait, l'expérience a connu à la Réunion un vif succès. Les premières maisons de justice et du droit y virent le jour en 1991 et sont apparues dès ce moment comme particulièrement adaptées à la structure communautaire de la société réunionnaise. Pour les créolophones, les « médiateurs conciliateurs » sont des « juges pays »,

---

71 Une langue locale peut ainsi faire l'objet d'une épreuve orale ou écrite au baccalauréat : parmi les langues acceptées on trouve : le basque, le breton, le corse, le catalan, la gallo (dialecte d'oïl de Bretagne orientale), l'occitan, le tahitien, les dialectes alsaciens-mosellans. Un décret du 23 octobre 1992 a ajouté à cette liste les langues mélanésiennes. Enfin, tout récemment, un arrêté du 12 mars 2004 (*J.O* n° 70 du 23 mars 2004 page 5558) modifiant l'arrêté du 15 septembre 1993 (*J.O.* 17 septembre 1993, p. 12996) relatif aux épreuves du baccalauréat général, vient d'ajouter la langue créole à cette liste : « Outre les langues énumérées à l'alinéa précédent, peuvent donner lieu à une épreuve facultative les langues régionales suivantes : le créole, le gallo, les langues régionales d'Alsace, les langues régionales des pays mosellans» (Article 3). Par ailleurs, l'arrêté du 30 avril 1991 (*J.O.* 5 mai 1991, p. 6021) fixant les sections et les modalités d'organisation des concours du certificat d'aptitude au professorat de l'enseignement du second degré (CAPES), prévoit une section « langue régionale ». L'arrêté du 9 février 2001, modifiant le précédant arrêté (*J.O.* 17 février 2001, p. 2662), ajoute le créole à la liste des langues.

72 La loi n° 98-1163 relative à l'accès au droit et au règlement amiable des conflits du 18 décembre 1998 (*J.O.* 22 décembre 1998, p. 19343) comportait un article consacré aux maisons de justice et du droit (MJD). Elle instituait un titre XII au COJ. Voir D. Peyrat, « La loi du 18 décembre 1998 et le décret du 29 octobre 2001. Des normes pour la justice de proximité », *GP* 3/3/02 (62), p. 3.

73 Art. R. 761-20, COJ.

74 Une juridiction de proximité vient d'être créée par la loi organique n°2003-153 du 26 février 2003 relative aux juges de proximité (*J.O.* 27 février 2003, p. 3479). Leur création avait été envisagée par la loi n°2002-1138 d'orientation et de programmation pour la justice du 9 septembre 2002 (*J.O.* 10 septembre 2002, p. 14934).

75 M. Lindeperg, *Médiation et conciliation de proximité*, rapport présenté au Conseil économique et social, éd. du Journal Officiel, 2001, spéc. « Médiation et conciliation outremer », p. 105.

terme qui souligne une justice moins technicienne comprenant la langue du justiciable et exprimant mieux ses attaches communautaires. Son atout majeur est sa *connaissance de la culture* et sa *maîtrise de la langue créole*[76].

On retrouve ici deux traits majeurs de l'identité culturelle : la langue et l'histoire commune.

Pour le premier de ces traits, il est vrai que les barrières linguistiques restreignent, dans le quotidien des départements et régions d'outre-mer, l'accès aux services publics. Or, si la langue de la justice est généralement le français[77], le justiciable apprécie de pouvoir s'exprimer dans la langue de son quotidien.

Pour le second de ces traits, dans une société marquée par de fortes traditions culturelles et communautaires, dans le contexte d'un équilibre façonné par des rapports pas si lointains de maître à esclave, où les grands propriétaires créoles réglaient les litiges nés au sein de leur domesticité, le médiateur (pénal) ou le conciliateur (civil) qui anime les maisons de justice et du droit peut apparaître à beaucoup comme un véritable juge. Un tel succès souligne le besoin de « juges de paix » et le besoin d'une justice qui ne soit pas seulement rendue « au nom du peuple français » mais aussi « au nom des gens d'ici »[78].

Toujours dans le domaine de la justice, le créole, en tant que langue régionale, peut également être défendu au titre du respect des droits de la défense. L'article 344 du Code de procédure pénale prévoit l'intervention d'un interprète si la personne poursuivie (ou la partie civile ou un témoin) ne parle pas suffisamment la langue française. De même, selon l'article 5.2 de la Convention européenne des droits de l'homme, « toute personne arrêtée doit être informée [...] dans une langue

---

76 R. Lafargue, « Les maisons de justice et du droit à l'île de la Réunion », *Droit et Cultures*, déc. 2001, n° hors-série 2001/3 « Droit, justice et proximité » ; « La justice outre-mer : justice du lointain, justice de proximité », *RFAP* 2002 (101), 97.

77 L'article 23, NCPC, dispose que « Le juge n'est pas tenu de recourir à un interprète lorsqu'il connaît la langue dans laquelle s'expriment les parties ». Il n'en est pas de même en matière pénale, où l'article 344, CPP, spécifie que l'interprète ne peut être pris parmi les juges. Certains moyens de cassation allèguent parfois que les débats étaient entachés de nullité, le juge ayant communiqué avec l'accusé en créole : Crim., 16 décembre 1976, *Bull.*, n°370, p. 940 ; *D.* 1978, 28, n. Chapar. La disposition ne concernant toutefois que la Cour d'assises, elle n'empêchera pas les nouveaux juges de proximité de communiquer en créole, dans les matières pénales relevant de leur compétence.

78 R. Lafargue, *op. cit.*, note 14 ; D. Peyrat, « La justice pénale de proximité », *GP* 12/10/01 (285), p. 2, not. p. 10 : « La recherche d'une participation plus forte des citoyens à l'acte de juger pourrait conduire à reposer la question de la généralisation d'un échevinage modernisé. Observons que dans certaines collectivités d'outre-mer, la République admet depuis longtemps que des juges non professionnels puissent participer au jugement des affaires correctionnelles. C'est le cas par exemple à Saint-Pierre-et-Miquelon et en Nouvelle Calédonie. C'est la volonté de rendre la justice moins « étrangère » à des populations aux caractéristiques singulières qui explique sans doute ces hommages localisés au savoir-faire des profanes. Justement, on peut se demander si l'évolution des villes métropolitaines ne confronte pas l'institution à des questions de perception, d'insertion, de traductibilité, de connexion aux réalités pluri-culturelles désormais voisines de celles rencontrées depuis longtemps outre-mer ? ».

qu'elle comprend, des raisons de son arrestation [...] »[79]. Ces personnes peuvent être de langue créole[80].

Si les langues régionales gagnent du terrain dans l'espace juridique, c'est sans préjudice de la place occupée par la langue française. C'est l'ordonnance de Villers-Cotterêts d'août 1539 qui impose pour la première fois le français comme « seule et unique langue du royaume de France » (art.111). Ensuite, la loi n°94-655 du 4 août 1994 relative à l'emploi de la langue française a contribué à la construction d'un espace linguistique clos sur le français[81]. L'article 1er de cette loi dispose que : « la langue française est la langue de l'enseignement, du travail, des échanges et des services publics ». Il ne s'agit en fait que d'une application de la Constitution qui, dans son article 2, depuis la loi constitutionnelle n°92-554 du 25 juin 1992, établit que « la langue de la République est le français ». Par ailleurs, la France n'a toujours pas ratifié la Charte européenne des langues régionales ou minoritaires signée en 1992 dans le cadre du Conseil de l'Europe[82]. Sa ratification est suspendue car, dans sa décision rendue le 15 juin 1999, le Conseil constitutionnel a décidé que la Charte était contraire à plusieurs principes essentiels de la Constitution tels que l'indivisibilité de la République, l'égalité devant la loi, l'unicité du peuple français[83]. La principale difficulté est qu'elle a pour effet, sinon pour objet, de créer des droits spécifiques au profit de « groupes » ; or, la France ne reconnaît pas l'existence de « groupes ». L'utilisation des langues régionales dans la vie publique pourrait également conduire à une politique de « préférence régionale », notamment dans les recrutements professionnels (qui supposeraient de savoir pratiquer la langue régionale)[84]. C'est peut-être une des raisons pour lesquelles la Charte n'a été ratifiée que par huit Etats sur quarante.

Cette consécration de la langue nationale empêche *a priori* le développement des langues régionales. La loi n°51-46 du 11 janvier 1951 prévoyant l'« enseignement facultatif de toutes les langues et dialectes locaux, ainsi que du folklore, de la littérature et des arts populaires locaux » ne doit pas tromper : l'enseignement *de* ces langues est possible mais non l'enseignement *dans* ces langues[85]. Cette position reste d'ailleurs bien ancrée en droit positif français, le Conseil d'Etat annulant pour excès de pouvoir des décisions prises en application

---

79 Voir aussi l'article 6.3, CEDH.

80 Crim., 20 octobre 1999, *Bull.* n°226, p. 710 ; Crim., 16 décembre 1976, *Bull.*, n°370, p. 940 ; *D.* 1978, 28, n. Chapar.

81 *J.O.* 5 août 1994, p. 11392 ; Conseil constitutionnel, 29 juillet 1994, Loi relative à l'emploi de la langue française, n°94-345 DC, *J.O.* 2 août 1994, p. 11240.

82 La France a tout de même signé cette convention le 7 mai 1999.

83 Décision n°99-412 DC, *J.O.* , 18 juin 1999, 8964.

84 F. Melin-Soucramanien, « La République contre Babel » (charte des langues régionales), *RDP*, 1999, 985.

85 Loi dite Deixonne relative à l'enseignement des langues et dialectes locaux, *J.O.* 13 janvier 1951, p. 483 ; texte entièrement intégré dans le Code de l'éducation.

d'arrêtés permettant soit l'enseignement *en* langue régionale de certaines disciplines[86], soit la mise en place d'un enseignement « bilingue par immersion » en langues régionales[87]. La Haute juridiction a estimé que ces prescriptions allaient au-delà des possibilités de dérogations à l'usage de la langue française accordées par le Code de l'éducation.

Enfin, si la langue régionale est un outil indéniable d'identification personnelle, elle ne peut être assimilée à un élément d'identification nationale. La maîtrise de la langue créole ne suffit pas, par exemple, à faire acquérir, le cas échéant, la nationalité française ou à se voir réintégrer dans la nationalité française. La jurisprudence est très claire à cet égard. Dans un premier cas, une ressortissante dominicaine résidant en Guyane, avait souscrit la déclaration d'acquisition de la nationalité française par mariage. Un décret du 6 avril 1999 lui ayant refusé cette acquisition, elle intenta un recours pour excès de pouvoir contre ce décret. Le Conseil d'Etat rejeta sa demande, soulignant qu'alors même qu'elle parlait couramment le créole, l'intéressée comprenait et parlait très peu le français. Qu'ainsi, au regard de l'article 21-4 du Code civil, le Gouvernement, pour défaut d'assimilation, pouvait s'opposer à l'acquisition de la nationalité française[88]. Dans une autre espèce, un ressortissant comorien souhaitait être réintégré dans la nationalité française. Or, les articles 69 et 97-3 de l'ancien Code de la nationalité prévoyaient que le requérant devait justifier de son assimilation à la communauté française, notamment par une connaissance suffisante de la langue française. Là aussi, « *alors même qu'il parlerait couramment le créole, fréquemment utilisé à la Réunion où il réside* », l'intéressé « fait montre d'une compréhension très médiocre de la langue française qu'il parle peu et qu'il ne peut soutenir une conversation courante qu'avec difficulté » ; le ministre de la Solidarité, de la santé et de la protection sociale a pu alors légalement estimer que les conditions de réintégration n'étaient pas remplies[89].

Si la langue pratiquée usuellement est assurément un élément de l'identité, d'origine culturelle, la pratique d'un culte revêt aussi une dimension culturelle, appréhendée juridiquement et tenant compte parfois de spécificités locales.

---

86 Arrêté du 31 juillet 2001 relatif à la mise en place d'un enseignement bilingue en langues régionales soit dans les écoles, collèges et lycées « langues régionales », soit dans les sections « langues régionales » dans les écoles, collèges et lycées (*J.O.* 5 août 2001, p. 12757) ; abrogé partiellement par l'arrêté du 25 février 2002, *J.O.* 6 mars 2002, p. 4227. V. Conseil d'Etat, n°248224, 4e et 5e sections, 11 février 2004, inédit.

87 Arrêté du 19 avril 2002 relatif à la mise en place d'un enseignement bilingue par immersion en langues régionales dans les écoles, collèges et lycées « langues régionales », *J.O.* 27 avril 2002, p. 7630. V. Conseil d'Etat, décision n°238653, 29 novembre 2002.

88 Conseil d'Etat, n°212057, 7 novembre 2001, *Rec. Lebon*, 544.

89 Conseil d'Etat, n°109761, du 23 octobre 1991, inédit.

Pluralisme juridique et identité religieuse

Le discours contemporain sur la diversité culturelle et religieuse est généralement débattu dans les pays d'immigration et traité sous l'angle du droit international privé[90]. En effet, les règles de conflit de lois, principalement dans le domaine du statut personnel, peuvent désigner la loi *nationale* comme étant la loi applicable à un rapport de droit. Cette règle peut conduire à désigner le droit d'un Etat dont les lois personnelles sont « absorbées » par la loi religieuse, comme c'est le cas de certains pays ayant fait de l'Islam leur profession de foi[91]. Ceci, dans un contexte international, ne doit cependant pas inciter à confondre identité religieuse et identité nationale. Les cas de double nationalité peuvent utilement illustrer la distinction et la question a été notamment posée à propos d'un individu ayant la double nationalité française et marocaine. Alors que l'on retient un principe de primauté de la nationalité du for[92], une décision du Tribunal de grande instance de Paris du 27 septembre 1990, appliquant la convention franco-marocaine du 10 août 1981, retint la nationalité marocaine pour reconnaître une répudiation d'époux marocains mariés en France et naturalisés français[93]. On a souligné, avec justesse, que le principe de la primauté de la nationalité du for aurait dû être respecté car un individu peut difficilement avoir deux identités nationales[94].

La place de la religion dans la société réunionnaise sera ici abordée sous un autre angle, purement interne. L'identité religieuse est un élément de la personnalité, un élément de la vie privée[95], et en tant que liberté individuelle, la liberté de conscience est alors une liberté protégée[96]. La question revêt une importance

---

90 Voir notre étude, « Pluralisme juridique et droit international privé », *RRJ* 2003-4, p. 2547.

91 Pour que l'application de ces lois ne soit pas trop choquante (mais ce qui n'est pas systématiquement le cas), le mécanisme de l'exception d'ordre public international permet d'évincer la loi étrangère normalement compétente.

92 Civ. 1re, 17 juin 1968, *Kasapyan*, *RCDIP* 1969, 59, n. H. Batiffol ; *Gr. arrêts* n°46.

93 Le mari avait répudié sa femme au Maroc en 1987 et avait fait homologuer cet acte de répudiation par le tribunal de première instance de Casablanca. Il obtint l'exequatur de cet acte : Trib. Gr. Inst. de Paris, 27 septembre 1990, *Fadil Touria*, *RCDIP* 1992, 91, n. Y. Lequette ; Convention du 10 août 1981, relative au statut des personnes et de la famille et à la coopération judiciaire (entrée en vigueur le 13 mai 1983), *J.O.* 1er juin 1983, p. 1643.

94 Et si, dans le domaine des relations familiales, une place de plus en plus grande est faite à l'autonomie de la volonté (J.-Y. Carlier, *Autonomie de la volonté et statut personnel*, Bruxelles, Bruylant, 1992, préface de F. Rigaux), le choix de la naturalisation peut être considéré comme la volonté de l'individu d'être soumis au droit de l'Etat dont il devient le national en tous domaines et en particulier dans celui des relations familiales (F. Monéger, « Les musulmans devant le juge français », *J.D.I.* 1994, p. 345).

95 La révélation de la religion de quelqu'un peut porter atteinte à sa vie privée : Civ. 1re, 6 mars 2001, *D.* 2002, 248, n. Cyrille Duvert.

96 Parmi les sources nationales de protection de la liberté religieuse, l'article 10 de la Déclaration des droits de l'homme et du citoyen dispose que « nul ne doit être inquiété pour ses opinions, même religieuses, pourvu que leur manifestation ne trouble pas l'ordre public établi par la loi ». La loi du 9 décembre 1905 sur la séparation des Eglises et de l'Etat, prévoit que l'Etat assure un égal respect de toutes les croyances. La Constitution du 4 octobre 1958 proclame quant à elle que tout être humain possède des droits

particulière à la Réunion, où le respect des origines culturelles de chacun a notamment permis une grande diversité religieuse[97]. Or, la pratique d'un culte peut interférer dans la vie civile.

La pratique d'un culte consiste tout d'abord en grande partie dans la participation aux différentes rites et fêtes ponctuant une année. Certaines spécificités locales peuvent alors resurgir. Dans le département de la Moselle, par exemple, on ne travaille pas le jour du Vendredi Saint (art. L. 222-4-1, C. trav.), et si les jours fériés du calendrier correspondent pour la plupart aux fêtes catholiques[98], à Mayotte, les fêtes musulmanes de Miradji, Idi-el-Fitri, Idi-el-Kabir et Maoulid sont des jours fériés supplémentaires[99]. A la Réunion, une grande tolérance se manifeste également dans ces domaines. La fidélité aux pratiques religieuses, dominante dans l'île, conduit à accorder assez facilement des autorisations d'absence pour motif religieux, dans le secteur privé comme dans le secteur public : « Au fil des années, l'école publique et laïque a même pris l'habitude de tolérer les absences pour cause de fête religieuse – Ramadan, Eid-Ul-Fitr, Jour de l'An tamoul ou chinois, vendredi saint… »[100].

---

inaliénables et sacrés, sans distinction de religion ni de croyance. Parmi les sources internationales, on peut citer, entre autres, la Déclaration universelle des droits de l'homme du 10 décembre 1948 (que la seule publication au *J.O.* du 19 février 1949 ne permet toutefois pas de ranger au nombre des accords ou traités de l'article 55 de la Constitution : Conseil d'Etat, décisions n°176205, 30 avril 1997, *D.* 1997, IR 140) ; la Déclaration de l'ONU du 25 novembre 1981 sur l'élimination de toutes les formes d'intolérance et de discrimination fondées sur la religion ou la conviction ; la Déclaration islamique universelle des droits de l'homme proclamée à l'UNESCO à Paris le 19 septembre 1981 ; le Pacte relatif aux droits civils et politiques du 19 décembre 1966 (art. 18, 2) ; la Convention de l'OIT n°111 du 25 juin 1958 ; la Convention Européenne des Droits de l'Homme du 4 novembre 1950 ; le Traité de l'Union européenne du 7 février 1992 à Maastricht qui reprend le principe général de non discrimination du Traité de Rome de 1957 (art. 7 devenu art. 6). Pour l'ensemble, voir Y. Chauvy, « Travail et religion sous le rapport tempéré de la neutralité », *GP*, (18/11/98) p. 1525.

97 F. Dumas-Champion, « Pratiques religieuses plurielles à l'île de la Réunion », *Traversières, Revue de Sciences sociales, de Cultures et d'Art*, 2002 : « Bien qu'élevé dans le catholicisme, chaque réunionnais participe, dès son plus jeune âge, à des rites hindous, malgaches, africains et comoriens, selon l'origine de ses parents. La pratique pluri-religieuse qui est le reflet du métissage relève de la normalité à la Réunion. Elle se conjugue avec une ferveur catholique qui, aujourd'hui fait du catholicisme « la religion mère », après avoir été imposée et considérée comme la religion des colons ».

98 L'article L. 222-1, C. trav., donne la liste des fêtes légales.

99 Article L. 122-1 du Code du travail applicable dans la collectivité territoriale de Mayotte.

100 M. René-Paul Victoria, *op. cit.*, note 1. Conseil d'Etat, Ass., 14 avril 1995, *Koen c./ Consistoire central des israélites de France*, *Lebon*, 168. La circulaire du 18 mai 2004 relative à la mise en œuvre de la loi n°2004-228 du 15 mars 2004 encadrant, en application du principe de laïcité, le port de signes ou de tenues manifestant une appartenance religieuse dans les écoles, collèges et lycées publics (*J.O.* 22 mai 2004, p. 9033), précise entre autres les relations devant exister entre assiduité et pratique religieuse : les convictions religieuses ne sauraient être opposées à l'obligation d'assiduité, elles ne peuvent justifier un absentéisme sélectif. Toutefois, « des autorisations d'absence doivent pouvoir être accordées aux élèves pour les grandes fêtes religieuses qui ne coïncident pas avec un jour de congé et dont les dates sont rappelées chaque année par une instruction publiée au Bulletin officiel de l'éducation nationale. […] L'institution scolaire et universitaire, de son côté, doit prendre les dispositions nécessaires pour qu'aucun examen ni aucune épreuve importante ne soient organisés le jour de ces grandes fêtes religieuses ». On notera au passage que la circulaire vise aussi l'institution universitaire alors que la loi ne concerne en principe que les « écoles, collèges et lycées publics ».

Dans la *conclusion* de certains actes juridiques, ensuite, la prise en compte de la religion peut constituer un élément déterminant du consentement[101]. L'*exécution* des actes juridiques, notamment des contrats de travail, se heurte elle aussi parfois aux convictions religieuses des parties, tandis que les opinions et les pratiques religieuses ne doivent pas entrer en ligne de compte (articles 120-2, L. 122-35, L. 122-45, C. trav.)[102].

Enfin, si la religion rythme le quotidien des vivants, elle les accompagne aussi jusqu'à la mort[103]. Mais l'inhumation des morts relève de l'organisation d'un service public. L'article L. 2213-7 du Code général des collectivités territoriales, dispose par exemple que « le maire ou, à défaut, le représentant de l'Etat dans le département, pourvoit d'urgence à ce que toute personne décédée soit ensevelie et inhumée décemment sans distinction de culte ni de croyance » et l'article L. 2542-12 du même Code, que « dans les communes où on professe plusieurs cultes, chaque culte a un lieu d'inhumation particulier. Lorsqu'il n'y a qu'un seul cimetière, on le partage par des murs, haies ou fossés, en autant de parties qu'il y a de cultes différents, avec une entrée particulière pour chacune, et en proportionnant cet espace au nombre d'habitants de chaque culte ». A la Réunion, la diversité et la cohabitation qu'ont connues les vivants se retrouvent naturellement parmi les

---

101 Un commerçant avait vendu de la viande « casher » qui en fait n'en était pas. La Cour de cassation a considéré que la qualité casher était une qualité substantielle pour les acheteurs de confession israélite : Crim., 4 mai 1971, *Habib*, *Bull.* n°132, p. 343. Par ailleurs, certaines circonstances de la vie privée d'un employé peuvent justifier son licenciement, alors qu'en principe, l'employeur ne peut tenir compte des convictions religieuses et vie privée de l'employé : Plén., 19 mai 1978, *Dame Roy*, *D.* 1978, 541.

102 Saint-Denis de la Réunion, 9 septembre 1997, *Sté Milhac c./ Mme Meraly*, *D.* 1998, p. 546, n. Serge Farnocchia : « S'il est interdit à un employeur à peine de nullité du licenciement de pratiquer par ce biais une discrimination visant notamment des convictions religieuses au sens de l'art. L. 122-45 du code du travail, [...] la circonstance qu'un gérant de société, [...] exige d'une vendeuse en contact permanent avec la clientèle d'un magasin de mode d'articles féminins d'adopter à nouveau, comme l'ensemble du personnel, une tenue vestimentaire correspondant à ce type d'établissement n'est pas de nature à constituer un excès ou un détournement de pouvoirs [...] ». Par ailleurs, dans une décision du 24 mars 1998, la chambre sociale de la Cour de cassation a décidé que, à propos d'un commis boucher mahorais de confession musulmane qui manipulait depuis deux ans de la viande de porc, « s'il est exact que l'employeur est tenu de respecter les convictions religieuses de son salarié, celles-ci, sauf clause expresse, n'entrent pas dans le cadre du contrat de travail et l'employeur ne commet aucune faute en demandant au salarié d'exécuter la tâche pour laquelle il a été embauché dès l'instant que celle-ci n'est pas contraire à une disposition d'ordre public » (*Bull.* n°171, p. 125). Pour certains auteurs (Y. Chauvy, *op. cit.*, note 96), la décision n'a pas su prendre en compte les réelles dimensions « locales » et religieuses des circonstances de l'espèce : l'employeur a notamment délibérément omis d'informer son salarié de la réalité concrète du nouveau poste auquel il l'affectait, sans respect de ses croyances religieuses proscrivant tout contact avec de la viande de porc. Pourtant, dans la collectivité départementale de Mayotte, où le travail était exécuté et où résidaient les intéressés, la quasi totalité de la population est de confession musulmane. Le fait religieux ne peut donc être ignoré de bonne foi. Bon nombre de religions connaissent aussi des interdits alimentaires. A la Réunion, là encore, une grande tolérance : « Chez nous, les cantines scolaires s'accommodent depuis toujours des interdits alimentaires : pas de porc pour celui-ci, pas de bœuf pour celui-là » (Huguette Bello, intervention lors de la discussion à l'Assemblée nationale du projet de loi sur les signe religieux à l'école, séance du 3 février 2004, *J.O.* AN, 4 février 2004, 1311).

103 F. Dumas-Champion, *op. cit.*, note 97.

morts : on sait, par exemple, que les frangipaniers fleurissent dans les cimetières musulmans[104].

La grande place laissée aux convictions et pratiques religieuses peut cependant parfois faire oublier certaines obligations civiles importantes, telles que l'obligation de célébrer les mariages devant l'officier d'état civil. On se trouve alors confronté, beaucoup se contentant d'unions coutumières[105], soit à une forte proportion de concubinages soit aussi à des situations de polygamie de fait.

Ces données, en grande partie purement sociologiques, expliquent assez souvent les décisions des juges à la Réunion.

En témoigne, tout d'abord, l'affaire *Law-King* et la résistance, en 1980, de la Cour d'appel de Saint-Denis face à la Cour de cassation dans sa volonté d'admettre la possession d'état comme mode d'établissement de la filiation naturelle[106]. Une opposition que tranchera le législateur en 1982 en faveur de la Cour d'appel[107]. Les juges de Saint-Denis avaient admis la preuve de la filiation naturelle par la seule possession d'état. Le 8 mai 1979, la Cour de cassation cassait leur décision. Désignée comme cour de renvoi, autrement composée, la Cour d'appel de Saint-Denis, par l'arrêt du 4 juillet 1980, avait refusé de s'incliner. Derrière l'argumentation juridique se profilaient en fait d'autres raisons, propres au contexte d'un DOM et aux structures familiales de la Réunion, où les naissances illégitimes ont toujours été plus nombreuses qu'en métropole.

En témoigne, ensuite, une autre affaire plus récente : une banque, créancière d'une entreprise appartenant au défunt, invoquait l'existence d'une société de fait entre Mme H et M. B-H., décédé. Mme H n'était juridiquement que la concubine du défunt car mariée seulement *more islamico*, sans célébration laïque, mais les juges ont déduit l'absence d'*affectio societatis* du statut social de l'intéressée, « épouse » selon le rite musulman, ce qui entraînait soumission au « chef de famille ». Les juges du fond ont renchéri sur une autre condition nécessaire à l'existence d'une société de fait : la participation à « l'exploitation », celle-là étant mal démontrée eu

---

104 « Chez nous, il existe des cimetières, ou des carrés dans les cimetières, réservés à tel ou tel culte » (Huguette Bello, *op. cit.,* note 102). La tolérance réunionnaise ne va cependant pas jusqu'à accepter la technique de cryogénisation pour la conservation des défunts. « L'affaire Leroy », si elle a fait beaucoup de bruit, n'est pour le moment pas destinée à asseoir une jurisprudence d'origine ultramarine : T.A. Saint-Denis de la Réunion, 21 octobre 1999, *J.C.P.* 2000, II, 10287, n. F. Lemaire ; CAA Bordeaux, 29 mai 2000, *Droit Administratif* 2000 (nov.), p. 28 ; Conseil d'Etat, 29 juillet 2002, *Droit et Patrimoine* 2002 (déc.), p. 85, n. G. Loiseau.

105 Voir exemple, V.C. de la Réunion, 7 juillet 1939, *J.C.P.* 1940, II, 1494, où les unions litigieuses avaient été célébrées *more islamico* dans un village réunionnais.

106 Civ. 1re, 8 mai 1979, *Law King, Gr. arrêts* n°43 ; *D.* 1979, 477, n. D. Huet-Weiller ; *J.C.P.* 1980, II, 19301, n. Paire ; *Gaz. Pal.* 1979, 2, 426, n. Massip ; Cour d'appel de Saint-Denis de la Réunion, 4 juillet 1980, *Law King, Revue de jurisprudence de la Cour d'appel de Saint-Denis*, avril 1981 (2), p. 5, n. Wilfrid Jeandidier ; Ass. Plén., 9 juillet 1982, *Law King, Gr. arrêts* n°44 ; *J.C.P.* 1983, II, 19993, concl. Cabannes ; *Gaz. Pal.* 1982, 2, 513, n. Massip ; *Rép. Defrénois* 1982, 1, 1265, n. Massip. Voir aussi R. Lafargue, « La justice outre-mer… », *op. cit.*, note 76.

107 Loi n°82-536 du 25 juin 1982 introduisant l'actuel art. 334-8, al. 2, C. civ.

égard au « contexte socio-religieux » vécu. La notion de société de fait était *culturellement* invraisemblable en l'espèce[108].

Dans ce contexte multireligieux de la Réunion, parler de *laïcité* peut alors faire offense.

« Pour situer l'état actuel de la laïcité, il faut distinguer les domaines où elle s'exerce. Tantôt il s'agit des institutions du pouvoir et des libertés essentielles (la liberté de conscience et le statut des Eglises et des cultes) l'aspect le plus visible, le plus traditionnel, celui sur lequel l'attention s'est longtemps portée. A cet égard, la question de la laïcité est en voie d'apaisement, tout au moins dans ses formes traditionnelles. Mais la laïcité a aujourd'hui un autre domaine, moins visible, celui de l'anthropologie et de la culture, où elle s'oppose souvent à la vision de l'homme qu'a l'Eglise : l'apaisement semble ici impossible et contraire à la nature des choses »[109].

La récente loi n°2004-228 du 15 mars 2004, sur le port de signes religieux à l'école[110], a relancé les débats autour du principe de laïcité[111]. Selon le nouvel article L. 141-5-1 du Code de l'éducation, « dans les écoles, les collèges et lycées publics, le port de signes ou tenues par lesquels les élèves manifestent ostensiblement une appartenance religieuse [sera] interdit. Le règlement intérieur rappelle que la mise en œuvre d'une procédure disciplinaire est précédée d'un dialogue avec l'élève ».

Les parlementaires réunionnais sont longuement intervenus au cours des débats, à l'Assemblée nationale.

M. Paul Vergès avait même présenté un amendement (qui n'a finalement pas été soutenu), tendant à exclure la Réunion des dispositions de la loi, sur la base de

---

108 Saint-Denis de la Réunion, 15 novembre 1991, *BFCOI c./ curateur aux successions vacantes*, « Chronique juridique de l'île de La Réunion », *APOI* 1992-1994 (XIII), 463, obs. Jean Mas.

109 Ph. Malaurie, « La fin de la laïcité ? », *PA*, 119, 3/10/97, p. 10, n° 9. Conseil d'Etat, *Un siècle de laïcité*, Rapport public 2004.

110 Loi n°2004-228 du 15 mars 2004 encadrant, en application du principe de laïcité, le port de signes ou de tenues manifestant une appartenance religieuse dans les écoles, collèges et lycées publics, *J.O.* 17 mars 2004, p. 5190. Un an après son entrée en vigueur, les dispositions de la loi feront l'objet d'une évaluation.

111 Depuis son avis n°346893 du 27 novembre 1989, le Conseil d'Etat reconnaît aux élèves « le droit d'exprimer et de manifester leurs croyances religieuses à l'intérieur des établissements scolaires ». L'exercice de ce droit est susceptible d'autoriser « le port par les élèves de signes par lesquels ils entendent manifester leur appartenance religieuse », et notamment du foulard dit « islamique » ; le Conseil d'Etat apprécie la légalité de l'interdiction du port d'un signe religieux en fonction des circonstances de fait, locales, *in concreto*. Il est cependant apparu nécessaire, d'abord à des enseignants et à des chefs d'établissement, ensuite à de nombreux parlementaires, de passer outre à la jurisprudence du Conseil d'Etat. Cette question de société a donné lieu, dans le tumulte, à des propositions de la mission d'information de l'Assemblée nationale présidée par Jean-Louis Debré et de la commission sur la laïcité présidée par Bernard Stasi. Le 17 décembre 2003, le président de la République en a retenu certaines suggestions et a souhaité l'interdiction légale des signes dont « le port conduit à se faire remarquer et reconnaître immédiatement à travers son appartenance religieuse ». V. A Garay & E. Tawil, « Tumulte autour de la laïcité », *D.* 2004, 225.

l'article 73, al. 1, de la Constitution qui autorise « des adaptations à la loi pour tenir compte des circonstances particulières »[112]. L'amendement soulignait notamment que « multiculturelle dès l'origine de son peuplement, la société réunionnaise a appris à forger [...] son unité dans le respect des diversités culturelles et religieuses. En trois siècles d'histoire, il en résulte une société où les différentes options religieuses et spirituelles ont une longue tradition de dialogue et de cohabitation. [...] En témoigne également l'existence d'un Comité de dialogue interreligieux regroupant l'ensemble des représentants des cultes. [...] La Réunion est aussi le seul département de France à accueillir une école coranique sous contrat d'association avec l'éducation nationale. Il est possible d'affirmer que la société réunionnaise a fait la démonstration, dans les conditions qui lui sont propres, de la viabilité, dans le cadre de la République, d'un modèle original : elle a inventé une manière réunionnaise de vivre la laïcité, et démontre que celle-ci peut accueillir sereinement l'expression des différentes religions [...] ».

Sans déposer d'amendement, Mme Huguette Bello et M. René-Paul Victoria, ont de leur côté exprimé leurs inquiétudes, relevant soit l'inutilité de la loi, soit appelant à la vigilance dans son application future[113]. La première a notamment rappelé que : « Chez nous, à l'occasion des fêtes qu'elles célèbrent, les communautés religieuses échangent leurs vœux par des communiqués publiés dans la presse. [...] Chez nous, personne ne s'étonne de voir l'évêque s'exprimer lors du Dipavali, la fête de la lumière des Hindous. Chez nous, lorsqu'on inaugure un pont, les représentants de tous les cultes viennent y associer leurs prières. [...] Cet équilibre est précieux, fragile aussi. Il a fallu beaucoup de temps et d'efforts pour qu'il s'établisse dans une île où un article du Code noir interdisait l'exercice de toute autre religion que la catholique, et où, pendant longtemps, les cultes non chrétiens devaient se cacher, sinon disparaître.[...] Les signes ostensibles ? Dans un tel contexte, les proscrire nous semble maladroit, inopportun et dangereux. [...] ».

Une circulaire relative à la mise en œuvre de la loi en précise les différents termes[114]. Les signes religieux discrets sont notamment admis et on insiste sur l'importance du dialogue, condition indispensable de mise en œuvre de la loi. Cette indication permettra peut-être, il faut l'espérer, d'appliquer la nouvelle loi avec souplesse à la Réunion, afin de ne pas créer de tensions inutiles.

* *
*

---

112 Amendement n°15 présenté par M. Paul Vergès (non soutenu).

113 Mme Huguette Bello et M. René-Paul Victoria, *op. cit.*, notes 102 et 1.

114 Circulaire du 18 mai 2004, *J.O.* 22 mai 2004, p. 9033.

Le métissage initial de la société réunionnaise, nécessairement pluriel, a donné naissance à une association unie et unique[115]. Unie, la société de l'île est une « réunion », de communautés, qui a compris l'importance du respect de l'identité de chacun[116]. Unique car elle a pris conscience de son identité propre. En ce début de siècle, on s'échine à revaloriser la réalité locale : la fraternité et la tolérance incarnées à la Réunion sont mises en avant, avec l'idée que, même si cela n'a pas été facile à construire et si le résultat n'est pas parfait, les gens et les communautés religieuses et culturelles y vivent dans une certaine harmonie[117].

Cette réalité locale n'est pas toujours aussi paradisiaque, si on la considère sous l'angle économique et social[118]. Mais pour l'appréhension *juridique* des particularités culturelles de la société réunionnaise, deux chemins étaient possibles : leur affirmation ou bien leur négation. C'est finalement une voie de traverse qui a été empruntée. L'affirmation des particularités réunionnaises, par le principe de spécialité législative, a constitué une première étape. Le mouvement d'assimilation, dans une seconde étape, n'a pas remis en cause le pluralisme culturel *vécu* dans le département. Nos textes de lois offrent de sérieuses garanties et les adaptations nécessaires à la préservation de l'identité culturelle locale seront toujours possibles. S'il ne peut offrir une règle pour chacun, comme le supposerait un véritable pluralisme juridique, le droit peut tout de même assurer l'existence d'un pluralisme culturel car, comme nous l'a enseigné le doyen Carbonnier[119], il est *flexible*. La flexibilité, plutôt que la différenciation, vient ici relayer la pluralité.

Résumé : Ethnies, religions, langues : la société de l'île de la Réunion est souvent présentée comme un modèle de diversité culturelle. A celle-ci pourrait correspondre une diversité juridique, c'est-à-dire une pluralité de règles : à chacun son droit. La préservation de l'identité des personnes pourrait dépendre de ce pluralisme juridique. Entre négation et affirmation des particularités de chacun, l'étude montrera que le droit peut avoir suffisamment de flexibilité pour s'adapter à la pluralité.

Mots-clés : pluralisme, identité culturelle, principe de spécialité législative, assimilation, outre-mer.

---

115 « La Réunion est une société unique au monde » (J. Poirier, *op. cit.*, note 17).

116 « Unie » n'est pas synonyme « d'unifiée ».

117 C. Ghasarian, *op. cit.*, note 11.

118 P. Ottino, « Quelques réflexions sur les milieux créoles réunionnais », in *La recherche anthropologique à la Réunion*, sous la dir. de B. Cherubini, L'Harmattan, 1999, p. 65.

119 Jean Carbonnier , *Flexible droit, pour une sociologie du droit sans rigueur*, Paris, LGDJ, 8e éd., 1995 ; *Essais sur les lois*, Paris, *Répertoire Defrénois*, 2e éd., 1995.

Comptes rendus

La Cour Suprême des Etats-Unis : deux points de vue
Sandra Day O' Connor, *The Majesty of the Law. Reflections of a Supreme Court Justice*, Random House, 2004.
Jamin B. Raskin, *Overruling democracy, The Supreme Court v. the American People*, Ed. Routledge, 2003.

Il suffit de lire les titres et de savoir que S. Day O'Connor est la première femme juge à la Cour Suprême, nommée en 1981 par le Président Ronald Reagan et souvent étiquetée comme très conservatrice pour comprendre que les regards et jugements qui sont portés sur la juridiction suprême américaine par les auteurs sont aussi opposés que possible, de même que les écritures. Car Jamin Raskin, professeur de droit à l'université *American University* à Washington DC est lui connu pour ses opinions de gauche.

Si l'on commence par le livre de Raskin, l'auteur ne cache pas la couleur et le titre est clair, ainsi que la jaquette écrite par le Démocrate John Conyers qui siège à la commission judiciaire de la Chambre des Représentants. Les remerciements adressés au Professeur Judy N. Shklar et la défense, en tant qu'avocat de causes célèbres comme le Démocrate Jessie Jackson ou Greenpeace ont fait le reste : le livre est resté plusieurs semaines sur la liste des meilleures ventes du *Washington Post.*

Pourtant, derrière le battage médiatique et le livre-polémique, il s'agit d'une belle démonstration en dix chapitres qui nous amène au constat fait par l'auteur (chapitres 1 et 2) du déficit démocratique et de l'assaut de la Cour sur la démocratie aux propositions faites au chapitre 10. Et, dans le même temps, celui-ci nous propose un magistral cours d'histoire constitutionnelle américaine écrit de façon extrêmement claire, pour ne pas dire pédagogique mais qui peut étonner ou déplaire. En fait, l'auteur s'exprime à la première personne et interpelle le lecteur (exemple page 31: « oui vous avez bien lu : nous, le peuple, ne jouissons d'aucun droit de vote reconnu par la Constitution »). C'est grâce à ce style enlevé et simple que Jamin Raskin fait passer des mécanismes parfois difficiles à saisir, car que l'on ne s'y trompe pas, la démonstration est à chaque fois documentée et l'appareil de notes permet de retrouver les décisions de la Cour et les articles auxquels il fait référence. C'est ainsi qu'il explicite le contrôle de constitutionnalité, bien différent de ce que l'on connaît en France, dont il souligne la montée en puissance depuis quelques années. En deux siècles d'existence, nous dit-il, la Cour Suprême a déclaré inconstitutionnelles 127 lois fédérales, mais entre 1987 (date de prise de fonction du Président actuel de la Cour Suprême, le *Chief Justice* William Rehnquist) et 2002, 33 lois fédérales l'ont été. On peut comparer ce chiffre à la période Lochner, allant du début du siècle (en fait 1889) à 1937, date charnière dans l'histoire de la Cour suprême qui cesse son obstruction au *New Deal* et à Franklin Delanoe Roosevelt. Durant ces 38 années, la Cour a invalidé 184 lois de nature progressiste au niveau fédéral ou des Etats, soit environ cinq par an. Les chiffres actuels de la Cour sont beaucoup plus élevés, nous dit Raskin, 18 lois en 1999 (fédérales et d'Etat), 17 en 2000.
L'auteur explicite aussi une autre question fort épineuse, celle du dernier mot entre le Congrès et la Cour Suprême et le fait grâce à des exemples. Si la Cour suprême prend une décision qui ne plaît pas au Congrès, celui-ci a toujours la possibilité de voter une autre loi pour clarifier la première ou de renvoyer la Cour Suprême dans ses buts. C'est

ce qu'il a fait (page 223) en 1982 en votant un amendement à la loi sur le droit de vote (*Voting Rights Act*), en forme de loi interprétative de façon à clarifier, pour la Cour, le test à appliquer (les effets et non l'intention) en cas de discrimination en matière de droit de vote à l'encontre des minorités. Cette loi était destinée à mettre fin à l'interprétation erronée selon le Congrès donnée par la Cour suprême dans l'affaire *Mobile v. Bolden.* Dans ce cas, comme dans d'autres, la Cour n'a pas d'autre choix que d'accepter ces lois qui prévalent sur son interprétation, que Raskin qualifie « d'étriquée », des lois fédérales. Mais il n'en est malheureusement pas de même, souligne Jamin Raskin, lorsqu'il s'agit de mauvaise interprétation de la Constitution, mauvaise pour lui veut dire clairement non-libérale (au sens américain – c'est-à-dire pas à gauche). Mais cette question fait ressurgir le débat jamais éteint du sens à donner à la Constitution. Faut-il essayer de repérer l'intention originelle des Pères Fondateurs (*original intent*), ce qui pose des problèmes. Le juge Scalia est un bon exemple d'*original intent* (page 240), lorsqu'il explique, en matière de liberté d'avortement que la Constitution ne dit rien à ce sujet. Faut-il alors essayer d'adapter la Constitution à la société actuelle et aux nouvelles valeurs ? C'est la thèse du *contemporary meaning*, qui pose d'autres problèmes.

Quoi qu'il en soit, la démonstration de l'auteur est claire et administrée grâce à l'exemple de l'utilisation du peyotl dans les cérémonies religieuses indiennes. Dans une affaire de 1990, *Employment Division v. Smith,* la Cour refuse d'appliquer le test de l'examen strict (*strict scrutiny*) en vertu de la clause de libre exercice de la religion, et donc refuse de déclarer inconstitutionnelle la loi qui impose un « fardeau seulement incident » sur les pratiques religieuses. Devant la levée de bouclier, le Congrès adopte la loi sur la restauration de l'exercice de la religion (RFRA) qui prévoit d'accorder certaines dérogations lorsque la réglementation impose un fardeau substantiel sur les pratiques religieuses et, dans ce cas, il incombe au gouvernement d'apporter la preuve et de faire valoir un intérêt fort pour réglementer (*compelling interest*). Mais la Cour Suprême ne s'avoue pas vaincue et dans l'affaire *City of Boerne v. Flores* de 1997, elle déclare la loi RFRA inconstitutionnelle. La démonstration est claire : le Congrès jouit certes, en vertu du XIVe Amendement, du pouvoir de mettre en oeuvre l'égale protection des lois par une législation appropriée, mais le problème, affirme la majorité des juges dans *Flores* est que la loi RFRA n'est pas une loi d'application de la liberté religieuse ; elle redéfinit ce droit en ne respectant pas les conditions requises de proportionnalité. En d'autres termes, la Cour réaffirme sa primauté dès lors qu'il s'agit de définir ce que dit la Constitution, et rajoute l'auteur: « *essentially telling members of Congress not to worry their little heads about the rights of the people* ».

On l'aura compris, j'aime beaucoup ce livre, son ton enlevé qui fait passer des idées difficiles à comprendre. Parmi les chapitres, certains sont plus polémiques que d'autres mais les idées sont toujours utiles, jamais inintéressantes. Ainsi le chapitre 4 aborde la question de l'inégalité en matière de découpage électoral, et le chapitre 8 pose la question de savoir si il est juste que les sociétés jouissent en tant que personnes morales de la même liberté d'expression que les personnes physiques. Cette question aurait pu être très importante mais a perdu de son acuité compte tenu de la décision que vient de rendre la Cour en décembre 2003 en matière de financement électoral. Parmi les recommandations faites par l'auteur, je voudrais bien distinguer sa proposition d'un amendement à la Constitution prévoyant spécifiquement le droit de vote. Cela semble une bonne idée et on sait que les propositions d'amendements même quand ceux-ci ne sont pas adoptés (cf. *Equal Right Amendment* des années 70) changent la donne et modifient l'atmosphère. Et l'auteur prend la peine de désamorcer un mouvement d'opposition aux amendements, il précise ce n'est pas parce que les conservateurs ont proposé des « amendements inutiles » sur la prière à l'école ou la limitation des mandats électoraux, que la gauche n'a pas le droit de proposer un bon amendement (page 227). En revanche les réformes pratiques qu'il préconise me semblent quelque peu empreintes de naïveté : la représentation proportionnelle, même si elle existe au sein de certains Etats, ne va pas régler tous les problèmes. Pourtant les problèmes sont réels, et plusieurs millions de citoyens sont privés du droit de vote, depuis ceux qui ont fait de la prison et parfois ne retrouvent pas le droit de vote, jusqu'aux habitants de la capitale fédérale (c'est moins connu) qui n'ont pas le droit de désigner de Représentant ou de Sénateur. L'auteur conclut par un appel aux armes qui s'est concrétisé par une réunion sur le droit de vote qui a regroupé au mois de novembre 2003 tous les groupes d'intérêt publics depuis *Common Cause* jusqu'aux Verts qui travaillent sur différents aspects de la réforme du système électoral.

De même lorsqu'il veut mettre fin à la mainmise de l'argent sur la politique, il cite des exemples de financement public qui existent dans certains états (Maine, Massachusetts, Vermont, Arizona) et propose d'étendre ce système au niveau fédéral. Rappelons pourtant que le système qui existe depuis 1974 pour les élections présidentielles est peu apprécié des électeurs qui ont pourtant la possibilité d'affecter un dollar de leurs impôts et qui usent si peu cette possibilité que le chiffre a du être passé à 3 dollars pour gonfler le coffre du financement public. Quand on sait de surcroît que le Président George W. Bush renonce au financement public et que certains Démocrates, pour ne pas être tenus par les plafonds de dépenses y renoncent également, on peut se poser des questions sur le bien fondé d'une telle proposition.

J'ai lu l'ouvrage de la juge Sandra O' Connor avec beaucoup d'intérêt également. L'optique est différente, ne serait-ce que parce que la magistrate est tenue à un normal devoir de réserve et à une solidarité avec ses collègues. Elle se place donc sur un plan bien différent, plutôt historique, moins juridique que le livre de Raskin mais très éclairant par les touches soit personnelles soit concrètes qu'elle apporte. Bien sûr, implicitement, elle défend son attitude, se définissant comme agissant avec réserve (*restraint*) alors que les adversaires de la Cour actuelle considèrent qu'elle fait preuve d'activisme de droite, comme lorsqu'elle a donné la Présidence à George W. Bush dans le célèbre arrêt *Bush v. Gore* de 2000.

L'auteur fait d'utiles retours sur l'histoire des États-Unis, la Convention de Philadelphie, la ratification de la Constitution, le rôle du 11e amendement (page 49) et le livre est rempli de « petits détails » qui permettent de mieux cerner l'importance de la Cour suprême. Il y eut seulement 108 juges dans toute l'histoire américaine et 16 présidents de la cour ; seules 26 nominations n'ont pas abouti (page 22) et en moyenne un président peut proposer une nomination tous les 22 mois. 41 juges n'avaient aucune expérience du judiciaire avant d'accéder à la magistrature suprême.

Elle montre aussi, chiffres à l'appui, l'évolution des dossiers qui occupent l'attention de la cour. Ainsi la procédure criminelle était peu présente (12 dossiers par an en 1950) avant les années 60 mais elle représente de nos jours 1/6 du rôle. D'autres domaines sont apparus en matière d'emploi par exemple, en raison des lois votées par le Congrès des États-Unis ; c'est le cas des affaires touchant à la loi sur la discrimination envers les personnes âgées. De même, les affaires touchant au fédéralisme, peu nombreuses dans les années 50 et 60 ont diminué à la fin des années 60 mais représentent actuellement environ 20 à 25 affaires par session.

Ailleurs, le juge O' Connor s'attache à montrer le rôle de la loi sur l'organisation judiciaire de 1789 et celui de certains présidents de la cour, moins connus, tels Taft attachés à l'unanimité, Thurgood Marshall, le premier juge noir, si humain et brillant, Holmes (et les libertés individuelles chapitre 12). L'auteur réhabilite aussi un *Chief justice* un peu oublié W. Burger en rappelant son action pour la déontologie et la création de la *Supreme Court Historical Society*.

Une partie entière est consacrée aux femmes dans laquelle la première femme à accéder à la Cour Suprême professe des vues peu révolutionnaires. Si des changements se sont produits qui ont permis aux femmes d'obtenir le droit de vote et d'accéder au marché du travail, c'est le résultat d'un « consensus social » (p 166). Dans le chapitre 22, elle regrette néanmoins qu'en 1966, trois Etats interdisaient encore aux femmes d'être jurés.

Les passages où le juge O' Connor décrit l'organisation judiciaire actuelle (chapitre 22) sont éclairants car elle explique en termes simples des mécanismes complexes comme le rôle de l'Habeas Corpus. Elle est critique de la profession d'avocat (chapitre 24) qu'elle accuse de faire la guerre et du « business » au lieu d'être professionnelle et de travailler pour le public (« Public service marks the difference between a business and a profession », page 230). Indirectement on comprend que les avocats se devraient de faire un peu plus de bénévolat (*pro bono*), ce qui permettrait de faire baisser le chiffre (80 % à l'heure actuelle) de ceux qui ne peuvent bénéficier de l'aide judiciaire en matière civile.

Le juge O'Connor conclut son petit manuel d'éducation civique qui est en fait beaucoup plus que cela par un rappel des principes fondateurs, l'indépendance du judiciaire en particulier et la nécessité d'ouverture à d'autres systèmes de droit, ce que contestent les deux conservateurs de la cour, les juges Scalia et Thomas. Par ce qu'elle choisit d'écrire le juge O'Connor nous donne sa vision du rôle de la cour. Pour elle celle-ci travaille en réaction aux forces externes que sont les deux autres branches et les juridictions inférieures ; pour elle, la cour n'est pas activiste et n'a pas d'agenda à droite, ne serait-ce que parce que les clivages se font différemment selon les sujets et que de nombreuses décisions récentes ont été prises à 5 voix contre 4.

On ressort de la lecture de ces deux livres, plus savants mais aussi plus conscients de la complexité du système politique américain, du rôle de la Cour Suprême et de l'impossibilité de cataloguer l'action de la Cour. Car il s'agit bien de l'addition de neuf personnalités de premier plan, qui répugnent à l'unanimité, ainsi que le montre le chiffre des décisions rendues à 9 voix contre 0 et surtout si on les compare avec le nombre de celles rendues par 5 contre 4 et dans lesquelles la voix de la juge O' Connor était la voix pivot. Et puis surtout, l'on prend conscience en tant que Français et juriste romano-germanique que l'histoire américaine et la *common law* ont fait de la Cour Suprême une institution véritablement à part.

Anne Deysine

David M. Engel & Frank W. Munger[1], *Rights of Inclusion. Law and Identity in the Life Stories of American with Disabilities*, Chicago and London, the University of Chicago Press, 2003, 274 p.

Voici certainement l'ouvrage le plus remarquable qu'il nous ait été donné de lire depuis plusieurs années sous la plume d'auteurs américains sur le thème de la *legal consciousness* ou de la conscience du droit. En 1998 nous avions consacré un numéro de cette *Revue*[2] à certaines des recherches françaises et américaines sur les deux domaines de recherche complémentaires intitulés « socialisation juridique » et « conscience du droit ». Il n'est peut-être pas inutile de rappeler le contenu de ces deux concepts qui caractérisent en même temps des champs de recherche.

Les recherches sur les phénomènes de socialisation juridique cherchent à éclairer les attitudes adultes en étudiant la formation, chez l'enfant et l'adolescent, des images et des représentations qu'ils se forment du droit dans la diversité de ses aspects sociaux. Pour nous, celles-ci sont inséparables des représentations du monde chez le sujet, de la manière dont il construit son image de soi-même et de ses relations avec autrui au sein de cet univers. En France, les recherches que nous avons réalisées sur ce thème en 1985 avant leur extension en Pologne, en Russie et en Hongrie se réclament d'une triple filiation à l'égard des recherches antérieures : 1) les recherches menées, en Europe, par des sociologues du droit sur la conscience juridique c'est-à-dire sur le système de représentations du Droit chez les adultes et ainsi que sur leurs attitudes et leurs pratiques à l'égard du Droit ; 2) les recherches menées en France par des politologues sur la socialisation politique dans l'enfance et l'adolescence[3] dont nous avons adapté l'approche de la socialisation et certaines de leurs méthodes ; 3) les recherches menées aux Etats-Unis par des psychologues sur la socialisation juridique dans l'enfance et l'adolescence qui ont été pionnières dans ce domaine.

Ces dernières, issues de recherches américaines antérieures sur la socialisation morale et la socialisation politique[4] avaient pour objectif non pas d'observer de façon neutre, comme le feront ultérieurement les recherches réalisées en France et en Europe, le processus au cours duquel se développent chez l'individu les représentations du droit, quelles qu'elles soient, mais d'observer, à partir d'un objectif d'intégration sociale, le développement de « l'intériorisation des règles et des lois », ces dernières se situant dans

---

1 David M. Engel et Frank W. Munger sont l'un et l'autre professeurs de droit à la State University of New York à Buffalo. Le premier est co-auteur de *Law and Community in Three American Town* et a publié de nombreux articles sur la conscience juridique en Amérique et en Asie. Le second a dirigé l'ouvrage *Laboring below the Line : The New Ethnography of Poverty, Low-Wage Work, and Survival in the Global Economy*.

2 « *Legal consciousness* et socialisation juridique : pour un dialogue franco-américain », *Droit et Cultures*, n° 35, 1998/1, p.7-92.

3 Voir notamment les travaux d'Annick Percheron : *L'univers politique des enfants*, Paris, Armand Colin, 1974 ; « La socialisation politique : défense et illustration » *in* M. Grawitz & J. Leca (dir.), *Traité de science politique*, Paris, P.U.F., 1985, Tome 3.

4 June L. Tapp & Lawrence Kohlberg, « Developing Senses of Law and Legal Justice », *Journal of Social Issues*, 1971, 27/2 p. 65-91.

la « continuité juridique » (*legal continuity*) de règles sociales « dont la validité se fonde sur l'autorité ». Les chercheurs américains observaient donc les résultats de la socialisation juridique en fonction de ce qu'ils caractérisaient comme la réussite ou de l'échec de cette dernière selon que les comportements étaient marqués par l'obéissance (*compliance*) ou la désobéissance à la loi conçue essentiellement comme impérative sinon comme répressive. Il avait fallu l'autorité des sociologues du droit[5] pour rappeler que la loi ne se résumait pas à des commandements ou des interdictions mais qu'au contraire elle était souvent attributrice de droits et de possibilités d'agir que les individus avaient toute liberté d'utiliser. Il y avait donc dans ce deuxième cas, non pas respect ou obéissance à l'égard de la loi mais simple utilisation (*use*), non-utilisation (*non-use*) ou utilisation erronée (*misuse*) de la règle juridique concernée.

Par contraste, les recherches menées par David Engel et Frank Munger s'inscrivent comme les recherches menées en Europe sur la socialisation juridique, dans une vision de la conscience juridique centrée sur l'individu. Leur but initial était de juger de l'efficacité ou de l'utilité d'une loi, en l'occurrence l'*American with Disabilities Act* (ADA) de 1990, texte d'une importance capitale pour les droits des personnes handicapées et les obligations de leurs employeurs. Deux types de handicap sont pris en considération, les handicaps moteurs entraînant l'obligation d'utiliser un fauteuil roulant, et les handicaps cognitifs du type dyslexie entraînant des difficultés de lecture et d'écriture. La recherche pilote menée au sein de groupes de discussion (*focus groups*) montra aux auteurs l'importance, pour les personnes handicapées participant à ces groupes, des expériences vécues dans l'enfance et l'adolescence qui faisaient l'objet de références explicatives constantes. C'est de cette constatation qu'est née leur approche de la conscience juridique de ces personnes – en l'espèce la « conscience des droits » qui leur sont attribués et de leur « pertinence » dans la situation qui les concerne c'est-à-dire de la possibilité de les utiliser sans conséquences dommageables. Elle a également orienté leur choix de la méthode la plus appropriée c'est-à-dire une méthode d'interviews prolongés aboutissant au récit par les personnes concernées de véritables histoires de vie (*life stories*).

Le titre de l'ouvrage illustre bien le point de vue des auteurs intégralement centré sur les individus concernés par la loi : il ne s'agit pas de montrer comment la loi de 1990 a pour but de lutter contre l'exclusion de la vie sociale des personnes ayant un handicap mais d'observer comment ces personnes s'approprient pour les utiliser les droits qui leur sont attribués par la loi et qui constituent un véritable « *droit à l'inclusion* » dans la vie sociale. Le sous-titre de l'ouvrage montre d'ailleurs l'importance vitale de ce droit puisqu'il s'agit de la relation multiforme entre le *Droit* et *l'identité* des individus.

Quel est d'abord, pour nos auteurs, le mécanisme d'action du Droit dans la société ? Pour eux, « le Droit est l'un des éléments qui constituent les catégories et de la vie quotidienne » et ce sont ces catégories et ces routines ainsi que les individus qui y participent qui donnent forme et signification au droit. La conscience juridique naît d'un jeu continu entre le droit et l'expérience individuelle née des interactions avec les autres.

Mais le deuxième élément est celui de l'identité des individus et ce sur quoi la méthode des histoires de vie permet de mettre l'accent est précisément « l'émergence de l'identité » et les attitudes à l'égard du droit sur la durée entière de la vie des personnes

5 Lawrence M.Friedman, «The Idea of Right as a Legal and Social Concept», *id.*, p. 189-198.

interrogées. Il va s'agir essentiellement dans cette recherche de cette facette de l'identité qui joue un rôle central dans la vie sociale américaine et qui est l'identité professionnelle. Nous avons souligné ci-dessus que les auteurs avaient découvert, à travers les propos tenus dans les groupes de discussion de l'enquête pilote, l'importance des références continuelles aux expériences antérieures à l'âge adulte. La conclusion à laquelle ils parviennent – et par laquelle ils se révèlent désormais très proches de nous et de nos collègues européens travaillant sur la socialisation juridique – est que « la conscience du droit plonge ses racines dans des expériences qui remontent à la petite enfance et à l'adolescence et qui continuent à travers le début de la vie professionnelle et l'ensemble de la vie adulte ».

Pour Frank Munger et Davis Engel, l'accent mis sur les interactions entre expérience et identité crée une acception « fluide » de la conscience juridique puisque la conscience « dépend des souvenirs variables du passé, du contexte présent, du discours qui encadre l'identité en un temps et en un lieu particulier (et qui peut varier au sein d'un même contexte, de la créativité personnelle et des circonstances fortuites) ». Ils reconnaissent que selon d'autres approches un éventail spécifique d'orientations, de discours et de pratiques peut influer sur la création et l'expression de l'identité et citent à ce propos «l'habitus» de Bourdieu ou les « répertoires » de Ewick et Silbey[6]. Les histoires de vie recueillies par eux suggèrent que « l'expérience expose l'individu aux possibilités existant à l'intérieur d'une culture dans une grande diversité de séquences et de modèles, laissant des traces qui peuvent être uniques pour un individu particulier ». Ils centrent donc leur regard sur le processus par lequel « le Soi (*Self*) se recrée de façon continue et redéfinit *la pertinence ou la non-pertinence du Droit ».*

A l'appui de leur théorie, ils citent les cas particuliers de plusieurs «histoires de vie» en précisant qu'après les avoir enregistrées, ils ont soumis leur première rédaction à la lecture des intéressés pour leur demander leur accord et leur faire préciser dans quelle mesure ils avaient interprété leurs propos de façon exacte. On citera ici deux des cas les plus intéressants et les plus contrastés.

Le premier est celui d'une journaliste désignée par le pseudonyme de Sara Lane, atteinte de poliomyélite dans sa petite enfance et dès lors contrainte de se déplacer en fauteuil roulant. Le trait caractéristique de son éducation est que ses parents ont consacré leurs efforts à développer son autonomie, notamment en n'effectuant pour elle dans la maison qu'un minimum d'aménagements spéciaux ainsi qu'en la faisant participer à tous leurs déplacements et à toutes les activités de ses frères et sœurs. Elle devait faire par la suite des études brillantes dans des établissements d'enseignement secondaire et universitaire pour étudiants «normaux» mais suffisamment ouverts aux problèmes de handicap physique pour avoir des équipements favorisant l'accès et l'usage des locaux par des étudiants en fauteuil roulant. Comme dans sa famille, elle n'avait bénéficié d'aucune concession en matière de scolarité et de résultats d'examen. C'est donc essentiellement dans son milieu professionnel qu'elle fut confrontée à l'inconfort des locaux et notamment des aménagements sanitaires. Bien qu'elle connût les droits des personnes handicapées et les obligations de ses employeurs, elle eut cependant à faire face à un problème subtil dont elle prit rapidement la mesure. Elle comprit que bien

---

6 Patricia Ewick & Susan S.Silbey, *The Common Place of Law. Stories from Everyday Life*, Chicago and London, The Univesity of Chicago Press, 1998.

qu'elle fut aussi brillante dans son travail que dans ses études, elle ne pourrait lutter pour la réalisation de son identité professionnelle (notamment en faisant sans restrictions des reportages à l'extérieur du journal) que si « elle ne se comportait pas en handicapée » ayant des exigences particulières et revendiquant ses droits à des aménagements de locaux (par exemple ascenseurs ou sanitaires suffisamment larges). Dans le cas contraire, elle serait considérée comme une «pleurnicheuse» et serait cantonnée dans un travail de rédaction facile mais inintéressant et statique. Il est remarquable, elle l'apprit plus tard, que ses employeurs l'avaient engagée en pensant que le fait d'engager une personne handicapée constituerait un point positif pour l'image du journal. Ils ne s'attendaient cependant pas à ce qu'elle entende devenir un reporter à part entière et, par ailleurs, n'avaient pas la moindre idée que sa condition pût réclamer des aménagements peut-être coûteux. C'est mue par son expérience enfantine et adolescente de «non-discrimination» et de « non exclusion » qu'intuitivement la jeune femme sut établir sur les lieux de travail des liens d'amitié assez forts pour que les aménagements soient demandés non par elle mais par ses collègues. Voici donc un cas de « conscience des droits » suffisamment ancrée dans une forte conscience de soi-même et des autres développée depuis l'enfance et qui permet à l'intéressée d'établir les conditions dépourvues de revendication potentiellement agressive de réalisation de ses droits.

Tout autre est le cas de Jill Golding, atteinte de troubles dyslexiques rendant très difficile pour elle la lecture et l'écriture et considérée pendant toute son enfance comme stupide voire paresseuse tant par des parents particulièrement puritains que par des enseignants inattentifs. Ces reproches étaient formulés de façon si répétitive qu'elle en vint précisément à attribuer elle-même ses difficultés à ces caractéristiques. Cependant habituée à être chargée par sa mère de la responsabilité de ses frères et sœurs plus jeunes, elle en vint à considérer comme une activité professionnelle possible le fait de s'occuper d'enfants handicapés. L'échec de son mariage fut le facteur décisif pour entreprendre une psychothérapie qui constitua le soutien nécessaire pour l'aider à reconsidérer l'opinion déplorable qu'elle avait d'elle-même. C'est ainsi quelle prit conscience du caractère médical de ses difficultés et cessa d'en imputer la cause à ses défauts personnels. Par ailleurs elle put prendre connaissance des moyens sociaux et juridiques auxquels elle pouvait avoir recours pour améliorer sa condition et celle de ses frères et soeurs plus jeunes, non handicapés mais tout aussi perturbés qu'elle-même par la froideur et le sectarisme de ses parents. Voici donc un cas inverse du précédent avec un développement de la « conscience des droits » certes tardif chez l'intéressée mais menant de sa part à une attitude beaucoup plus déterminée à l'égard du monde environnant. Le facteur décisif de la revendication des droits eut pour médiateur la sollicitude à l'égard de plus faibles qui entraîna à son tour la revendication de droits pour soi-même.

Ces deux histoires de vie montrèrent aux auteurs la pertinence variable du droit dans des situations concrètes. La question « fondamentale est de savoir comment et quand les individus se voient eux-mêmes comme situés de façon inappropriée dans le cadre social, comme exclus des activités auxquelles ils devraient participer et comme séparés du contexte courant par des barrières mal conçues. La perception de frontières inadéquates est inséparable du sens du Soi ». Citant Bruner[7], ils soulignent que la création du Soi n'est pas un processus isolé mais qu'il implique la société et la culture au

---

7 J. Bruner, *Acts of Meaning*, Cambridge MA, Harvard University Press, 1990.

sein desquelles vit l'individu. Les histoires de vie montrent que l'individu peut définir son identité de façon différente selon le moment et selon le contexte. Mais la capacité de se percevoir comme unique et distinct des stéréotypes sociaux explique le succès de certaines des personnes interviewées.

Ce premier chapitre de l'ouvrage, intitulé «Identité et droits» nous paraît remarquable en ce qu'il ouvre des perspectives nouvelles et frappantes sur le thème de la conscience des droits. Mais les autres chapitres sur les effets des droits, le travail et l'identité, le cadre formé par les droits consacrés par la loi de 1990, l'effet des conditions sociales sur les droits et l'identité ainsi que sur le genre sexué et les droits des personnes handicapées sont tous illustrés par des histoires de vie différentes relatées par les auteurs avec beaucoup de subtilité et d'intuition.

L'ouvrage est complété par une bibliographie et un index analytique qui facilitent sa consultation. Une fois encore, répétons que cet ouvrage qui joint une rigueur d'analyse propre aux meilleures recherches à la sensibilité psychologique des auteurs illustre de façon convaincante la supériorité d'une approche interdisciplinaire ayant recours à la fois au droit, à l'anthropologie et à la psychologie.

Chantal Kourilsky-Augeven

Béatrice LEROY, *Le triomphe de l'Espagne Catholique à la fin du Moyen Age. Ecrits et témoignages.* Presses Universitaires de Limoges (PULIM). 2004, 199 p. + Sources et bibliographie.

Le but principal de ce livre est de mettre à la disposition des chercheurs des extraits de textes espagnols (édits et instructions, chroniques, écrits moraux et didactiques, lettres), traduits en français, allant du XIIIe au XVe siècle et traitant des relations entre Chrétiens, Musulmans et Juifs sur le sol de la péninsule.

Nous sommes toutefois loin d'un simple recueil anthologique. C'est un condensé éclairé de l'histoire des sociétés ibériques, droit compris, sur trois siècles, en même temps qu'un aperçu de la formation d'une mentalité fondée sur l'idée de croisade, que nous offre Béatrice Leroy.

Vers 1450, la coexistence pacifique des trois communautés religieuses paraît encore possible. Tout se gâte dans les années 1470 : le tribunal royal de l'Inquisition est créé par une bulle du pape de 1478, la guerre de Grenade commence en 1482 et un décret d'expulsion des Juifs d'Andalousie intervient dès le 1er janvier 1483. Après l'occupation de Grenade au début de 1492, l'édit d'expulsion générale des Juifs non convertis est pris dès le 31 mars au camp royal de Santa Fé (Grenade) et la mesure est étendue aux Musulmans du royaume en 1502 mais les *Moriscos*, successeurs plus ou moins convertis des *Mudejares*, ne seront expulsés qu'en 1609.

Béatrice Leroy retrace ces événements en froide observatrice et se garde de tout jugement en une matière qui a suscité des controverses passionnées. Elle s'en explique dans le préambule. Cette explication mérite d'être connue des chercheurs de « Droit et

Cultures », groupe qui n'a cessé de s'intéresser aux problèmes tenant aux discriminations et préjugés qui marquent nombre de rapports entre les communautés culturelles :

« Il n'est pas rare d'entendre actuellement, dans les conversations engagées, des jugements contre l'intégrisme des Rois Catholiques [Ferdinand d'Aragon et Isabelle de Castille] et des regrets romantiques d'une Espagne qui, dans les temps anciens, savait faire vivre côte à côte christianisme, judaïsme et islam, alors que s'affrontent de plus belle les fondamentalismes religieux et politiques dans les pays où règnent ces trois religions.

« On n'écrit pas l'histoire avec des regrets, et les repentances si révélatrices de la sensibilité actuelle ne peuvent expliquer les événements du XVe siècle. Pour les connaître, il convient de lire ce que leurs contemporains ont voulu comprendre, ont cru comprendre de toute leur bonne foi, de toute leur culture » (« Préambule », p. 8).

Les dix pages consacrées aux sources à la bibliographie témoignent de l'intérêt que suscite de nos jours la formation de l'Etat espagnol à la fin du XVe siècle. Les jeunes chercheurs français sont actifs dans ce domaine comme le montrent notamment les 23 mémoires de maîtrise cités. Béatrice Leroy ne se contente pas de donner les références des ouvrages, souvent récents, qui méritent un signalement particulier pour son sujet (40 titres) ; elle fournit aussi des indications sur certains numéros de revue et actes de congrès.

Robert Pageard

Epiphane Zoro Bi. *Juge en Côte d'Ivoire. Désarmer la violence.* Editions Karthala. Paris, 2004, 220 pages.

Les deux indications du titre de l'ouvrage correspondent à ses deux grandes parties. Dans la première partie, l'auteur relate son expérience d'étudiant en droit à Abidjan au cours des années 1990-1995 puis de juge adjoint à la section de Dimbokro (nord-ouest de la Côte d'Ivoire) entre 1996 et 1999. Ayant quitté la magistrature dont l'état d'esprit ne le satisfait pas et interpellé par les drames que connaît son pays à partir du 24 décembre 1999, Zoro Bi s'investit ensuite dans la lutte – et c'est l'objet de la seconde partie – contre la violence meurtrière et l'iniquité en fondant notamment le Mouvement ivoirien des droits humains (M.I.D.H.).

Dans la première partie, on trouve un tableau vivant des difficiles conditions de vie des étudiants d'Abidjan ainsi que des manifestations, parfois violentes, que ces difficultés provoquèrent. Cette situation de la jeunesse studieuse est un des éléments générateurs des troubles ultérieurs.

L'expérience de magistrat du siège que présente Zoro Bi n'est pas moins instructive. L'esprit de grande famille est vif dans la magistrature ivoirienne, ce qui ne favorise pas nécessairement l'indépendance personnelle. Celle-ci est également fragilisée par la situation hybride des juges de section qui cumulent les fonctions du siège et celles du parquet, comme le faisaient les juges de paix à compétence étendue de l'époque coloniale dont ils sont organiquement les héritiers ; ce cumul implique une certaine relation de subordination à l'égard des chefs du parquet, proches du pouvoir exécutif.

Zoro Bi a été révolté par les conditions de détention, point faible de nombre de systèmes pénaux, en Afrique et ailleurs. Mû par sa sensibilité et sa foi religieuse, il n'a pas craint de créer et animer à Dimbokro un groupe de bénévoles disposés à aider à la réinsertion des jeunes délinquants, l'association du Mont Carmel. « Au-delà de l'action finalement mécanique de prononcer des condamnations – écrit-il (p. 34) –, j'ai voulu aller plus loin pour comprendre ces jeunes délinquants, en faire des amis pour mieux leur communiquer ma lecture positive des épreuves ». Cet anticonformisme, lucide autant que charitable, fut attaqué et dut être défendu.

On ne peut commenter qu'avec prudence la deuxième partie du livre car les faits traités ne se situent pas au-delà du début de 2004 ; de graves événements se sont produits en novembre de cette même année et l'avenir de la Côte d'Ivoire demeure incertain au moment où nous écrivons ces lignes (février 2005). Ce qui est indéniable, c'est que Zoro Bi soumet au lecteur un dossier sérieux. Les juristes peuvent y lire de nombreux témoignages et documents susceptibles de se retrouver un jour dans des réquisitoires. L'histoire de la naissance et de la montée de l'intolérance à connotation ethnique et religieuse est reconstituée avec précision ; cette intolérance paraît s'être développée autour de la notion d'ivoirité qui a influé à certains moments sur le droit de la nationalité et sur celui des élections.

Un autre mérite de Zoro Bi est le rappel, accompagné de références historiques, des dispositions du droit international, jurisprudence comprise, en matière de crimes de guerre, de crimes contre l'humanité, d'actes de torture et de traitements cruels, inhumains et dégradants.

Zoro Bi aime les proverbes populaires et les cite volontiers. Il crée pour sa part des images d'espoir, telle celle-ci : « L'orage dévastateur peut bien se muer en une pluie bienfaisante » (page 217). Ce qui ne l'empêche pas de penser aux victimes. Ce livre douloureux est de nature à encourager les bonnes volontés.

Robert Pageard

Table of Contents n° 49-2005/1

Abstracts

I. Equality and Discrimination: United States, France, Europe

Anne Deysine, *Access to Justice in the United States : Equality and the defense of Ineffective Counsel*

This article presents the system of access to Justice in the US with a comparative perspective and explains the guarantees deriving from the VIth, V[th] and XIVth amendments to the US Constitution. It then proceeds to explain the various mechanisms in the States and at the federal level (court-appointed lawyers, Public Defender) and shows that the lack of financial resources results in violations of defendants' rights. And yet for reasons explained in the text, courts are very reluctant to reverse (in 3.9 % of cases) decisions based on ineffective counsel defences.

Key-words: VIth & XIVth amendments; Public Defender, *pro bono*, ineffective counsel, *habeas Corpus*; access to justice, equality, supreme court; Gideon, Strickland.

Daniel Borillo , *Fighting Sexual Orientation Discrimination in European nad French law*

Since 1999, article 13 of the Treaty establishing the European Communities authorized the adoption of Anti-discrimination legislation in a number of areas, including sexual orientation. After a historical survey of the evolution of the legal protection of various minorities, the author analyses the inclusion of sexual orientation in the legal domain prohibiting discriminatory treatment. The rules ensuring the principle of equality regardless of gender and sexual orientation are only an extension of the more general protective measures guaranteeing human rights. However the critical perspective chosen by the author shows the limits of French and European law regarding the protection of the homosexuals.

Key-words: Human Rights, Homosexuality, equality, sexual orientation, discrimination, European Law, French Law, Labour Law, family Law, European union.

Angela J. Davis, *The American Prosecutor and the Abuse of Discretion*

Prosecutors are the most powerful officials in the American criminal justice system. The decisions they make, particularly the charging and plea-bargaining decisions, control the operation of the system and often predetermine the outcome of criminal cases. Prosecutorial power is vast and unrestrained, and the mechanisms that purport to hold prosecutors accountable are weak and often totally ineffective. In addition, the most important prosecutorial decisions are made behind closed doors – away from public scrutiny and thus immune from public accountability. The most remarkable feature of these important, sometimes life-and-death decisions is that they are totally discretionary.

The deficiency of prosecutorial discretion lies not in its existence, but in the randomness and arbitrariness of its application. Even in prosecution offices that promulgate general policies for the prosecution of criminal cases, there is no effective mechanism for enforcement or public accountability. Self-regulation by prosecution offices is largely nonexistent or ineffective, and the United States Supreme Court has protected prosecutors from both public and judicial scrutiny.

In this article, Professor. Davis focuses on the exercise of prosecutorial discretion in charging and plea bargaining. She demonstrates how prosecutors bear the brunt of the responsibility for the race and class disparities in the American criminal justice system. She

also discusses why the current mechanisms of accountability for prosecutors in the American democratic system are ineffective. Finally, she suggests measures for reform.
Key-words: Prosecutor, American criminal justice system, discretionary power, plea-bargaining, race.

Donna Kesselman, *Affirmative Action and Seniority: the "two Social Americas in the Workplace"*

The article explores how Affirmative Action plans were introduced into the American workplace in relation to Supreme Court jurisprudence. The new group-based rights conflicted with existing shopfloor institutions set up by trade unions through collective bargaining, most notably seniority systems. The Supreme Court endeavored to achieve equal rights in the workplace while preserving the essential gains of labor. Beyond the traditional doctrine of balancing of interests, its active role was one of coining a series of compromises, progressively adapted to the changing degree of consensus around affirmative action. The Court served as the intermediary for political forces searching for a means of expression while having to confront at once the complex interactions of state institutions and the authority of the Constitution, notably the 14th Amendment with its equal protection clause. Our study of the major Supreme Court decisions involving affirmative action labor law specifically brings out the motive of "intent", which the Court regularly invokes but interprets from different angles. This becomes its litmus test to measure the degree of political support or resistance which formed the consensus around affirmative action at any given moment. We also discuss the important role played by trade unions, who are brought to confront their own History of racism: their dilemma, and how they resolve it, directly impact the constitution of this new form of collective, for group-based, social rights in the United States.
Key-words: affirmative Action, race, Civil Rights, Supreme Court, trade unions, collective bargaining.

David Oppenheimer, *Evaluating the U.S. Policy of Using Private Lawsuits to Remedy Employment Discrimination*

The primary mechanism for addressing employment discrimination in the United States is complaint-based, through private law suits seeking tort-like damages awards. No other nation relies so heavily on a private bar of employment discrimination lawyers, relying on fee-shifting statutes and contingent fees, to enforce its civil rights policies. This paper relies on US census data and empirical studies of discrimination litigation to argue that the mechanism is ineffective in addressing the problem of racial discrimination in employment.
Key Words: affirmative action, Civil Rights Act of 1964, discrimination, employment discrimination, evidence of discrimination, race discrimination, U. S. Census.

Elise Ralser, *Legal pluralism and Cultural Pluralism in Reunion Island Society*

Ethnic groups, religions, languages: the society of Reunion Island is often presented as a model of cultural diversity. Its cultural diversity might imply legal diversity, i.e., allowing each group to have its own rights. The safeguarding of the identity of people could depend on this legal pluralism. Between negation and assertion of the characteristics of each group, the study will show that laws can be sufficiently flexible to adapt to this plurality.
Key-words: pluralism, cultural identity, principle of legislative speciality, assimilation, overseas.

Sophie Robin-Olivier & Charles Baron, *Federalism and the Dialogue over Equality. A Comparison of Rights in the United States and the European Union*

The article analyses the dialogue between the laws and the courts in a federation (the United States) and a Union of states, which presents some features of a federation (the European Union). It considers the way this exchange triggers an evolution of the notion of Equality or Non-Discrimination through the example of discriminations grounded on sexual orientation. In the United States, there exist various types of relationships between State courts and the US Supreme court, which cannot be limited to the authority of the US Supreme court's decisions. State supreme courts initiate a dialogue with one another and with the US Supreme Court. The US Supreme court fully participate in this « dialogue on Equality » as it uses State supreme courts opinions as persuasive authority in support of the development of new principles of federal constitutional law. This illustrates the role of the States as « laboratories of jurisprudence ». In the European Union, the situation is more complex because there are different European courts in charge with the issue of Equality (the European Court of Justice and the European Court of Human Rights) and national legal systems and national courts are heterogeneous. However, national laws and EU law communicate in a very direct dialogue when national courts refer to the ECJ for preliminary ruling. Just as in the United States, national courts and European courts look at one another and contribute together in the evolution of the conception of Equality. More than in the United States, these exchanges are fostered by the fact that free movement of people induces a confrontation between national legal systems. Eventually, the dialogue on Equality throws light on the virtues of US federalism and the singularity of the European Union. It also reveals the invisible part of each system which only comparison can show.
Key-words: Federalism, Equality, American Law, European Union.

Daniel Sabbagh, *Plessy v. Lochner: Liberalism and racism in U.S. Supreme Court Jurisprudence in the Segregationist Era*

The 1954 Supreme Court decision *Brown* v. *Board of Education of Topeka* striking down segregated schools as unconstitutional is sometimes presented as a side effect of the New Deal. Yet, this description does not capture the perceptions of those who were involved in the political and legal debates of that time, since the issues of how much government intervention in the fields of market regulation and race relations ought to be considered as legitimate were then conceived as being separate from one another. Until the New Deal and beyond, the Supreme Court case law on the Fourteen Amendment's Equal Protection Clause remained divided as to how much protection individual freedom from government intervention deserved, depending on whether race was part of the equation.
Key-words: Race, Equality, Supreme Court, Freedom of contract

ANTHROPOLOGIE ET HISTOIRE

❑ nous confrontent à des cultures juridiques autres,

❑ nous invitent à réviser nos propres catégories et classifications,

❑ nous suggèrent des méthodes d'investigation et d'analyse permettant de comparer des systèmes de droit différents dans le temps et l'espace.

L'approfondissement et l'élargissement du comparatisme juridique exigent une pluridisciplinarité ouverte à laquelle philosophes et sociologues du droit sont tout particulièrement conviés.

DROIT, ÉTHIQUE ET POLITIQUE

Le droit n'a plus le même sens ici et ailleurs, il est solidaire du système de valeurs et de l'organisation sociale et, dans maintes sociétés, il ne constitue pas un domaine autonome et spécifique de la réalité sociale.

Il convient donc de le confronter à son absence et à sa négation, et de l'appréhender au plan statique et dynamique.

TRADITIONS, TRANSFERTS JURIDIQUES ET IDENTITÉ SOCIO-CULTURELLE

Les traditions juridiques confèrent au peuple son identité, si elles sont adaptées à ses besoins et à ses choix.

Les transferts de droit véhiculant des idéologies étrangères méconnaissent les pratiques et règles coutumières, et mettent en péril l'unité de la nation.

L'instauration d'un nouvel ordre juridique mondial ne doit pas procéder d'un développement exogène mais des particularités locales et des diversités régionales.

ANTHROPOLOGY AND HISTORY

❑ Confront us with legal systems,

❑ invite us to reevaluate our own categories,

❑ suggest research methods for the comparison of different legal systems in time and space.

The expansion of comparative legal research presupposes an open pluridisciplinary approach in which philosophers and sociologists of Law are particulary concerned.

LAW, ETHICS AND POLITICS

Law does not have the same meaning everywhere, for it is indissociable from a value system and social organization, and in most societies it does not constitute an autonomous domain. Static and dynamic apprehensions of Law as well as a confrontation with its absence or negation is thus necessary.

TRADITIONS, TRANSFERANCE OF LEGAL SYSTEMS AND SOCIO-CULTURAL IDENTITY

Legal traditions furnish ethnic identity to the degree to which they are adapted to concrete needs and choices. The transferance of legal systems often implies foreign ideologies which ignore practices and rules and can endanger the unity of local communities. A new world legal order cannot result from exogenous development but must arise as a synthesis of regional diversity and local specifities.

RECOMMANDATIONS AUX AUTEURS

Les manuscrits, proposés en vue de leur publication éventuelle, doivent être envoyés en **trois exemplaires** dactylographiés, de 20 pages (40 000 caractères environ notes comprises), à la Rédaction de la Revue ainsi que toute correspondance, livres ou périodiques à l'adresse suivante : *Centre Droit et Cultures*, Université Paris X (Bureau F 505), 200 Avenue de la République, 92001 Nanterre Cedex Tel/Fax 01 40 97 76 44.

Il est demandé aux auteurs d'adresser à la Direction de la Revue la *disquette informatique* sur laquelle ils ont enregistré leur texte au format RTF (Rich Text Format) et/ou en spécifiant le nom du système utilisé (PC ou MacIntosh) ainsi que le nom et le numéro de version du logiciel de traitement de texte.

Si le texte est une traduction, il est demandé aux auteurs de joindre le manuscrit en langue originale. Les notes doivent être numérotées en continu et figurer en bas de page.

Le texte doit être précédé d'un résumé (*abstract*) en français et en anglais et annoncé par un titre dans ces deux langues. Il est en outre demandé à l'auteur de joindre à l'article proposé une *notice* d'une dizaine de lignes dans laquelle il spécifie son rattachement institutionnel, la ou les disciplines scientifiques auxquelles il se rattache, ses champs de recherche préférentiels et ses principales publications.

Les références bibliographiques doivent être données en fin d'article et classées par ordre alphabétique d'auteur. Elles doivent comporter, outre le nom et le prénom de l'auteur,

1) *pour un ouvrage* : le titre, la ville d'édition, le nom de l'éditeur, l'année d'édition, le nombre de pages

2) *pour une contribution à un ouvrage* : le titre de la contribution, le titre de l'ouvrage concerné, ses auteurs, la ville d'édition, le nom de l'éditeur, l'année d'édition et les pages concernées

3) *pour un article de revue* : le titre de l'article, le nom de la revue, son année, son volume et son numéro ainsi que les pages concernées.

ASSOCIATION FRANCAISE "DROIT ET CULTURES"

Fondée en 1982 par Raymond VERDIER, l'Association Française "Droit et Cultures" a pour objet le développement des études, recherches et enseignements, tant en France qu'à l'étranger, portant sur les cultures et les langages juridiques dans une optique pluridisciplinaire et comparative.

Outre le soutien qu'elle apporte à la Revue *Droit et Cultures*, l'Association participe à l'organisation d'enseignements et d'activités de recherche dans le cadre du Centre Droit et Cultures de l'Université Paris X-Nanterre. Elle soutient l'organisation de colloques et de séminaires, de missions de recherche en France et à l'étranger et de tout programme de recherche et/ou d'enseignement correspondant à son objet.

L'adhésion à l'Association ouvre le droit de participer à ses activités et notamment de recevoir les deux numéros semestriels de la Revue *Droit et Cultures*. La cotisation annuelle, fixée à 34 Euros pour la France et à 36 Euros pour l'étranger et les DOM-TOM, doit être envoyée par chèque postal, bancaire ou mandat international au nom de l'Association, à l'adresse du Centre Droit et Cultures (Pièce F-504).

Le siège de l'Association est fixé au 82 rue Botzaris, 75019 - Paris. Toute personne intéressée par les activités de l'Association peut écrire à cette adresse pour information complémentaire.

D&S
Droit et Société

Revue publiée avec le concours du Centre National de la Recherche Scientifique (France)

ISSN 0769-3362

Administration et abonnement

Librairie Générale de Droit et de Jurisprudence,
31, rue Falguière F-75741 Paris Cedex 15
Tél. : 01.56.54.16.00 Fax : 01.56.54.16.49

Secrétariat de rédaction

Ressource pour la Recherche Justice,
54, rue de Garches, F-92420 Vaucresson
Tél. : 01.47.95.98.66 Fax : 01.47.95.98.63
e-mail : lesavre@ext.jussieu.fr

Au sommaire du numéro 58/2004

REVUE INTERDISCIPLINAIRE D'ÉTUDES JURIDIQUES

SOMMAIRE DU NUMÉRO 2004.53

REDACTION, ADMINISTRATION, ABONNEMENTS : François OST

FACULTES UNIVERSITAIRES SAINT-LOUIS
Boulevard du Jardin botanique, 43 – B-1000 BRUXELLES - Tél. 02/ 211 78 76

Prix du numéro : Belgique : 15 € + frais d'envoi - Étranger : 20 € + frais d'envoi

Abonnement :
Institution : Belgique : 30 € + frais d'envoi - Étranger : 40 € + frais d'envoi
Individuel : Belgique : 25 € + frais d'envoi - Étranger : 30 € + frais d'envoi

Payable à la réception de la facture
Carte Visa acceptée
Pas de paiement par chèque

www.ingramcontent.com/pod-product-compliance
Lightning Source LLC
LaVergne TN
LVHW010922051026
849532LV00003B/801